서울교육대학교 초등국어교육연구소 연구총서 ④

읽기 교육론
―학습을 위한 읽기 교육의 이론과 실제―

서울교육대학교 초등국어교육연구소 연구총서 ④

읽기 교육론

―학습을 위한 읽기 교육의 이론과 실제―

김 선 민

도서출판 역락

Ⅰ.

읽기는 독자의 의도와 목적, 상황과 맥락에 따라 각기 다른 방법과 전략이 요구된다. 김소월의 '진달래 꽃'을 떠올려보자. 대입을 앞 둔 고등학생에게 이 글은 문제의 일부일 가능성이 높다. 사실 그래서는 안 되지만 교과서에 실렸기 때문에 대입 출제를 염두에 두고 글을 읽어야 할 것이다. 그러니 감상만으로는 부족하여 한 구절 한 구절을 샅샅이 분석하고 암기한다. 해석하기 나름이겠지만 헤어진 여인을 생각하면서 '진달래 꽃'을 읽는다면 어떨까? 시험 문제를 풀기 위하여 시를 읽었을 때와는 완전히 다른 느낌으로 다가올 것이다. 만일 이 시를 신입사원 면접시험에서 낭송해야 할 상황이 발생한다면 앞의 두 경우를 조정하여 읽는 것이 취업에 도움이 될 것이다.

현대사회의 지식과 정보는 우리가 알고 있는 것보다 훨씬 더 깊이 있고 방대하다. 양적인 팽창보다는 깊이에 관심을 기울여야 한다. 깊이 있는 지식과 정보는 기본적으로 세분화의 영향을 받는다. 물론 양적인 팽창이 세분화에 기인하는 것이고, 분야의 세목이 증가할수록 전문성이 요구되고, 전문성을 기반으로 지식의 양이 증가하는 것은 너무도 당연한 일이다. 그러다 보니 무엇을 읽는 행위를 정서와 가치관으로만 바라볼 수는 없게 되었다. 세분화로 인한 전문 분야의 깊이를 이해하기 위해서는 해당 분야에 대한 배경지식의 습득이 필수적이며 초기 학습 단계에서부터 효과적인 읽기 전략을 수행해야 한다.

학교에 들어오면서부터 학생들은 교과교육과 관련된 읽기에 몰입한다. 자의건 타의건 간에 교과교육 내용은 학습자들이 피해갈 수 없는 읽기 과제이며, 읽기를 통하여 교과교육 내용을 학습해야만 한다. 교과 지식을 습득하기 위한 교수·학습 방법은 다양하다. 시청각 자료를 동원하거나, 관찰 또는 견학을 통하여 직접 경험하기도 한다. 교과의 내용 지식을 어떻게 효과적으로 습득할 수 있는지를 결정하는 다양한 매체가 동원되지만 여전히 학습자들은 읽기를 통하여 교과의 내용을 이해하고, 지식을 습득한다. 따라서 교사는 학생들이 교과 내용을 효과적으로 이해할 수 있는 읽기 전략을 지도해야 한다.

수리·과학이나 사회·문화 등의 교과에는 다양한 매체를 동원한 수업 방식이 존재함에도 불구하고, 텍스트를 통하여 얻을 수 있는 지식들이 적지 않다. 사실 교실의 모든 수업이 매체를 동원한 교수·학습에 의하여 이루어질 수는 없다. 때문에 교과서에는 보다 많은 텍스트들이 해당 영역의 지식을 설명하기 위한 수단으로 자리 잡고 있다. 따라서 내용교과의 텍스트를 효과적으로 읽고 이해하는 전략이 요구된다. 그러나 과학이나 사회를 가르치는 교사들은 자신이 가르치는 교과서의 내용을 보다 효과적으로 가르칠 수 있는 읽기 전략에 대하여 알고 있지 못하는 경우가 많다. 물론 그들은 읽기를 전공한 교사가 아니라 역사나 과학을 전공한 교사이기 때문이다. 만일 그들에게 과학이나 역사에 관한 텍스트를 효과적으로 이해할 수 있는 읽기 전략에 대하여 알게 한다면 학생들의 내용교과 학업 성취도는 이전보다 현저히 향상될 것이다.

이 책 『읽기 교육론』은 내용영역의 지식과 정보를 효과적으로 이해하고 습득할 수 있는 전략에 대한 방법적 논의이다. 미숙한 학습자에서 능숙한 학습자에 이르기까지 학습 단계와 수준을 고려한 읽기 전략의 적용을 통하여 학업 성취도를 향상시킬 수 있도록 안내한다. 또한 다양한 읽기 방법을 제안하여 의도와 목적, 상황과 맥락에 적합한 읽기를 지도하고 수행할 수 있도록 하였다. 이 책은 교실에서 학생들을 지도하는 교사이면서 동시에 이론적 탐색과 학문적 연구에 몰두하는 현장연구자들을 고려하여 구성하였다.

이론을 바탕으로 내용교과 교실의 읽기 상황을 고려한 방법과 전략에 대한 논의이기 때문에 교과의 특성과 교실 상황에 적합한 방법과 전략을 선택적으로 재구성하려는 독자의 시도가 요구된다. 교실 적용을 통하여 산출된 학생의 결과물들은 이 책이 제안하는 학습을 위한 읽기의 또 다른 연구 자료로 활용될 수 있을 것이다. 적용을 통한 연구는 이 책의 한계를 분석하고 극복하는 계기이며, 학습을 위한 읽기 연구의 발전을 가져올 것이다.

II.

이 책이 가장 관심을 갖는 독자는 수학, 과학, 사회, 역사 등의 내용교과를 가르치는 교사들이다. 내용교과 교사들이 자신의 교과 텍스트를 학생들에게 효과적으로 가르치기 위한 방법과 전략을 제안하고 있기 때문이다. 현장의 국어교육 연구자들은 이 책의 논의를 통하여 국어교육이 내용교과 학습에 미치는 영향에 대하여 다시 한번 생각해 볼 기회를 가질 수 있다. 교사 교육기관, 교사양성 관련 대학, 그리고 대학원의 학생들 또한 이 책의 논의에 관심을 가져주길 기대한다.

필자의 간절한 소망은 이 책의 논의들이 수많은 채찍의 흔적으로 누더기가 되기를 바라는 것이다. 상처가 아물기도 전에 터지고 짓무를 것을 잘 알고 있으나, 그러한 고통 없이 연구의 길을 가기에는 턱없이 부족한 바탕을 채울 길이 없기 때문이다. 혼자서는 도서히 할 수 없었던 일을 도와주시고, 돌보아주시고, 보살펴주신 분들의 은혜에 조금이라도 예를 갖추기 위하여 돌아가더라도 방향을 잃지 말아야 한다는 신념을 버리지 말아야겠다고 다짐한다. 채찍이 결코 신념을 막지는 못할 것이다.

2009년 3월 雨中 活泉齊에서

차
례

제1장 학습을 위한 내용영역 읽기 교육의 이해_____11

　1. 학습을 위한 읽기의 필요성과 목적 ································· 14
　2. 내용영역의 학습과 읽기 ·· 19
　　1) 내용영역의 범주 ·· 21
　　2) 내용영역의 문제해결적 특성과 언어 ···························· 30
　　3) 내용영역의 교수·학습 과제와 읽기 ···························· 68
　　4) 내용영역 읽기의 교수·학습 요소 ····························· 79
　3. 학습을 위한 읽기의 연구 동향 ································· 98

제2장 학습을 위한 읽기의 개념_____113

　1. 읽기의 개념 ·· 113
　2. 학습을 위한 읽기의 개념 ·· 118

제3장 학습을 위한 내용영역 읽기의 과정과 전략_____123

　1. 질문하기 ·· 127
　2. 탐색하기 ·· 130
　3. 적용하기 ·· 138
　4. 소통하기 ·· 143

제4장 학습을 위한 내용영역 읽기 교수·학습의 실제_____147

　1. 질문하기의 실제 ·· 148
　　1) 수준별 어휘 지도(The four-level framework) ················ 153
　　2) TRW(Timed Reading & Writing) ······························ 160
　　3) SQ3R ··· 161
　　4) IQs(Inquiry Questions) ·· 163
　　5) 상호 질문(ReQuest) ·· 166
　　6) DR-TA(directed reading-thinking activity) ··················· 168
　　7) TOAST(test-organize-anchor-say-test) ························ 169

2. 탐색하기의 실제 ·· 170
   1) 낱말 찾기 ·· 176
   2) 문장 쓰기 ·· 176
   3) 지식 검색 ·· 177
   4) 요약하기 ·· 177
   5) 비교하기 ·· 178
   6) 분류하기 ·· 179
   7) 비계학습 ·· 180
3. 적용하기의 실제 ·· 181
   1) K-W-L-A ·· 182
   2) 소크라테스 세미나 ····························· 183
   3) TASK(Thesis And Synthesis Key) ··········· 185
   4) 대상 바꾸기 ···································· 188
   5) 미래 예보 ······································ 188
4. 소통하기의 실제 ·· 189
   1) R-S-W ··· 190
   2) QtA(Questioning the Author) ·············· 191
   3) EI(Editor Interview) ······················ 194
   4) 일분 스피치 ···································· 195
5. 과정 및 기간별 지도의 실제 ···························· 196
6. 자기주도적 과제학습의 실제 ···························· 199
   1) 개념학습 일기(COLD, Concept-Oriented Learning Diary) ······· 201
   2) MIE(Media In Education) 학습 ·············· 214

제5장 학습을 위한 읽기 지도가 내용영역의 교수·학습에 미치는 효과____219

   1. 연구의 방법 ··· 220
     1) 연구의 대상과 기간 ································· 221
     2) 연구의 절차 ··· 223
   2. 연구 결과의 분석 ··· 227
     1) 핵심어와 핵심 문장 찾기 ··························· 231
     2) 주제 및 내용 파악하기 ····························· 235
     3) 요약하기 ··· 239
     4) 공통점 및 차이점 분석 ····························· 241
     5) 배경지식의 활용 ···································· 245
     6) 적용과 재구성 ······································ 248

제6장 CORI____253

   1. CORI의 목적과 방법 ····································· 253
   2. CORI의 과정 ·· 257
     1) 관찰과 개별화 ······································ 257
     2) 탐색과 재인 ··· 259
     3) 이해와 통합 ··· 260
     4) 상호 소통 ··· 262
   3. CORI의 문제점과 의의 ··································· 262
     1) 내용영역의 제한적 실행 ···························· 263
     2) 통합교육과정 운영 ································· 265
     3) 과정의 실행과 평가 ································ 266
   4. 거쓰리의 CORI가 내용영역의 학업성취에 미치는 효과 ········· 269
     1) 지도의 실제 ··· 270
     2) 효과 검증 ··· 275

참고문헌 / 281
찾아보기 / 292

제1장

학습을 위한 내용영역 읽기 교육의 이해

읽기는 학습자 스스로 세상의 지식과 효과적으로 소통할 수 있는 유익한 언어 기능이다. 글을 읽을 수 있게 되면 글의 내용을 이해하고, 이해한 내용을 표현하기 위하여 노력한다. 더 나아가 보다 효과적인 방법과 전략을 동원하여 자신에게 필요한 정보들을 습득하려고 한다. 또한 자신에게 필요한 지식과 정보를 얻기 위하여 읽기 기능을 보다 유목적적으로 사용한다. 유목적적인 읽기 기능은 전문적인 지식과 정보의 이해를 가능하게 하며, 변화와 팽창을 거듭하는 정보사회의 지식에 대응할 수 있게 한다.

학년이 높아질수록 학습자들은 전문적인 지식과 정보를 접하게 되며, 이에 따라 읽기 기능의 전문성 또한 요구된다. 학생들은 설화나 동화와 같은 이야기 글을 읽는 시간보다, 전문적인 지식의 이해와 관련이 있는 글을 접하는 시간이 많아지게 된다. 학교 교육은 학생들의 정서함양이나 인격형성을 위하여 독서를 권장하기도 하지만, 현실적으로 학생들의 읽기 시간 대부분은 학교의 교과교육과 관련이 있는 도서를 읽는 데에 훨씬 더 많은 시간을 보낸다. 교과와 관련된 전문적인 지식과 정보의 습득을 위한 읽기에 많은 시간을 할애할 수밖에 없는 것은 학업 성취에 대한 학습자 자신의 욕구뿐 아니라, 교사와 학부모 또는 학교와 교육당국의 의지와 직접적인 관련이 있다. 결국 학생들은 학교에 입학하면서부터 전문 지식과 정보의 습득을 위한 읽기에 매진하게 된다.

전문적인 지식과 정보들은 신화나 위인전의 내용과는 사뭇 다른 것이어서 보다 구체적이고 전략적인 읽기 기능이 요구된다. 예를 들어 수학은 매우 영역 특수적이다. 수학영역의 언어는 매우 수학적인 언어로 구성된다 (Benzamin, 2007 : 45). 마찬가지로 과학영역의 언어는 과학적 지식을 전달하기에 충실한 과학적 언어로 구성되며, 역사영역의 언어는 역사적 사실을 전달하기 위한 해당 분야의 용어로 구성된다. 수학이나 과학 또는 역사나 문화 등의 지식과 정보는 수학, 과학, 역사, 문화영역 등의 내용에 포함되어 있으며, 내용에 포함된 지식과 정보는 해당 영역의 개념과 맥을 같이 한다.

영역 특수적인 지식과 정보가 담겨 있는 내용의 영역을 우리는 '내용영역(content areas)'이라고 부른다. 내용영역에는 우리가 알아야 할 지식과 정보가 해당 영역의 특수적인 지식 구조를 형성하여 담겨 있다. 수학영역의 내용은 수학영역 특수적인 구조를 갖춘 지식으로 구성되며, 과학영역의 내용은 과학영역 특수적인 구조를 갖춘 지식으로 구성되어 있다. 이와 같이 내용영역의 내용은 각각의 영역 특수적인 지식으로 구성되어 있다. 영역 특수적인 지식은 개념과 맥을 같이 하며, 내용영역의 개념을 습득하는 것은 내용영역의 지식을 습득하는 것과 같은 인지활동이다.

내용영역의 교수·학습 과정에서 교사와 학생은 해당 영역의 개념을 보다 효과적으로 습득할 수 있는 전략과 방법을 동원한다. 학습자는 자신에게 주어진 문제를 해결하기 위한 방법으로서의 개념 습득에 몰입하며, 교사는 학습자들이 문제를 해결할 수 있는 개념의 효과적인 이해와 습득을 위해 지도한다. 개념중심 읽기는 내용영역의 교수·학습 과정에서 학습자로 하여금 내용영역의 지식을 보다 효과적으로 이해하고 습득할 수 있게 하는 지도 모형이다. 개념중심 읽기 지도를 통하여 내용영역의 학업 성취도를 향상시킬 수 있으며, 언어영역과 내용영역의 통합교육과정 운영의 가능성을 엿볼 수 있다.

수학이나 과학 또는 사회나 역사를 가르치는 교사들은 자신들이 가르치는 교과의 내용 지식 즉, 개념을 학생들에게 효과적으로 전달할 수 있기를 기대한다. 학생들 또한 교사를 통하여 자신들이 반드시 알아야 하는 내용 개념을 이해하고 습득하기를 간절히 원한다. 초기학습의 경우에는 글 읽기 기능이 익숙하지 않기 때문에 교재에 포함된 내용의 양이나 질이 그다지 폭넓거나 깊지 않다. 그렇지만 고학년으로 갈수록, 전문적인 지식 영역으로 갈수록 학습자들이 접하는 텍스트는 양적, 질적으로 적지 않은 부담감을 느끼게 한다. 때문에 고학년으로 올라갈수록 전문적인 영역의 교육을 담당하는 교사들은 자신들이 가르치는 영역의 텍스트 내용을 학습자들이 잘 이해하지 못한다고 생각하며, 학생들은 자신들의 읽기와는 관계없이 내용의 난이도를 탓한다. 때문에 내용영역을 담당하는 교사들은 자신이 가르치는 과목의 지식과 정보를 학생들이 효과적으로 이해하고 습득하도록 하기 위하여 읽기 능력을 향상시켜야 한다고 생각한다. 더불어 내용영역의 지식을 더 잘 이해하고 습득할 수 있게 하는 읽기 전략과 방법에 대하여 궁금해 한다(Benzamin, 2007 : 12~13). 그러나 여전히 내용영역의 교수·학습에서 읽기 기능이 내용영역의 지식을 이해하고 습득하는 데에 결정적인 영향을 줄 거라고 확신하지 않기 때문에 내용영역의 지식 습득을 위한 읽기 전략을 동원하기를 주저한다.

내용영역의 교수·학습 과정에서 읽기 전략과 방법을 적극적으로 동원하지 않는 이유는 내용영역의 학업 성취에 효과적인 영향을 줄 수 있는 전략이나 방법의 부재 또는 불확실성 때문일 것이다. 학습을 위한 읽기는 이러한 내용영역의 학업 성취에 효과적인 영향을 미칠 수 있는 전략과 방법을 제시하고 있다. 학습을 위한 읽기 교육을 통하여 교사는 학생들이 효과적으로 지식을 이해하고 습득할 수 있도록 도와주며, 학생들은 자신에게 주어진 문제를 해결하는 데에 필요한 지식을 이해하고 습득하기 위한 전략과 방법을 활용할 수 있다.

1. 학습을 위한 읽기의 필요성과 목적

글 읽기는 유목적적이고 인지적인 행위이다. 독자는 글을 읽으면서 문화적인 맥락, 텍스트의 주제, 발화와 작문에 관한 지식 등의 발현을 통하여 자신에게 주어진 문제를 해결하기 위한 의미를 구성한다(NCTE, 2006, Benjamin, 2007 : 6 재인용). 읽기는 문자 해독 기능을 넘어서는 지식과 정보의 검색, 정제, 활용뿐 아니라 이해, 분석, 통합 그리고 소통의 메타적 사고 기능을 갖고 있다. 창조적 지식기반 사회의 지식들은 영역 특수적이며, 전문적이다. 세련되고 구체적이며, 정교하고 깊이가 있다.

사회는 변화한다. 발전하는 사회의 지식은 창조적이고 무궁무진한 생산성을 갖고 있다. 이러한 지식은 텍스트의 특성과 무관하지 않다. 텍스트의 특성은 내용영역 텍스트의 이해에 많은 영향을 미친다. 글의 형식이나 구조가 미비한 텍스트인 경우에는 필요한 지식과 정보를 습득하는 데에 많은 어려움이 있다. 뿐만 아니라 텍스트에 담긴 지식과 정보의 구조가 복잡하여 학습자들이 쉽게 이해할 수 없는 경우도 있다. 이런 경우 두 가지 텍스트를 모두 대하는 학습자들에게 두 가지 유형의 텍스트에 담긴 내용을 모두 이해할 수 있도록 도와주는 학습을 위한 읽기 전략과 방법을 지원해 주어야 한다(Sweet, A. P. & Snow, C. E., 2003, 엄해영 외 역 2007 : 21~25).

내용영역의 내용은 해당 영역의 지식 구조와 관련이 있는 개념으로 구성된다. 이러한 영역 특수적인 개념은 해당 영역의 지식과 맥을 같이 한다. 학습자들이 내용영역의 지식과 정보를 습득하는 과정에서 겪는 가장 큰 문제는 해당 영역의 지식과 정보를 전달하는 텍스트의 중요한 개념을 효과적으로 수용하지 못한다는 것이다. 수학이나 과학 또는 사회 과목의 내용을 보면 학습자들이 이해해야 할 사실보다도 그 사실을 설명하는 용어들의 개념과 개념에 대한 지식의 부재가 내용영역의 학습을 더욱 어렵게 만든다.

'푸른 리트머스 종이를 붉게 변화시키거나, 페놀프탈레인 용액의 색깔이 변하지 않는 것은 산성 용액이다'라는 초등학교 5학년 과학영역의 학습 내용을 보면 학습자가 이해하여야 할 개념이 결코 쉽지 않다는 것을 알 수 있다(김선민, 2007 : 434). 산성과 염기성 용액의 개념을 알기 위하여 리트머스와 페놀프탈레인이라는 개념에 대한 이해가 선행되어야 할 것이다. 리트머스와 페놀프탈레인이 실험 재료임을 경험적으로 인식할 수 있는 있지만, 과학 교과서의 설명만으로는 두 용어의 주요 개념을 이해하는 데에 어려움이 있다.

과학뿐 아니라 수학 교과서의 언어는 더욱 간명하고 함축적이다. 수학이나 과학 교과서의 지식과 정보를 설명하는 문장들은 학생뿐 아니라 교사들조차 이해하기 힘든 개념적 정보들로 가득 차 있다. 수학이나 과학 교과서 집필자들은 학생들이 자신들이 알고 있는 만큼의 수리·과학적 배경지식을 갖고 있을 거라고 착각하기도 한다. 이런 이유 때문에 수학이나 과학 교과서의 문장들이 더욱더 어렵게 기술된다. 또한 학생들은 수학이 단지 숫자를 능숙하게 처리하는 교과라는 사고방식을 갖고 있기 때문에 수학 교과서에 기술된 중요한 개념어나 표현들을 대충 넘어가버리고는 곧장 문제 풀이에 들어간다. 그리고는 자신이 잘못 해결한 문제에 대하여 교사가 가르쳐주기만을 기다린다(Buehl, 2002 : 146~147).

학습을 위한 읽기는 궁극적으로 학습자들이 해당 내용영역의 핵심 개념을 이해할 수 있도록 도와주며, 자신에게 필요한 지식과 정보가 무엇인지를 인식하고 그것을 주도적으로 탐색하게 하는 과정이다(Cunning, 2000 : 290). 만일 학습을 위한 읽기 지도를 통하여 내용영역의 지식과 정보를 효과적으로 습득하고, 그것을 적극적으로 활용하여 자신이 처한 일상생활에서의 문제를 원활하게 해결할 수 있다면 학교에서는 물론 사회교육이나 대학 또는 전문 교육기관과 일반 직장, 연구소 등에서의 학습 활동은 매우 효과적으로 이루어질 것이다.

학습을 위한 읽기는 단순히 학교 안의 것은 아니다. 학교에서의 내용영역은 주로 교과와 관련이 있지만, 학교 밖에서는 보다 광범위하고 다양한 내용영역 학습 환경이 존재한다. 교육은 더 이상 학교 안의 환경에 머무르는 것이 아니다. 교육은 우리가 살아가는 세상의 모든 생활의 문제와 관련이 있다. 우리가 학교를 졸업한 후에도 사회나 직장의 교육을 통하여 끊임없이 필요한 지식과 정보를 습득해야 한다. 학교 교육과 사회 교육 그리고 직장의 직업 관련 전문 교육 등은 해당 환경에서 요구되는 지식과 정보의 습득을 위한 것이다. 결국 자신이 속한 내용영역의 개념을 습득하는 일이다. 그런 측면에서 읽기는 현대인의 삶을 지배하는 문제해결의 열쇠이며, 개념 습득을 지향하는 읽기를 통하여 자신에게 주어진 문제를 효과적으로 해결할 수 있을 것이다.

학습을 위한 읽기 지도의 필요성은 현장의 교사들이 훨씬 더 절실하게 체감한다. 내용영역과 관련된 교과를 지도하는 교사들은 그들의 교과와 관련된 교수·학습 방법을 다양하게 동원하여 학생들에게 그들 교과의 지식과 정보를 전달하려고 노력한다. 동시에 교사들은 자신의 교과와 관련된 지식을 전달하기 위하여 학생들에게 해당 영역의 텍스트를 주의 깊게 읽도록 한다. 읽고 난 후에는 자신들이 읽은 내용들이 무엇인지 정리하여 말하게 하고 그것을 글로 쓰게 한다. 일 년 내내 이런 수업이 진행되면서도 자신들은 읽기 수업을 하는 것이 아니라 자기 교과의 수업을 하고 있다고 말한다. 이러한 현상은 내용영역의 학습에서 텍스트의 중요성을 반증하는 것이며, 실험이나 관찰 등의 수업 못지않게 내용영역의 텍스트 읽기가 내용영역의 지식과 정보를 습득하는 데에 매우 중요하다는 것을 알게 해준다(Robb, 2003 : 11~12).

수학이나 과학 또는 역사나 사회 교과의 지식과 정보를 효과적으로 습득할 수 있는 읽기 전략이나 방법은 무엇인가? 읽기와 관련된 전략과 방법은 일반적인 텍스트의 이해와 관련이 있다. 그러나 지식과 정보의 팽창 그리고 영역특수적으로 세분화되는 창조적 지식 기반 사회에서의 읽기는 독자의 의도와 목적에 부합한 전략과 방법을 수행하도록 요구한다. 개념중심 읽기는 바로 이러한 읽기 전략과 방법을 포함하고 있다. 학습을 위한 읽기의 개념중심 읽기는 내용영역의 읽기이며, 학습을 위한 읽기(reading to learn) 전략 그리고 내용영역의 교수·학습에 효과를 미칠 수 있는 학습 읽기(study reading)의 개념을 포함하고 있다. 학습을 위한 읽기 기능 또는 학업 성취도 향상을 위한 읽기 기능의 향상은 내용영역의 학습 능력 향상과 맥을 같이 한다. 따라서 개념중심 읽기를 통하여 전문적이고 깊이 있는 영역 특수적 지식을 보다 빠르고 깊이 있게 이해할 수 있으며, 내용영역의 텍스트를 비교 분석하는 능력을 향상시켜서 학습문제 해결에 효과적으로 기여한다(Glendinnig & Holmström, 2004 : 6).

내용영역의 학습에서 가장 문제가 되는 것은 읽기 지도를 어떻게 할 것인가이다. 내용영역 고유의 지식 구조와 교수·학습 전략 및 방법이 존재함에도 불구하고, 읽기 기능이 특별하게 요구된다는 것은 읽기 기능이 내용영역의 학습에 효과적인 영향을 미칠 것이라는 가정 또는 읽기 지도가 절실하다는 인식이 동시에 작용한다고 보아야 할 것이다.

수학영역의 경우 고학년, 또는 전문가 집단으로 갈수록 텍스트의 양과 난이도가 증가함으로 인하여 수학적 지식과 정보를 담고 있는 텍스트를 읽고 이해하는 것이 점점 더 어려워진다. 다른 내용영역 교과에 비하여 훨씬 더 어려운 개념과 그 개념을 형성하는 어휘가 등장한다. 학생들은 생전 보지도 듣지도 못한 단어들로 인하여 문제를 이해하는 데에 어려움을 겪는다. 수학영역의 언어들은 매우 생소할 뿐만 아니라 여러 가지 의미를 동시에 갖고 있어서 어떤 것이 원래의 글에 적합한 의미인지 확인하기 힘들다. 또한, 수많은 기호와 상징들이 문장 속에 포함되어 글을 구성하기 때문에 그것들의 의미가 다른 수학적 어휘와 함께 어떤 의미를 구성하는지 이해하기가 쉽지 않다(Curry, Lapp, Flood & Farnan, 2004 : 229). 결국 수학영역의 지도를 담당하는 학생과 교사는 해당 지식과 정보를 효과적으로 전달하거나 습득하기 위하여 자신들이 교수·학습하는 영역에 적합한 읽기 기능이 필요하다는 것을 인식하게 될 것이다. 이런 인식을 바탕으로 내용영역의 읽기 지도를 수행하고, 내용영역의 읽기 지도를 통하여 내용영역의 지식과 정보를 효과적으로 습득할 수 있게 되었다면 내용영역의 학습에 효과적인 영향을 주었다고 할 수 있을 것이다.

따라서 내용영역의 학업 성취에 효과적인 영향을 미치는 학습을 위한 읽기의 모형을 구안하고, 구안된 모형의 과정과 전략 그리고 방법을 실제 현장에 적용하여 학습을 위한 읽기가 내용영역의 학업 성취에 미치는 효과를 검증하여야 할 것이다. 이러한 검증을 통하여 학습을 위한 읽기 교육의 필요성을 설명할 수 있을 것이며, 보다 발전된 전략과 방법을 구안하는 연구가 이어질 것이다. 개념중심 읽기 모형은 바로 내용영역의 학업 성취에 효과적인 영향을 미치는 읽기의 전략과 방법을 포함하고 있다. 학습을 위한 내용영역의 개념중심 읽기 전략과 방법은 거쓰리(Guthrie)의 CORI 모형에 기초한다. CORI의 과정과 전략 및 방법을 살펴보고, CORI 모형의 분석을 통하여 우리나라 교육과정 현실과 부합되지 않는 문제점의 분석을 통하여, 의미 있는 전략과 방법을 모색하고 재구성하여 개념중심 읽기 모형을 구안하였다. 이 모형을 바탕으로 내용영역의 학습에 효과적인 영향을 미치는 전략과 방법을 제시하여야 할 것이다.

이론적으로 적용이 가능한 모형이나 과정을 실제로 적용하였을 때에 어떤 효과를 나타내는지를 예측하고 검증하는 것은 매우 중요하다. 이론적으로는 타당하나 실행 환경에서 그 효과를 검증할 수 없다면 아무리 좋은 이론이라도 교육적으로 의미가 없다고 보아야 한다. 따라서 CORI 모형을 참고하여 수정, 보완한 개념중심 읽기의 모형이 우리나라의 교육과정 실행과 맥을 같이 하면서 의미 있는 효과를 발현할 수 있다면 CORI 모형은 그 자체로 이론적 가치를 인정받을 수 있으며, 개념중심 읽기 모형 또한 현장 적용의 가치를 인정받을 수 있을 것이다.

2. 내용영역의 학습과 읽기[1]

내용영역의 학습은 언어활동을 배제하고서는 이루어질 수 없다. 언어의 도구성은 언어가 못질을 하는 망치나 절단을 하는 톱으로써의 장비가 아니라 사물의 형상을 갖추고, 그 사물이 유익하게 쓰여 인간 삶의 질을 높이는 데 기여하는 장치로써의 도구를 의미하는 것이다. 내용영역의 학습은 인간에게 주어진 모든 문제를 해결하기 위하여 행해진다. 인간에게 주어진 모든 문제들은 궁극적으로 인간 삶의 질을 높이기 위한 것이다. 인간은 보다 나은 삶의 질을 추구하기 위하여 부단히 새로운 문제에 도전하고 그 문제를 해결하려고 노력한다.

내용영역은 인간 삶의 질을 향상시키기 위한 지식과 정보의 학문적 체제이다. 그 학문체제에 담긴 지식과 정보를 통하여 인간은 삶의 질을 향상시키는 데에 필요한 문제를 해결할 수 있다. 언어는 인간 삶의 질을 향상시키기 위한 학문적 지식과 정보를 효과적으로 습득할 수 있게 한다. 언어의 사용으로 인하여 내용영역의 지식과 정보는 학습자들에게 전달되며, 전달된 지식과 정보들은 저장으로부터 재생산에 이르기까지 창조적 순환을 거듭한다.

내용영역의 학습과 읽기의 관계를 알아보기 위하여 먼저 내용영역의 범주가 어디까지인가 생각해 보아야 한다. 과거 내용영역의 범주는 단순히 학교 교육의 교과 수준에 머물렀다. 그러나 인간의 지식과 정보가 급속도로 팽창하고, 인간이 해결하여야 하는 문제들이 증가하고 세분화되면서 내용영역의 범주는 학교 안에서 학교 밖으로 확장되었다. 학교 밖의 상황은 보다 전문적인 영역으로 세분화되었다. 이러한 확장된 내용영역의 범주는 인

---

[1] 이 부분의 내용은 김선민(2006, 2007, 2008)의 발표 논문 내용을 요약 정리하거나 특정 부분을 그대로 진술하였다. 또한 출간 예정인『국어교육 방법론』에도 몇 몇 부분의 내용이 중복하여 진술될 것이다. 학습을 위한 읽기 교육의 이해를 돕기 위하여 이 부분의 내용은 다른 내용들을 이해하는 데에 필수적이기 때문에 부득이 중복하여 진술하게 되었다.

간에게 주어진 문제들의 다양성과 맥을 같이하는 것이다.

문제를 해결하기 위한 내용영역의 학습은 언어의 사용 없이 이루어질 수 없다. 내용영역을 상징적으로 대표하는 수학이나 과학영역의 경우는 문제해결의 측면이 매우 강하여 내용영역의 세분화를 주도한다. 수리과학영역의 지식과 정보가 팽창하는 것과 더불어 수리과학영역의 세분화가 진행되며, 일상생활에서의 수리과학적 문제해결은 인간이 당면한 가장 근접한 과제 중의 하나가 되었다. 따라서 내용영역의 문제해결을 위한 언어의 사용에 대한 검토가 선행되어야 한다. 내용영역의 읽기는 내용영역의 문제해결 과정의 한 부분이기 때문에 내용영역에서의 읽기 기능이 다른 언어 기능과 어떤 관계를 갖고 작용하는지 인식하여야 한다.

또한 내용영역의 학습을 위한 도구적 기능으로서의 언어사용이 실제로 내용영역의 학습에 어떤 영향을 주는 것인지에 대한 경험적 접근이 요구된다. 언어의 도구적 기능이 가치를 발휘하기 위해서는 내용영역의 학습에 효과적인 영향을 미쳐야 한다. 단순히 내용영역의 글을 읽고 쓰는 것으로써의 기능이 아니라 내용영역의 지식과 정보를 효과적으로 이해하고 표현할 수 있으며, 자신이 습득한 정보를 창조적으로 재생산할 수 있는 언어적 능력을 갖추어야 한다. 언어의 도구적 기능은 문자를 해독하고 기록하는 수준에서부터 역사와 문화를 전달하고 기록하며 생산하는 인간의 창조적인 지식 생산을 가능하게 하는 가치를 포함하는 것이다. 따라서 내용영역 학습을 위한 언어의 사용이 실제 교육 장면에서 내재적인 가치를 온전하게 발휘하고 있는지 점검해야 하며, 그렇지 못할 경우 그 이유가 무엇인지 밝혀야 한다.

내용영역의 범주를 설정하고, 내용영역의 문제해결을 위한 언어사용을 바탕으로 내용영역과 언어사용 간의 관계가 효과적으로 상호작용하는지 점검하고, 문제를 분석하여야 한다. 만일 내용영역 학습의 문제요인이 언어의 사용과 관계가 있다면, 언어사용의 적절성에 대하여 고민해 보아야 한다. 즉, 읽기 기능이 주어진 문제를 해결하는 데에 적합한 언어사용 기능으로 작용하였는지를 점검해야 한다. 그렇지 않은 경우 읽기 기능이 내용영역의 지식과 정보를 습득하기 위한 읽기 과정에 효과적으로 작용하지 않았다는 것을 입증한다. 여기서는 내용영역과 읽기의 관계에 대하여 논의하려고 한다. 먼저 내용영역의 확장된 범주에 대하여 알아보고, 내용영역의 문제해결과 언어사용의 관계에 대하여 알아보기로 한다. 내용영역의 문제해결은 수리과학영역을 중심으로 일상의 언어생활과 맥을 같이하여 논의하기로 한다. 내용영역의 범주와 수리·과학적 문제해결 과정에서의 언어사용에 대한 이해를 바탕으로 내용영역 학습에 영향을 미치는 언어사용이 실제 교육현장에서 효과적으로 작용하고 있는지에 대하여 검토하기로 한다. 즉, 내용영역을 학습 과정에서 발생하는 언어적인 문제요인을 수학 및 국어 진단평가 결과를 근거로 분석하기로 한다. 그리고 내용영역의 읽기 지도를 위한 개념중심 읽기의 요소에 대하여 논의하기로 한다.

1) 내용영역의 범주

내용영역의 읽기는 필요성과 목적이 구체적이고 명시적이다. 일반적인 글 읽기의 필요성과 목적이 그렇지 않다는 것은 아니지만 내용영역의 읽기는 문제해결적인 지식과 정보를 습득하기 위한 읽기이며, 이러한 읽기를 통하여 습득된 지식과 정보는 반드시 유용한 것이어야 한다. 즉, 내용영역의 읽기는 곧 학습을 위한 읽기이며, 읽기를 통하여 학습된 지식과 정보는 자기만족이나 정서 함양을 위한 것이 아니라 학습자에게 주어진 문제를 효과적으로 해결하는 데에 사용되어야 한다. 따라서 내용영역의 읽기는 일반적인 읽기에 비하여 실용적이고 의도적이며, 삶의 질 개선에 가치 있는 활동이어야 한다. 내용영역의 읽기는 독자가 처한 상황에 따라서 매우 즉시적인 반응이 수반된다. 예를 들어 과학 수업 시간의 실험과 관련된 책을 읽는다든지, 수학의 개념적 지식을 일상생활의 문제와 관련하여 이해한다든지, 선사유적지와 현대 주거지의 차이점을 설명하는 읽는 것 등이 그렇다. 이러한 읽기 활동은 목적과 대상이 분명할 뿐 아니라 때로는 즉각적인 이해와 표현을 요구하기 때문에 정서함양이나 인격도야를 위한 글 읽기에 비하여 지적 또는 기능적인 순발력이 요구된다. 시험 문제를 풀 때가 그러하며, 논술을 하기 위하여 제시문을 읽을 때가 그렇고, 여행을 가기 위하여 다양한 장소에 대한 정보를 검색할 때가 그렇다.

내용영역의 범주화는 앞서 거론한 교실의 평가 상황과 깊은 관련이 있다. 사실 평가에 관한 문제는 학교에서뿐만 아니라 성장할수록 더욱 절실하게 다가오는 문제일 것이다. 글 깨치기를 시작한 이후 학습자들은 한시도 쉬지 않고 평가 상황에 직면한다. 대부분의 평가 상황은 제한된 조건하에서 이루어지며, 주어진 조건 안에서 누가 더 효과적으로 이해하였는가에 따라 성패가 결정된다. 뿐만 아니라 사회에 진출하려는 많은 성인들조차 평가 상황을 피해갈 수는 없을 것이다. 그들은 자신의 의도와 목적에 부합하는 영역특수적인 지식과 정보가 담겨 있는 수많은 텍스트들을 제한된 조건 안에서 소화해야만 한다. 주어진 조건은 매우 제한적이고 이해해야만 하는 지식과 정보의 양은 한이 없다. 결국 평가 상황을 전제로 한 내용영역의 범주화는 너무도 당연한 사회적, 교육적 맥락의 산물이 아닐 수 없다.

간혹 내용영역의 읽기를 교과에 한정하여 지도하려는 경향이 있다. 실제로 과학이나 수학 또는 대학의 영역특수적인 지식 교과를 담당하는 교사나 교수들은 자신들이 가르치는 교과의 지식이 어떻게 전달되었는지를 확인하기 위하여 학생들에게 자신들이 습득한 지식과 정보가 무엇인지 확인하고 싶어 한다. 이때 대다수의 교사는 학생들에게 일정 양의 보고서를 요구하며, 보고서를 통하여 해당 영역의 지식과 정보의 효과적 전달 여부를 확인한다. 많은 경우 학생들의 보고서 특히, 보다 전문적인 영역의 보고서를 대하고 나서야 평가자들은 학생들의 읽기 능력에 대한 회의를 갖는다.

물론 보고서에 표현된 내용이 학생의 읽기 능력을 모두 판가름하는 자료가 될 수 있을 것이라고 생각하지는 않을 것이다. 읽기와 쓰기 능력은 어느 정도 차이가 있을 것이며, 어떤 학생들은 자신이 이해한 글의 내용을 문자로 표현하는 것보다 말로 표현하는 능력을 더 갖추었을 수도 있기 때문이다. 그러나 일반적인 평가 상황에서 우리는 구두언어보다는 문자언어를 선호한다. 사실 구두언어 표현이 훨씬 더 이해의 수준을 판가름하는 데에 효과적이지만 아마도 평가 도구의 다양성과 보관의 문제 그리고 채점에 대한 타당성과 신뢰를 확보하기 위한 방편이라고 생각할 수 있다.

읽고 이해한 것은 어떤 식으로 평가할 수 있는가? 말하거나 쓰지 않고 학습자가 이해한 것을 확인할 수 있는 방법은 없다. 그림으로 그리거나 몸짓으로 하는 원시적인 방법을 선호하는 교사는 거의 없을 것이다. 따라서 읽기를 통한 이해의 결과는 구두언어와 문자언어로 표현된 양식에 의하여 평가 된다. 우리는 구두언어와 문자언어로 표현된 읽기의 이해 양식을 평가한다는 관점에서 다양한 상황을 고려해볼 수 있을 것이다.

내용영역의 범주화는 학습자가 처한 교육적 맥락에 근거한다. 교육적 맥락이 더 이상 학교 안의 상황만이 아닌 것처럼 내용영역의 범주화는 학교의 안과 밖을 모두 포함하는 광의의 교육적 맥락을 의미한다. 지역사회 교육은 물론 평생교육의 장으로서의 환경까지도 교육적 맥락의 대상이며 현실이다. 우리는 다양한 인간 삶의 교육적 맥락을 고려해야만 한다. 학습은 학교 안의 과정에 제한된 것이 아니라 직장을 포함하는 일생의 과정에 존재한다. 인간 삶의 질을 개선하기 위한 지식과 정보는 바로 학습을 위한 읽기를 통하여 성공적으로 습득되며, 그것은 자신의 삶에 가치 있게 작용할 것이다.

(1) 환경 차원의 내용영역 범주[2]

내용영역의 범주를 환경 차원에서 생각하는 것은 학교 내에서의 전통적

---

[2] 이 내용은 'Unrau(2004), *Content Area Reading and Writing : Fostering Literacies in Middle and High School Cultures, Second Edition*, Pearson Education Inc, pp.10~13'을 참고하였음.

인 내용영역의 연구 범위를 확대하여 내용영역 문식성 교육의 다변화를 시
도하는 것이다. 환경 차원의 구분은 1) 개인, 2) 사회, 3) 학교의 차원에서 생
각해 볼 수 있다(Gallego & Hollingsworth, 2000, Unrau, 2004 : 11에서 재인용).

❶ 개인 환경의 내용영역 범주

개인 차원의 내용영역 범주는 개인이 속한 학교와 사회를 모두 포함하는
시간 공간에서의 개인의 지적, 인지적 인식에 따른 구분이다. 개인영역 차
원의 중요성은 내용영역의 텍스트 해석에 가장 큰 영향을 미치는 요인이다.
즉, 학습자 개인이 속한 학교와 사회에서 습득한 배경지식이 내용영역의 텍
스트 이해에 가장 큰 영향을 미친다는 것이다. 즉 개인의 내용영역 범주는
개인이 속한 학교와 사회에서의 지적, 경험적 배경지식에 의해 결정되는 것
이며, 이러한 개인의 내용영역은 각기 다른 언어와 문화의 영향을 받는다.

학교에 속한 개인의 경우에는 개인이 학습하는 교과와 지식에 영향을 받
을 것이다. 만일 개인이 학교 밖의 문식 환경에 속해 있을 경우에는 그 환
경에 영향을 받는다. 학교 밖의 교양 교육이나 직업 교육 또는 학교 밖에서
행해지는 모든 지적, 경험적 학습 활동이 개인의 내용영역에 해당한다. 초
등학교 학생이 휴일에 야영을 하면서 야영지에서 익혀야 하는 각종 기술이
나 생존 전략 등이 바로 개인의 내용영역에 해당하는 것이다. 또한 학교생
활을 하면서 지켜야 하는 기본 생활 습관이나 규칙에 관한 것들을 익히는
것 역시 개인의 내용영역 범주에 속한다.

❷ 사회 환경의 내용영역 범주

사회 환경의 내용영역 차원은 학교 밖의 문화를 모두 포함한다. 학교 밖
의 환경은 어떤 면에서 학교 안의 내용영역에 영향을 미친다. 학교 밖의 내
용영역은 어떤 학교 안의 것에 비하여 보다 광범위하다. 내용영역의 연구
범위가 학교 안으로부터 학교 밖의 내용영역 연구로 확산되어 가고 있는 이

유는 학습자들이 처한 내용영역 문식 환경이 사회문화적 변화와 과학기술의
발달로 인하여 다변화되어 가고 있기 때문이다. 학교 안의 내용영역 차원은
교과 차원에 국한되어 있기 때문에 급속도로 팽창하는 현대의 지식과 정보
를 수용하기에는 한계가 있기 때문이다. 따라서 사회에서의 내용영역 문식
성에 대한 관심과 학습자의 능력을 기르기 위한 전략의 요구가 발생한다.

한 개인은 학교를 떠나면 곧바로 사회에 귀속된다. 가정에서의 교육이나
직장에서의 직업 교육 그리고 문화 교양 교육 등이 사회의 내용영역에 해
당된다. 교과 차원의 학교 환경에 비하여 사회의 내용영역 범주는 훨씬 더
세분화되어 있을 뿐만 아니라 광범위한 것이 사실이다. 공원의 안내도를 보
고 관람 내용을 정하는 것이나, 새로 산 가전제품의 사용 설명서를 읽어보
고 작동을 한다든지, 요리책을 보고 식구들을 위한 맛있는 음식을 만드는
것, 새로운 업무의 시행 방침과 행동 강령 등을 익히는 것 등이 바로 사회
에서의 내용영역 범주에 해당한다. 최근 학교가 사회 교육의 일부를 담당하
게 된 것도 이러한 사회 환경의 중요성을 인식한 때문이다.

❸ 학교 환경의 내용영역 범주

학교의 내용영역 환경은 단순히 읽고 쓰는 등의 인지 과정 차원뿐만 아
니라, 사회, 문화, 정치적인 상황을 고려해야만 한다. 학교에서의 내용영역
범주와 정치적 상황을 고려한다는 말이 생소할지 모르나 우리나라도 미국
과 같이 다문화 사회로 변화되어 가고 있는 현실에서 학교 또한 다문화 교
실 상황에 대비하여야 한다는 것이다. 이미 미국에서는 다민족 문식 교육에
대한 연구와 교육을 실시하여 왔다. 우리나라는 그런 상황에 대한 인식이
부족할 뿐 아니라 현실적으로 다문화 교육에 대한 준비가 전혀 이루어지지
않은 상태였다. 대도시 인근의 지방 소도시에서는 이미 학교의 다문화 교육
이 중요한 과제로 부상하고 있다. 이러한 것은 사회문화적인 측면뿐 아니라
정치적인 면에서의 고려가 필요하다. 즉, 우리와 다른 문화권 자녀나 우리

문화와 다른 문화가 결속한 가정의 자녀들에게 어떤 교육적 장치를 마련할 것인지에 정책적 배려가 요구된다. 또한 우리나라의 학교 상황에 속한 다문화 가정 자녀들의 부모 국가에 대한 문화적 교육도 배려해야 한다는 목소리가 높아지고 있다.

무엇보다 학교 환경의 내용영역 범주는 기본적으로 국가 교육과정에 근거한 학교의 교재와 교육 내용 그리고 그것을 감싸는 주변 교육자료 등을 일컫는다. 내용영역 범주의 기본이 학교 환경을 근간으로 하고 있다는 것은 학교에서 학습자들의 학습 활동이 가장 왕성하게 일어나며, 학교를 통하여 일상생활에 필요한 지식과 정보를 습득하기 때문이다. 그렇지만 학교의 내용영역 범주는 보다 전문적인 지식과 경험을 습득하기에는 한계가 있는 것이 사실이다. 그렇기 때문에 내용영역 연구자들은 내용영역 범주를 학교(in-school)로부터 사회(out-of-school, community)로 확대하려고 한다. 궁극적으로 내용영역의 문식성은 보다 폭넓고 깊이 있는 지식과 정보를 습득하는 데에 목적을 두고 있다. 또한 변화하는 사회의 급속한 정보 팽창에 대응하기 위한 전략이기 때문에 보다 다양한 영역 범주의 학습을 통하여 학습자의 창조적인 지식 습득을 추구하려는 것이다.

(2) 교과 차원의 내용영역 범주

내용영역의 연구는 내용영역을 가르치는 교사들의 읽기 학습 방법으로 시작되었다고 볼 수 있다. 내용영역의 연구가 읽기에서 쓰기를 포함하고, 말하기와 듣기로 확대되면서 내용영역 학습 상황에서 주어진 지식과 정보를 습득하는 가장 효과적인 전략을 구현하도록 하는 데에 주목적이 있었다. 따라서 내용영역의 범주를 구분하는 가장 기본적이고 현실적인 방법은 교과를 기준으로 하는 것이다.

교과는 해당 학년의 교육과정에 근거한 각 과목을 일컫는 것이며, 해당 학년에서 이수해야 할 교과목이 내용영역의 범주가 된다. 초등학교의 경우 도덕, 국어, 수학, 사회, 과학, 체육, 음악, 미술, 실과, 영어 등의 교과목이 있다. 중등학교는 사회나 과학 과목을 세분화하여 과목의 수가 증가하고 대학은 학생의 전공 영역과 관련된 과목들이 세분화될 수 있을 것이다. 교과 차원의 내용영역 범주는 결국 학습자가 처한 학습 환경의 교재와 관련이 있는 것이다.

교과 차원의 내용영역 범주를 확대 해석하면 학교 안의 제도권 교육뿐 아니라 제도권 밖의 교육을 포함할 수 있을 것이다. 직장이나 직업 교육 또는 교양 교육의 교과목도 내용영역의 교과 차원에 해당될 것이다. 만일 자동차 정비사가 되기 위한 교육을 제도권 교육 이외의 시간과 공간에서 받고 있다면, 해당 학습자가 처한 교육 환경에서 쓰이는 교재가 교과 차원의 내용영역 범주로 구분될 것이다. 자동차 정비를 위한 교재는 해당 지식 내에서 다양한 교재가 동원될 것이고 이러한 교육 환경에 처한 교사와 학생은 직업 교과 차원의 내용영역 학습을 하고 있는 것이다. 요리 강습 학원에서 쓰이는 교재도 교과 차원의 내용영역 범주에 속하며, 직장에서의 직업 교육 교재도 교과 차원의 내용영역 범주에 들어간다. 이처럼 교과 차원의 내용영역 범주는 학습자가 처한 교육 환경에서 쓰이는 교재와 그 교재를 지지하는 교육과정 차원과 맥을 같이 한다고 볼 수 있다.

그러나 내용영역의 범주를 교과 차원으로 한정할 경우에는 주어진 교재와 교육과정이 갖고 있는 한계로 인하여 다양하고 폭넓은 내용영역 문식성을 향상시키는 데 어려움이 있다. 특히 교재의 내용이 ― 학교 밖의 문식 환경의 경우 ― 좋지 않을 경우에는 학습자들의 흥미를 떨어뜨리는 것은 물론 학습 효과를 감소시키는 결과를 가져올 수 있기 때문에 교재를 중심으로 하는 교과 차원의 내용영역 문식성 교육은 다양하고 전문적인 교재의 보충 및 경험을 통하여 수행되는 것이 효과적이다(Diane Lapp, James Flood & Nancy Farnan, 2004, p.32). 결국 학교 환경에서의 내용영역 범주는 교과 차원이 가장 기본적이 구분이나 다른 차원의 내용영역 범주를 적절히 도입하여 수행하여야 할 것이다.

(3) 텍스트 차원의 내용영역 범주

내용영역의 범주가 학교에서 사회로 확대되면서 내용영역 연구나 문식력 신장을 위한 교재의 범위도 확대되고 있다. 급속도로 발전하는 과학 기술과 다변화되는 사회문화 구조로 인하여 정보는 양적, 질적으로 팽창하고 있다. 내용영역의 전통적인 텍스트 차원은 내용영역를 가르치는 교사들이 사용하는 교재가 중심이었다. 그러나 이러한 전통적 차원은 학습자들의 정보 수용 능력을 최대한으로 발휘하는 데에 제한점이 있을 뿐만 아니라 새로운 지식을 습득하는 데에 한계를 가져왔다. 특히, 사회나 과학의 경우에는 변화하는 지식과 정보를 내용영역 교재에 모두 담아낼 수 없는 한계가 드러나기 시작하였으며, 21세기 디지털 시대에 들어오면서 다양한 텍스트의 동원이 현실화되었다.

텍스트 차원의 내용영역은 단순히 텍스트를 기준으로 내용영역의 범주를 설정하는 차원이라기보다는 내용영역 문식성을 함양하기 위한 교재로서의 조건을 마련하는 것이기도 하다. 학생들은 내용영역의 텍스트로부터 최소한 다음의 네 가지 조건을 만족하는 결과를 얻을 수 있어야 한다. 1) 깊이 있는 지식과 정보, 2) 다양한 관점의 제시, 3) 내용 문식력의 향상, 4) 사고의 계열화(Moor, Cunningham & Cunningham, 2006 : 63~65)가 바로 그것이다.

첫째, 깊이 있는 지식과 정보를 제공받을 수 있는 내용영역의 텍스트들은 그 자체가 내용영역의 텍스트 차원의 범주를 구성함과 동시에 내용영역 학습에 도움이 되는 텍스트로써의 역할을 하여야 한다. 과학이나 역사 수업 중 학습자들에게 보다 깊이 있는 지식과 정보를 제공할 수 있어야 한다. 학교에서는 교과서의 내용을 보조할 수 있는 것이어야 하며, 학교 밖에서는 교양 과목이나 전문 직업 과목의 내용에 대한 추가 지식과 정보를 보다 깊이 있게 전달할 수 있는 텍스트여야 한다. 둘째, 다양한 관점을 제시할 수 있는 텍스트는 특정한 지식이나 정보에 대한 진정성, 가치, 유용성 등을 판단할 수 있는 근거 자료로서의 역할을 하여야 한다. 현대 사회의 지식과 정보는 양적인 면에서 급속도로 팽창하기 때문에 어떤 것이 진정한 가치를 갖는 것인지 분별하기 쉽지 않은 경우가 있다. 학습자는 내용 교재가 제공하는 지식과 정보를 비판적으로 수용하고 반응할 수 있는 능력을 갖추어야 한다. 비교하고 분석하는 과정을 통하여 자신에게 필요한 것들을 정제할 수 있을 것이다. 이때 학습자의 올바른 분석과 판단을 도울 수 있는 텍스트가 동원되어야 한다. 또한 이러한 텍스트들은 하나의 편중된 시각으로 나타난 것이 아니라 학습자들로 하여금 다양한 각도로 생각하고 분석할 수 있는 기회를 제공해 주어야 한다. 셋째, 내용영역 텍스트는 내용영역의 문식 능력을 향상시킬 수 있는 역할을 하여야 한다. 최근 정제되지 않은 채 범람하는 텍스트의 지식과 정보들은 때로 학습자들의 문식성 함양에 치명적인 영향을 끼치는 것들도 적지 않다. 어린 학습자들일수록 자신이 접한 텍스트가 자신에게 어떤 도움을 주고 있는지 정확하게 판단할 수 없는 경우도 있다. 학습자의 내용 문식력을 향상하기 위한 텍스트는 깊이 있는 지식과 정보를 제공하는 것은 물론 학습자들에게 다양한 관점을 제공하는 것이어야 하며, 사고를 체계화하고 정련할 수 있는 역할을 하여야 한다. 이러한 텍스트들은 학습자들 스스로 선별하는 것이 가장 이상적이지만 그러한 능력을 갖추지 못한 어린 또는 미숙한 학습자들에게는 교사 또는 능숙한 학습자들의 협주가 필수적이다. 마지막으로 사고를 체계화하고 계열화할 수 있어야 한다. 텍스트 차원의 내용영역 범주는 단순히 텍스트의 종류를 구분하는 것이 아니라 텍스트를 통하여 사고력을 함양하는 것과 관련이 있다. 학습자의 사고력 함양은 내용영역의 텍스트가 갖고 있는 질적으로 우수한 지식과 정보이다. 텍스트 차원의 내용영역 범주를 구분하는 가장 큰 이유 중의 하나가 바로 학습자의 사고력 함양이다. 전통적으로 학교의 내용영역 교재를 중심으로 하는 학습 활동은 단순히 교과서의 내용을 이해하는 수준이었으나 최근의 내용영역 교재의 범위는 학교 안에서조차 다양한 텍스트의 동원으로 확대되어 가고 있는 추세이다. 교과서를 중심으로 하는 내용영역 텍스트의 차원은 학습자의 사고 범위를 축소시킬 우려가 많다. 팽창하는 지식과 정보를 교과서에 모두 담을 수 없기 때문에 교과서의 내용과 관련된 다양한 지식과 정보를 얻을 수 있는 교재의 동원을 통하여 내용영역 수업을 진행하여야 한다. 이러한 과정은 학습자의 제한된 사고 영역을 확장시키는 결과를 가져오게 된다. 결국 학습자의 사고를 보다 폭넓게 자극하고 체계화하고 계열화하는 텍스트들은 앞의 세 가지 조건을 만족시키는 것과 동시에 변화하는 지식과 정보를 담아낼 수 있는 다양한 텍스트여야 한다.

텍스트 차원의 내용영역 범주는 환경이나 교과 차원과는 달리 보다 명시적이고 세분화되어 있다. 전통적인 내용영역 텍스트인 내용영역 교재(교과서)는 하나 또는 지도서 정도의 제한적인 것이었으나 최근에는 각종 광고 팸플릿, 잡지, 백과사전, 참고서, 간행물, 설명서 등을 포함(Lapp, Flood & Farman, 2004 : 7)할 뿐 아니라 신문이나 방송 그리고 인터넷을 통한 자료의 활용까지 확대되었다. 이러한 현상은 모든 학교의 인터넷 시설 확충으로 인하여 실시간으로 신문이나 방송 등 변화하는 지식과 정보를 순간순간 선별하여 수업 시간에 활용할 수 있게 되었기 때문이다. 이는 교과차원의 내용영역 범주를 통합하여 텍스트 차원의 내용영역 범주로 이행하는 조건을 마련해주는 것이기도 하다. 교과통합적인 내용영역의 범주들은 지식과 정보의 경계가 허물어지는 미래 사회에서 보다 유용하게 활용될 것이며, 텍스트 차원의 내용영역은 학교는 물론 학교 밖의 모든 내용영역 문식성 교육에 효과적으로 적용될 것이다.

2) 내용영역의 문제해결적 특성과 언어

문제해결은 인간이 필연적으로 속하게 되는 언어 환경의 중요한 인간 활동이다. 인간이 처한 언어 환경 내에서의 문제 양상은 매우 다양하다. 지각하지 않기 위한 기상 시각 설정이나 체중을 줄이기 위하여 다이어트를 계획하는 등의 지극히 개인적인 문제에서 기업의 이윤을 극대화하기 위한 합병이나 국가간 분쟁을 해결하기 위한 협정 등의 집단 문제 등이 그렇다. 개인과 집단은 인간 사회 구성의 한 요소이다. 문제의 발생과 원인은 개인이나 집단에 귀속되지만 직면한 문제를 해결하는 과정은 사회 구성 관계를 기초로 한다. 당면한 문제의 해결 과정은 사회 구성원 간의 상호작용적 관계 속에서 이루어지기 때문이다. 결국 개인이나 집단의 문제는 사회와 분리될 수 없으며, 사회 구성원의 상호작용 과정을 통하여 해결된다.

문제의 해결 방법을 찾기 위하여 문제를 이해하고, 문제와 관련된 사항들이 무엇인지 알아보고, 계획을 세우고, 실행하며, 시행착오를 거치기도 하고, 되돌아보기도 한다. 인간이 사회로부터 철저하게 고립되어 있는 상황이 아니라면 개인이 문제를 해결하기 위한 점검들은 독자적으로 수행되지 않을 것이다. 지각하지 않기 위하여 기상 시각을 정하는 문제는 개인의 문제이다. 그러나 기상 시각을 정하기 위해서는 직장이나 학교의 제한 시간을 배제할 수 없다. 또한 이동 수단과 거리, 그날의 교통상황 등의 사회적 현상을 종합적으로 고려하지 않을 수 없다. 물론 이 모든 것들은 개인의 판단에 의한 결정이지만 판단을 내리기 위하여 문제 당사자는 자신의 문제와 관련된 사회 구성원과의 소통을 게을리 하지 말아야 한다. 기상 시각에 영향을 미친 여러 가지 정보들은 구두언어나 문자언어의 형태로 문제 당사자에게 전달된다. 출근 제한 시간을 선임 직원에게 물어본다거나, 빠른 시간 내에 도착할 수 있는 이동 경로와 수단에 대하여 비슷한 문제에 처했던 누군가에게 도움을 요청하는 등의 정보 수집을 위한 언어활동 등이 그렇다.

내용영역의 문제해결은 다른 교과의 그것과 다르지 않다. 어떤 지식, 경험, 기능을 동원하였는가의 차이일 뿐 궁극적으로 인간이 속한 사회 구성원 간의 상호작용을 통하여 자신의 삶을 의미 있게 구성하려는 의도적 활동이라는 면에서는 모두 같은 과정을 거친다. 다른 분야의 문제들에 비하여 해답과 방법이 명료한 경우가 많아 보이지만 수학이나 과학을 연구하는 몇몇 학자들은 내용영역의 예술적 가치를 주장하기도 한다. '1+1' 또는 '지구의 위성은 무엇인가?'와 같은 문제의 답은 뻔하기 때문에 해결의 묘미나 새로움을 발견하기에는 흥미와 동기 부여의 결여가 드러난다. 그러나 '1+1=2', '지구의 위성은 달'이라는 해답을 알기 이전으로 되돌아갈 수만 있다면 두 문제가 얼마나 심각했으며, 그 문제를 해결하기 위하여 얼마나 다양하고 새로운 시도를 하였는지 짐작할 수 있다.

언어가 내용영역의 문제해결에 도움을 주고 있다는 가설을 설정하는 데에는 무리가 없지만 구체적으로 어떤 장면에서 어떻게 영향을 미치는지에 대한 구체적인 논의가 필요하다. 그러기 위하여 먼저 내용영역 문제해결의 특성과 교육과정상의 내용영역 문제해결 양상을 살펴보기로 한다. 그리고 내용영역 문제해결 과정의 언어활동을 수학과와 과학과를 분리하여 실생활의 문제와 학교 교육 현장의 장면을 예를 들어 알아본 후에 내용영역 문제해결 능력 신장을 위한 언어의 역할을 논의하기로 한다.

(1) 내용영역의 문제해결적 특성

인지심리학에서 문제해결은 매우 중요한 논지의 하나이다. 특히, 수학, 사회과학, 자연과학과 같은 기초 교과목을 검토하는 교사와 교과과정 고안자들은 문장화된 수학문제, 물리문제, 사회문제 등의 해결과 관련된 '고차사고기술(higher-oder thinking skills : HOTS, Sternberg & Smith, 1988 : 211)에 관한 연구의 필요성을 어느 때보다 절실하게 느끼고 있다.

최근 학습자에게 주어지는 문제는 지식 재인이나 단순 계산에서 벗어나 새로운 해결 방법의 모색과 다양한 과정의 수행을 요구하는 형태로 변환하고 있다. 이전의 내용영역의 문제들은 수학적 증명과 과학적 증거들에 대한 결과를 도출하는 형식이었다. 주어진 문제들의 대부분은 결과가 존재하는 것들이었기 때문에 학습자들은 그 결과를 찾아가는 수동적 과정에 속할 뿐이었다. 목표에 도달하는 루트를 신속 정확하게 찾아 일방적으로 따라가는 수준의 문제가 대부분이었다. 교사와 학습자는 불필요한 과정을 제거하기 위하여 정형화된 단선 구조의 문제를 제시하고 학습자는 마련된 해결 과정을 따라가기만 하면 됐다. 보다 많은 내용영역의 지식과 치밀한 훈련만이 문제해결의 지름길이었을 것이 뻔하다.

내용영역 분야의 서술·논술형 문제 비중의 증가는 학습자와 교사, 교육 연구자들에게 새로운 문제해결 방법과 기술의 개발을 요구한다. 서술·논술형 문제는 기본적으로 언어로 제시될 뿐 아니라 해결의 과정이나 결과가 언어로 표현되기 때문이다. 대부분의 경우 문자언어의 형태로 이해하고 표현되지만 때론 구두언어가 사용되기도 한다. 내용영역의 문제해결이 최근의 서술·논술형 평가와 맞물려 언어 이해와 표현의 범주를 벗어날 수 없는 이유가 바로 여기에 있다.

문제해결 과정, 단계, 유형은 학자들에 따라 다양한 형태로 제시된다. Polya의 수학적 문제해결 과정은 '문제 이해→계획 수립→계획 실행→검증(평가)'(Polya, 1971)이며, Osborn의 창의적인 문제해결 과정은 '사실의 발견→아이디어의 발견→해결책의 발견'(Osborn, 1963 : 108)이며, 범교과적인 문제해결 과정은 Sternberg와 Williams의 '문제인식→문제정의→문제에 관한 정보의 조직과 표상→문제해결 전략 수립과 선택→문제해결을 위한 자원 할당→문제해결 점검→문제해결 평가'(Sternberg & Williams, 2002 : 227~ 232), 국어과 교육에 유용한 '문제 확인하기→문제해결 방법 찾기→문제해결하기→일반화하기'(교육인적자원부, 2004 : 332), 글 읽기 전 활동을 할 때에 유용한 Buehl의 문제 상황 해결해보기 과정으로 '문제 상황 개발→문제 상황 제시→해결책 모색→해결책 수립→정보비교'(Buehl, 2008 : 179~182)를 대표적으로 들 수 있다. 또한 주어진 문제들은 '구조화된 문제와 비구조화된 문제', '통찰 문제'로 구분하거나, '배열 문제', '구조 귀납 문제', '변형 문제' 등으로 구별하기도 한다. 배열 문제는 문제해결자로 하여금 문제의 요소들을 특정한 준거에 맞도록 배열시켜 보라고 한다. 구조 귀납 문제는 몇 개의 요소를 제시하고, 이 요소들 간의 관계를 발견하는 것이다. 변형 문제는 시초 상태, 목표 상태 그리고 시초 상태를 목표 상태로 변화시키는 조작들로 구성되어 있다(Stephen K. Read, 2000 : 452~453). 다음은 대표적인 수학과의 문제해결 과정을 그림으로 나타낸 것이다.

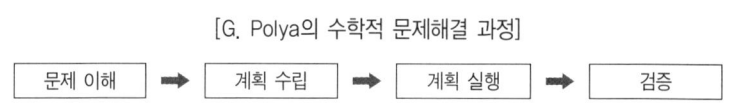

[G. Polya의 수학적 문제해결 과정]

문제 이해 ➡ 계획 수립 ➡ 계획 실행 ➡ 검증

수학적 문제해결이란 과거에 배운 지식, 이해, 기능 등을 이용하여 문제를 해결하는 과정이다. 문제해결 과정에서는 정보와 사실들을 분석·종합하는 기능이 중요하며, 결국 문제해결에 성공하기 위해서는 학습하는 방법을 배워야 한다. 문제해결에서 중요한 것은 단순한 답이 아니라 답을 이끌어 내는 사고 과정으로 문제 상황에 따라 아주 다양하게 나타난다.

1980년대 이후 세계의 수학 교육은 문제해결력의 향상에 주력하였다. 우리나라는 제4~6차 교육과정기 이후 문제해결에 관한 내용을 강조하였으나 의미 있는 성과를 얻지 못하였다. 이러한 결과는 수학적 문제해결을 단순히 연습과 반복에 의한 기계적인 연산 과정으로 인식한 때문이다. 제7차 교육과정은 이전과 달리 문제해결 과정을 중시하고 보다 고차원적인 사고를 동원한 활동을 하도록 강조하고 있다. 학습자 스스로 문제를 해석하여 다양한 방법으로 접근할 수 있는 사고력 신장에 중점을 두었다.

지금까지의 수학 교육은 학생들에게 원리는 이해시키지 못한 채 기계적으로 계산하는 능력만 키워 주는 수준에서 멈추었다. 수학적 지식을 구성해 가는 능력을 기르기 위해서는 학생들 스스로가 관찰, 조작, 분석, 종합하는 활동을 통하여 수학적 원리나 법칙을 예측하고 추론할 수 있어야 한다. 또, 학생들 상호간의 토론과 협력 학습 활동은 수학적 개념을 바르게 이해하고,

문제를 다양한 방법으로 해결하는 능력을 기르게 한다. 즉, 지식 주입이나 암기 위주의 학습보다는 탐구 활동이나 참여를 강조하고, 한 가지 접근 방법보다 다양한 접근 방법이 강조되는 학습 소재와 교수·학습 방법을 개발하고, 자료 수집 및 해석, 토의, 역할 놀이, 연극, 탐방 등 다양한 활동을 통한 의견 수렴과 결론 도출을 중요시하고, 사고의 다양성, 융통성, 독창성, 정교성 등을 강조하며, 개방된 탐구 활동의 비중을 높이는 등의 내용으로 조직한다.

수학을 학습하는 중요한 이유 중의 하나는 수학적 지식의 습득과 기능의 숙달을 통하여 실생활 문제를 해결하거나 다른 교과의 학습에 적극적으로 활용할 수 있게 하기 위해서이다. 따라서, 수학 내용은 가급적 실생활의 소재나 인접 교과에 관련되는 것에서부터 도입되어야 하고, 이런 측면에서 수학 교육의 필요성이나 의의가 인식되어야 할 것이다.

Polya는 자신의 책 서문에 수학적 문제해결과 과학적 문제해결의 관계에 대하여 다음과 같은 말을 하고 있다.

> 비록 이 책은 수학 교사와 수학을 배우는 학생들의 요구에 각별히 관심을 쏟고 있지만, 발명과 발견의 방법이나 수단에 대해 생각하고 있는 사람이라면 누구에게라도 흥미로울 것이다.(George Polya, 1971 : pv)

이 말은 과학적 발명과 발견은 수학적 문제해결과 분리 될 수 없다는 것을 암시하는 내용이다.

일반적으로 과학은 철학과 같은 의미로 '지식의 소유', '지식을 만드는 과정'을 의미하지만, 구체적으로는 자연 세계의 현상, 원리 등을 설명하는 자연 과학을 의미한다. 과학은 자연 세계의 현상과 원리를 이해하고 그것을 어떻게 유용하게 쓸 것인지에 관심을 갖는다. 과학은 복잡하게 보이는 자연 세계의 사물, 사상에 관하여 질문을 던지고 탐색하여 숨은 질서를 찾아 일반화한다. 과학 지식은 언제나 관찰 등의 경험을 통해서만 알게 되는 것이 아니라, 특정 사실에 의문을 제기하고, 이 문제를 해결하기 위하여 사고하는 활동을 통하여 발견되기도 한다.

　과학자들은 자연 현상을 설명할 수 있고, 새로운 자료를 근거로 정확한 예측을 할 수 있는 개념적 모형을 찾지만, 이 모형은 잠정적으로 새로운 사실이 발견되면 언제든지 변화할 수 있다고 생각한다. 따라서 과학은 궁극적인 진리에 도달하기 위하여 끊임없이 질문하고 해답을 찾아가는 잠정성을 갖는다(김정률 외, 2006 : 28~29).

[통합 탐구 학습 과정]

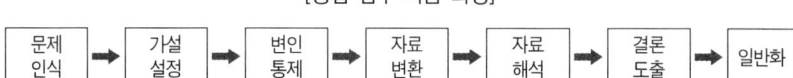

　과학적 문제해결은 통합적 탐구 학습과 관련이 있다. 통합적 탐구 학습은 구성주의적 관점에서 자신의 선행 지식에 기초하여 의미를 탐색하고 공유하는 과정을 포함해야 한다. 탐구 학습은 학습자 자신의 지식을 실제적 활동과 문제해결 과정에 적용하여 의미를 만들고 토의를 통해 공유하는 활동을 말한다. 결국 과학적 문제해결은 과학의 통합 탐구 과정의 기반이 되는 선행 요소이며, 수학적 문제해결 과정을 포함하고 있다.

　다양한 탐구 방법이 과학 활동에 적용되고 있다는 것을 알고, 과학 탐구의 일반적 특성을 학습자가 이해할 수 있도록 해야 한다. 이 과정을 통하여 과학 탐구의 중요성과 가치를 인식하여 실생활에서 과학적으로 사고하는 태도를 가지도록 하며, 과학 학습에서 익힌 탐구 방법을 실생활 문제의 해결에 활용하려는 태도를 가지게 한다(정완호 외, 2001 : 19). 결국 과학적 탐구 과정은 실생활의 문제를 해결하는 데에 도움이 되는 지식과 경험을 습득하게 하며, 문제해결 과정의 연속선에 있다. 과학적 지식의 진정한 가치는 과학적 지식을 습득하는 과정을 통하여 생성된 학습자의 지식과 경험이 문제를 해결하는 과정에 효과적으로 작용하는 것이다.

(2) 내용영역의 문제해결적 특성과 언어사용

내용영역 문제해결 과정에 작용하는 효과적인 언어사용은 언어의 특성 (노명완, 1989 : 40~78)과 관련하여 논의할 수 있다. 그중에서도 언어의 의사소통 기능은 내용영역 문제해결 과정에 가장 강력한 지배력을 행사한다. 무엇이 무엇을 지배한다는 것은 그것이 없이 다른 어떤 것도 존재할 수 없다는 것이다. 언어가 없이 내용영역의 문제해결이 가능하지 않다는 것을 가정하여도 이것을 반론할 수 있는 다른 어떤 도구나 장치를 찾을 수 없을 것이다. 언어에 대한 이해에 있어서 가장 중시되어야 할 점은 언어의 목적이 의사소통에 있다는 사실이다(노명완, 1989 : 42). 의사소통은 문제해결 과정에 가장 많은 영향을 미치는 언어의 핵심 활동이다. 의사소통은 문제를 이해하는 것에서부터 해결에 이르기까지 문제해결의 이해 당사자들에게 가장 중요한 활동으로 작용한다. 대부분의 문제들이 인간 사회에서 발생하는 것들이며, 문제를 해결하기 위해서는 사회 구성원간의 상호작용이 절실하게 요구된다.

수업 시간에 간단한 계산의 수학 문제를 해결하는 것조차 미숙한 학습자들에게는 능숙한 학습자의 도움이 요구되는 사회적 상호작용 활동이다. 스스로 문제를 해결할 수 있는 간단한 계산 문제일지라도 그 문제를 해결하기 위한 지식, 경험, 기능 등은 교육을 통한 언어활동에 의하여 습득된 것이다. 언어교육 환경에서 학습자는 자신의 문제를 해결하기 위하여 도움이 될 만한 대상을 찾아 필요한 정보를 얻기 위하여 의사소통을 한다. 의사소통은 말이나 글로 이루어진다. 어떤 형태의 언어를 사용할 것인지는 학습자의 의지와 환경에 의하여 결정된다. 필요한 정보를 수집할 수 있는 대상이 반드시 다른 학습자일수도 있지만 그렇지 않은 경우도 있다. 학습자가 문제해결에 필요한 정보를 얻기 위한 대상이 반드시 학습자일 필요는 없다. 정보를 제공하는 대상은 매우 다양하기 때문에 문제해결 과정의 의사소통은 듣기, 말하기, 읽기, 쓰기 등이 유기적으로 관련된 활동이다.

여기서는 수학적 문제해결과 과학적 문제해결 과정을 예로 들고 각각의 과정에 작용하는 의사소통 기능에 대하여 논의한다. 수학의 기본 지식과 기능을 습득하고, 수학적으로 사고하는 능력을 기른 학습자가 실생활의 여러 가지 문제를 합리적으로 해결할 수 있는 능력과 태도를 갖추었는지 확인할 수 있는 문제의 제시를 통하여 알아보기로 한다.

❶ 수학 영역의 문제해결적 특성과 언어사용

수학적 문제해결에서 문제란 지엽적인 질문의 수준을 뛰어넘는 복합적인 문제로 대부분 해결에 이르는 알고리즘이 명백하게 드러나 있지 않은 과제를 말하며, 문제해결 과정은 지엽적인 전략의 숙달이나 같은 유형 문제의 반복적 연습을 넘어서는 것이라고 할 수 있다. 학생들은 문제를 해결하는 과정을 통해 기초적인 수학의 지식이나 기능에 대한 이해를 공고히 할 수 있을 뿐만 아니라, 의사 결정, 비판적 사고, 창의적 사고 등과 같은 고급 정신 기능을 신장할 수 있다. 사실 수학을 배우고 가르치는 활동은 물론 그 활동의 목적이나 이유 또한 넓은 의미에서의 수학적 문제 상황의 해결로 귀결될 수 있다(교육인적자원부, 2001 : 59).

다음에 주어진 문제는 학습자가 학교 현장에서 실제로 배운 내용을 중심으로 실생활에 적용할 수 있는 문제해결에 관한 내용이다. 여기서는 주어진 문제를 각각의 단계로 구분하고, 각 단계의 언어활동에 대하여 알아보기로 한다. 각각의 단계에서 수행되는 언어활동을 세분하여 구체적으로 명시하는 것은 매우 힘들다. 각각의 단계에는 다양한 조건과 예측하기 힘든 변수가 작용한다. 따라서 일반적인 언어활동을 중심으로 기술하기로 한다.

교육과정의 학년 영역 및 내용	〈1-나 단계〉 (다) 측정 : 시각읽기 　① 생활에서 시각에 대한 관심을 가지고, '몇 시', '몇 시 30분'까지 시각을 읽을 수 있다. 〈2-가 단계〉 (다) 측정 : 시각과 시간 　① 몇 시 몇 분까지 시각을 읽을 수 있다. 　② 1시간은 60분임을 알고, 이를 활용하여 시간을 시간, 분으로 말할 수 있다. 　③ 생활의 예를 통하여 1시간, 1주일, 1개월, 1년의 상호 관계를 이해한다. 〈3-가 단계〉 (다) 측정 : 시간 　① 구체적인 상황에서 시각과 시간의 의미를 이해하고, 분 단위까지 시간의 덧셈과 뺄셈을 할 수 있다. 〈4-가 단계〉 (다) 측정 : 시간 　① '1분=60초'인 관계를 이해하고, 1초 단위까지 시각을 읽을 수 있다. 　② 초 단위까지 시간의 덧셈과 뺄셈을 할 수 있다.
수행평가 문제	〈유형 1〉 다음 계산을 하시오. 　　　　　오후 6시 30분~오전 8시 30분 〈유형 2〉 집에서 학교까지 걸어서 25분이 걸린다. 등교 시간이 8시 30분이라면 몇 시에 일어나야 하는가? 〈유형 3〉 지각하지 않고 등교하려면 아침에 몇 시에 일어나야 하는지 자신의 집과 학교까지의 거리, 이동 수단 등을 고려하여 기상 시각을 정하여 보시오.
실생활 문제	A씨는 새로운 직장에 지각하지 않기 위하여 몇 시에 일어나야 하는가?
조건	A씨의 새로운 직장은 모든 근무자들이 근무규정을 철저히 준수할 것을 요구한다. 근무 시간은 오전 8시 30분부터 오후 5시 30분까지이다. 이 내용은 직장상사를 통하여 구두로 전달되거나, 문서로 기록된 근무규정을 전달받는다.
근무규정 관련 발화 및 문서 내용	새로운 출발을 하게 되는 신입사원들에게 축하의 말을 전합니다. 지금부터 우리 회사에 대하여 간략한 소개를 한 후에 근무규정에 대하여 안내 하겠습니다. 우리 회사는 30년 역사를 가진 전통 있는 반도체 디자인 회사입니다. … 모든 직원은 회사가 정하는 근무규정을 철저히 준수하여야 합니다. 근무시간은 오전 8시 30분부터 오후 5시 30분까지입니다. …

가) 문제 이해

　앞서 제시된 것과 문제는 실제로 우리 생활에서 누구나 겪게 되는 문제이다. 학교에 등교하기 위하여 기상하는 것과 같은 유사한 문제를 비롯하여, 체중 감량을 위한 다이어트 계획, 새로운 집으로 이사를 하기 위한 계획 등 다양한 형태의 문제들에 직면한다.

　문제를 이해하지 않고서는 문제를 해결할 수 없다. 문제에 대한 이해가 잘못되면 과정의 오류가 생기고 당연히 합리적인 해결책을 찾을 수 없다.

문제를 정확하게 이해하는 것은 문제를 해결하는 과정을 순차적으로 밟아 가는 것을 의미하고 문제해결 과정의 순차적 진행은 합리적인 결과를 산출 하는 것이다. 문제가 무엇인지 정확하게 파악하기 위해서는 문제가 주어지 는 상황을 먼저 알아야 한다.

대부분의 문제는 언어적 진술로 이루어진다. 따라서 학습자들은 문제를 해결하기 위하여 그 문제를 설명하는 언어적 진술을 이해하여야 한다(Polya, 1971 : 10). 평가 상황에서의 거의 모든 문제는 말이나 글로 전달되는 경우가 대부분이다. 결과가 명료한 문제의 경우에는 이전의 지식과 경험 또는 기능 을 동원하지 않더라도 습관적 훈련에 의한 해결이 가능하다. 하지만 학습 결과를 바탕으로 새로운 문제를 해결하려고 할 때에는 이전의 과정과 다른 보다 복잡한 구조의 해결 과정이 요구된다. 해당 학년의 평가 문제는 단선 구조로 이루어져 있으며, 해답이 명료하기 때문에 과거에 습득한 수학적 지 식과 기능을 활용하면 간단하게 해결할 수 있다. 그러나 실생활에 적용하여 문제를 해결할 경우에는 수많은 조건과 변인이 작용한다. 이 문제를 이해하 는 데에 드러난 조건은 A씨의 성실함과 새로운 직장의 근무규정이다. 문제 를 이해하는 데에 작용하는 새로운 직장의 근무규정은 해결 당사자의 개인 적 성향과 관련되어 다양한 형태로 이해될 것이다.

최초의 문제 상황은 출근 시각을 알게 되는 시점이다. 두 가지의 상황을 생각해 볼 수 있다. 출근 시각이 내포된 근무규정을 구두로 전해 들었을 상 황과 근무규정이 기록된 문서의 형태로 알게 되었을 상황 두 가지이다. 본 인의 성실함은 새로운 회사의 근무규정에 보다 민감하게 반응하도록 한다. 새로운 직장의 근무규정을 말해주는 인사 담당자의 말을 듣거나 근무규정 이 기술된 문서를 읽는 상황에서 어떻게 문제를 이해하는 것이 합리적인지 생각할 수 있다. 주어진 문제는 기상 시각을 정하는 것이지만 숨겨진 의미 는 새로운 직장의 출근 시각에 늦지 않는 것이다.

문제를 이해하기 위해서는 문제가 발생하는 상황에서 해결 당사자가 어떤 언어활동을 하는지가 중요하다. 회사 직원으로부터 출근 시각을 포함한 근무규정에 대한 구두 안내를 받았을 경우 해결 당사자는 문제를 정확하게 이해하기 위해서 다음의 듣기 유형에 따른 청자로서의 역할을 수행할 것이다(최현섭 외, 1997 : 80).

[듣기의 유형]

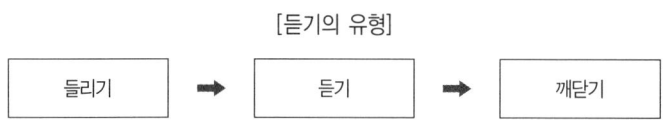

근무규정에 관한 사항이 담긴 문서를 통하여 문제를 이해할 경우 해결 당사자는 읽기 과정의 연속성 내에서 독자의 역할을 수행하게 될 것이다.

[읽기 과정의 연속성]

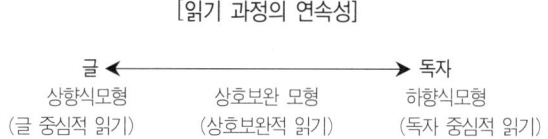

듣기와 읽기는 언어 기능의 이해에 해당되지만 구두언어와 문자언어를 대상으로 하기 때문에 이해의 과정에 차이가 있다. 문제해결 당사자가 문제를 접하게 되는 상황을 연상하여 보자. 문자언어로 제시되는 문제의 경우에는 문제를 이해할 수 있는 시간적 여유가 있으나 구두언어로 제시된 문제는 발화의 순간성으로 인하여 자칫 문제를 정확하게 이해할 수 없는 상황이 발생할 수 있다. 구두언어는 화자의 입을 떠나는 순간 사라져 버리기 때문에 청자의 역할은 화자의 구두언어 발생 순간부터 매우 중요하다. 그러나 문자언어는 해결 당사자가 문제를 접하는 순간 문제를 이해하지 못하더라도 반복하여 문제를 확인할 수 있는 기회가 있다. 따라서 문제해결 당사자가 문제를 접하는 순간이 구두언어 상황인지 문자언어 상황인지에 따라서 이해 수준과 정확성의 차이를 보이게 된다.

이제 여기서 A씨의 문제 이해를 언어활동 과정의 '듣기'와 '읽기' 즉, '청자'와 '독자'의 입장에서 살펴보기로 한다. 문제를 이해하는 과정에서는 '듣기'와 '읽기'의 언어활동만 존재하는 것은 아니다 정확한 문제 이해를 위하여 청자와 독자는 다양한 방법을 동원할 필요를 느낀다. 적극적이고 능력 있는 청자와 독자는 자신의 문제가 무엇인지 명확하게 이해하기 위하여 다양한 방법을 사용할 것이다. 듣기 과정에서 화자의 내용을 종이에 적거나 녹음기에 저장하거나 영상장치에 담는 등의 기록 등은 모두 적극적인 청자가 취할 수 있는 언어행위이다. 독자의 경우에도 자신이 이해하기 어려운 낱말이나 문장, 전문적인 용어나 담화 등을 이해하기 위하여 정보를 얻을 수 있는 대상을 찾아 필요한 정보를 수집하여 문제를 해결할 수 있다.

문제 이해의 단계에서 화자와 독자의 역할을 구분하는 것은 문제해결의 의사소통 과정을 일방적으로 제한하는 듯 보인다. 그러나 여기서의 구분은 의사소통이 제한적이라는 것을 보이는 것이 아니라 의사소통 과정의 이해와 표현을 구분하여 언어활동을 명시적으로 드러내기 위함이다.

✓ 듣기-청자

- A씨는 성실하다.
  - 성실함이 문제 이해 수준과 직접적인 관련이 있을 수는 없다. 그러나 듣기의 태도와 관련하여 화자의 발화에 관심을 갖거나 집중할 수 있는 조건이 된다.

- A씨의 새로운 직장은 모든 근무자들이 직장의 근무규정을 철저하게 준수할 것을 요구한다.
  - 문제를 어떤 수준으로 이해하고 문제의 심각성이나 중요성에 대하여 어떻게 인식하는지에 대한 간접 조건이다. 화자의 발화 내용이며 이 내용을 통하여 문제를 이해하게 된다.

• A씨는 새로운 직장의 상사로부터 근무규정을 듣는다.

　－A씨의 듣기 기능이 어떤 유형인지에 따라 문제를 인식하고 이해하는 수준이 결정된다. 만일 '들리기' 수준에 있다면 피동적 청자의 입장에 있을 것이고, 성실성이라는 조건을 인식한다면 화자의 발화에 귀 기울일 것이고 최소한 내용을 이해하는 수준의 '듣기'에는 도달하여 있을 것이다. 그러나 성실성이 '깨닫기' 단계에 이를 거라는 확신이 없다.

　－청자는 화자의 발화 내용을 인지하기 위하여 다양한 방법을 동원할 수 있다. 화자의 발화 내용을 적는다거나, 녹음하는 경우가 그렇다. 화자의 발화가 순간적이라는 것을 알고 내용의 중요성을 인식하여 재인할 필요를 느낀다면 적극적인 청자는 발화 내용을 반복 청취하거나 재인할 수 있는 수단을 준비하거나 동원할 것이다. 듣기의 기능이나 이해 수준을 고려하지 않더라도 훌륭한 청자는 다양한 방법을 통하여 발화 내용을 기억하거나 기록하려고 할 것이다.

　발화 내용을 기록하는 청자의 적극적인 노력은 청자의 듣기 기능을 향상시키는 데에 매우 효과적이다. 완벽한 기억력을 갖고 있지 않는 한 성실하거나 적극적인 청자는 효과적인 듣기의 매개 수단을 동원하는 것이 좋다.

• A씨는 성실하기 때문에 근무규정을 경청한다.

　－여기서 A씨의 성실이 문제 이해의 수준을 결정적으로 좌우하지는 않는다. 성실성과 이해 기능은 다른 의미이다. A씨의 성실성이 작용하는 조건은 상사의 근무규정에 귀를 기울이는 것이다. 위에서 듣기의 유형을 세 가지로 분류하였다. 듣기의 가장 교육적인 유형은 '깨닫기'이다. 성실성은 최소한 '듣기' 유형에 A씨를 속하게 할 수는 있지만 '깨닫기'의 유형에 속하게 하는 전제가 되지는 못한다. 만일 A씨의 청자 능력이 '듣기' 수준이라면 근무규정을 준수하는 것의 일반적 상황을 인식하는 정도에 머무를 것이다. 그러나 '깨닫기' 수준에 도달하였다면 화자로부터 전달되는 근무규정에 대한 상황을 자신의 일상생활과 미래에까지 연계하여 생각할 수 있을 것이다.

　A씨의 청자 역할이 '들리기' 수준에 머문다면 문제를 정확하게 이해하

는 데에 어려움이 있을 것이다. 출근 시각은 근무규정의 일부 내용에 불과하지만 화자의 발화 상황이 순간적일 뿐더러 예고되지 않은 문장을 통하여 발화되기 때문에 자칫 시각을 알 수 없을지도 모른다. 이럴 경우 청자의 문제 이해는 원점으로 돌아가거나 문제를 잘못 이해하게 된다.

• A씨는 근무규정을 듣고 출근 시각을 인지한다.
　-청자의 발화 내용 중 문제의 핵심은 새로운 직장의 출근 시각이 몇 시인지 아는 것이다. 앞서 주어진 조건과 상관없이 본인의 듣기 유형에 따라 출근 시각의 인지 상황을 정리하면 다음과 같다.
　　'들리기' : 화자의 발화에 대하여 수동적인 입장이다. 근무규정 발화 상황의 일부인 출근 시각을 인지하지 못할 상황이 발생할 수 있다. 청자는 다음 날 출근 시각을 알기 위하여 청자의 발화가 종료한 후에 출근 시각을 알기 위하여 해당 정보를 인지하고 있을 거라고 예상하는 대상을 찾아 원하는 정보를 얻기 위한 발화를 한다. 이러한 수동적 청자의 발화는 원하는 정보를 얻을 때까지 지속된다.
　　'듣기' : 화자의 발화 내용과 내용에 포함되어 있는 정보를 추출할 수 있다. 새로운 직장의 출근 시각에 대한 정보를 청자로부터 얻는다.
　　'깨닫기' : 화자의 발화 내용을 종합, 분석, 해석하여 자신의 문제 상황에 적용하는 청자의 듣기 유형에 해당한다. 출근시각을 인지하는 것만으로 듣기의 과정이 끝나는 것이 아니라 새로운 직장이라는 것과, 새로운 직장이 요구하는 근무규정의 준수, 근무규정을 준수하지 못하였을 때의 문제점 등을 종합하여 자신의 문제를 이해하는 데에 적용한다.

• A씨는 기상 시각과 관련된 문제를 이해한다.
　-기상 시각을 정하는 문제를 이해하는 것은 화자의 발화 내용 중에 포함된 새로운 직장의 출근 시각과 직접적인 관련이 있다. 화자의 발화 상황에서 청자가 듣기의 어떤 유형에 속하여 있었던가에 따라 문제를 인식하고 이해하는 수준에 차이가 있다. 문제를 이해하는 과정은 듣기 유형의 '들리기' 단계를 배제한다. '들리기' 단계의 청자는 자신의 문제를 인식하기 위하여 필요한 정보를 얻기 위한 의사소통 행위를 하였다. 필

요한 정보를 얻기 위한 의사소통 과정은 청자의 의도적 행위이기 때문에 최소한 '듣기'의 단계에서 언어활동을 하였음을 알 수 있다. 따라서 A씨는 '듣기', '깨닫기' 수준의 청자 역할을 수행할 것이고 그에 따라 문제 이해의 수준이 달라질 것이다. 문제의 이해 수준이 다르면 문제를 해결하기 위한 다음 단계의 '계획 수립' 과정의 차이가 있다. '듣기' 수준의 문제 이해는 청자의 발화 내용을 근거로 자신의 문제에 직접적인 영향을 미치는 내용을 인식하는 수준에 머문다. 그러나 '깨닫기' 수준의 청자는 자신의 문제와 관련이 있는 내용을 종합하고 분석한다. 문제와 직접 관련된 내용은 물론 간접적인 영향을 줄 수 있는 내용까지 포함한다. 주어진 문제는 기상 시각을 정하는 것이다. 그러나 아무도 A씨가 몇 시에 일어나야 지각하지 않을지 말해주지 않는다. 새로운 회사의 근무 규정을 듣고 자신의 문제가 무엇인지 이해하여야 한다. 출근 시각과 기상 시각의 관계를 명확하게 이해하고 출근 시각이 근무규정의 하나이며, 근무규정을 철저히 준수할 것을 요구하는 새로운 회사의 방침은 개인의 미래에 영향을 미칠 것이라는 판단을 해야 한다. 어떻게 들어야 하는지에 따라 문제를 어떻게 이해하는지가 결정된다.

✔ 읽기 - 독자

기상 시각을 정하기 위해서는 새로운 회사의 출근 시각을 알아야 한다. 새로운 회사의 출근 시각에 대한 정보를 얻을 수 있는 자료가 문서로 전달되었다. 새로운 회사의 근무규정이 기록된 문서를 통하여 어떻게 문제를 이해하게 되는지 알아보기로 한다.

- A씨는 성실하다.
- A씨의 새로운 직장은 모든 근무자에게 근무규정을 철저히 준수할 것을 요구한다.
- A씨는 새로운 직장의 근무규정이 기록된 문서를 전달받았다.
- A씨는 새로운 직장의 출근 시각을 알기 위하여 근무규정이 기록된 문서를 읽는다.
  - 문제를 이해하기 위하여 필요한 정보를 얻는 방법은 문서에 기록된 내용을 이해하고 해석하는 것이다. 읽기 과정의 연속성에 따라 필요한 정

보 이해의 차이가 있다. 상향식 읽기의 경우에는 주어진 문서의 내용을
충실히 이해한다. 하향식 읽기의 경우에는 문서의 내용을 근거로 자의
적인 해석이 가능하다. 주어진 문서를 충실히 이해한 후에 자의적인 판
단을 종합하여 합리적인 해석을 하는 읽기는 상호보완식 읽기이다.

문제를 이해하는 데에 가장 중요한 근거가 되는 회사의 '근무 시간'을
어떻게 해석하는지에 따라 읽기의 과정에 따라 차이가 있다. 읽기 과정
의 연속성에 따른 문제 인식의 차이를 예상하면 다음과 같다.

상향식 읽기 : 근무 시간이 8시 30분부터 5시 30분이기 때문에 이 시간의
범위를 초과할 수 없다. 출근 시각은 근무 시작 시각이므로 8시 30분이다.

하향식 읽기 : 회사 규정상 근무 시간은 평일 하루 9시간이다. 8시 30분을
기준으로 출근하여야 하지만 만일 지각을 하더라도 늦은 만큼 더 일하
고 퇴근 시간을 늦추면 되므로 큰 잘못을 하는 것은 아니다.

상호작용식 읽기 : 문서에 기록된 내용은 근무 시간이지 출근 시각을 정한
것이 아니다. 근무 시간이 의미하는 것은 무엇인가? 업무를 정상적으로
시작하기 위해서는 근무개시 시각보다 조금 일찍 회사에 가서 준비를
하는 것이 좋다.

• A씨는 문서를 읽고 출근 시각을 인지한다.
  − 읽기 과정의 연속성의 차이에 따라 텍스트의 내용을 어떻게 이해하고
    해석하는가의 차이가 있다. 위의 읽기 과정의 연속성상에 있는 독자는
    기본적인 읽기 기능을 갖추었을 경우이며, 읽기 기능을 바탕으로 읽기
    의 과정을 충실하게 수행하였을 경우에 해당된다. 정상적인 학교 과정
    을 이수하였다는 전제 하에 읽기 과정의 연속성을 가정하지만 그렇지
    않을 경우도 있다. 학습자에 따라 읽기의 기능이 다르다. 정상적인 학교
    교육과정을 이수하였다고 하여도 실생활에서 문제를 인식하고 이해하
    는 데에 요구되는 읽기 기능은 다양할 뿐만 아니라 실제로 적용하는 과
    정에서 많은 차이를 보인다.
    낱말을 이해하고 내용을 확인하며, 원하는 정보뿐 아니라 문제를 이해
    하는 데에 필요한 내용을 추론한 후에 평가하고 감상하는 과정을 정상
    적으로 수행할 수 있다면 읽기 과정의 연속성의 범위에서 해석이 가능

하다. 그렇지만 글에 포함된 낱말을 정확하게 이해하지 못했을 경우에 는 다음의 과정으로 넘어갈 수 없을 것이다. 여기서 쟁섬이 되는 것은 '근무 시간'이다. 문제를 이해하기 위해서는 출근 시각을 알아야 한다. 그러나 '출근 시각'이라는 말이 문서에 명시되어 있지 않고 '근무 시간' 으로 표기되었다면 이것을 '출근 시각'으로 해석할 수 있는가. 또한 근 무 시간은 언제부터인가. 회사 건물에 들어서는 순간인가. 본인의 사무 실에 들어서는 순간인가, 책상에 앉는 시각인가, 혹은 상사에게 출근했 음을 고지하는 시각부터인가. 주어진 낱말을 어떻게 이해할 것인가에 따라 문제의 인식과 이해의 차이를 보인다.

• A씨는 기상 시각과 관련된 문제를 이해한다.
 —앞서 읽기 과정의 연속성에 따른 이해와 해석의 차이는 문제를 이해하 는 데에서도 차이를 나타낸다. 또한 읽기 과정을 충실하게 수행하였는 가에 따라서도 문제의 이해가 달라진다. 앞서 문제 이해에 직접 관련이 있는 '근무 시간'을 어떻게 이해하고 해석할 것인지에 따라서 기상 시 각을 정하는 문제를 이해하는 양상이 다르다는 것을 알았다. 따라서 자 의적인 해석이 불가능할 경우 문제를 정확하게 이해하기 위하여 자기 조정 과정을 수행하여야 한다.
 문제를 정확하게 이해하기 위해서는 독자의 역할만으로 불충분할 때가 있다. 만일 '근무 시간'을 회사 건물에 들어서는 순간부터라는 하향식 읽기의 자의적 해석을 하였을 때 이러한 해석이 같은 사무실의 동료나 직장 상사의 의견과 일치하는지의 여부를 확신할 수 없을 것이다. 따라 서 적극적인 독자는 자신의 해석이 올바른지에 대한 확신을 얻기 위하 여 필요한 정보를 수집한다. 새로운 직장의 선임자를 찾아가 대화를 하 거나 인터넷을 통한 회사의 자세한 규정을 추가로 읽거나, 문제 이해에 도움이 될 만한 대상을 찾아가 의견을 개진하는 등의 활동을 할 것이다. 문제 이해 단계에서 이루어지는 언어활동을 청자와 독자의 역할로 구 분하여 살펴보았다. 문제를 이해하는 단계에서 반드시 청자로서의 역할 과 독자로서의 역할만 수행할 수는 없다. 능동적인 청자, 적극적인 독자 는 자신의 판단과 해석이 옳은지 추론하고 평가하며, 감상한다. 듣기와 읽기의 과정은 연속적임과 동시에 순환적이다. 듣기 과정을 효과적으로 수행하기 위해서는 듣기와 관련된 의사소통 행위가 유기적으로 이루어져야 한다. 또한 필요한 정보를 얻기 위한 전략을 동원하여 수행한다. 읽기의 과정도 듣기의 과정에서 수행하는 유기적인 언어활동과 차이가 없다. 읽기 활동이 주가 되지만 효과적인 읽기를 수행하기 위하여 다양한 방법과 전략을 동원하고 필요한 정보를 얻기 위한 대상과의 의사소통을 필요로 한다.

적극적이고 능동적인 청자와 독자는 문제를 이해하기 위하여 필요한 조건과 자료가 무엇인지 질문하고 탐색한다. 문제가 구체적으로 드러나지 않을 경우에는 문제를 이해하는 데 방해가 되거나 도움이 되는 '미지'의 정보를 수집하고 제거한다. 도움이 되는 조건이나 자료, 정보 등을 그림이나 표로 그리거나 도식화하며, 기호로 나타내어 정리하기도 한다. 그리고 문제를 이해하는 데에 필요한 정보들을 종합하여 그것들이 만족스러운지 점검한다.

나) 계획 수립

문제해결이 수월하게 이루어지려면 정확한 문제의 이해가 선행되어야 한다. 정확한 문제 이해를 바탕으로 계획이 수립된다. 계획은 너무나 다양하고 복잡한 구조를 갖는다. 배경지식이나 경험 등이 없는 상태에서 '1+1'이라는 단순한 수리 문제를 해결하려고 할 때에 수많은 방법을 동원할 수 있다는 것을 상상해보면 실생활의 문제를 해결하기 위한 계획이 얼마나 다양하고 복잡한 구조를 갖을지 짐작이 갈 것이다. 다행스럽게 실생활의 문제를 해결하는 데에 유용한 지식과 경험, 기능이 오랜 기간 교육을 통하여 축적되었기 때문에 쉬운 문제는 습관처럼 혹은 기계적으로 해결되고 그렇지 않은 경우에는 이전의 경험과 지식, 기능을 동원하여 문제를 해결하는 계획을 작성한다.

계획을 수립할 때에 문제해결 당사자의 머릿속에 가장 먼저 떠오르는 것은 이와 유사한 문제에 관련된 내용들이다. 교과서의 모든 문제가 이전의 지식과 유기적으로 연계되어 있듯이 일상생활의 문제들도 이전의 지식과 경험을 완전히 벗어나는 경우는 극히 적다. 문제해결 계획 수립에 필요한 지식과 경험은 이와 유사한 문제를 머릿속에 떠올리고 관련된 내용이나 이전의 해결 방법을 재인하는 과정에서 발현된다. 비슷한 양상의 문제들을 나열하여 보고 지금의 문제와 가장 유사한 문제가 어떤 것이었는지 추출한다.

'학창시절 학교에 지각하지 않기 위하여 아침에 몇 시에 일어날 것인지 알람 시각을 맞추어놓기', '어느 날 시내에서 친구와 만나기로 한 약속', 등이 이 문제와 관련된 유사한 문제일 것이다. 그리고 이 문제와 관련된 하위의 유사 문제들을 고려할 것이다. '초등학교 때 시간과 시각에 관한 덧셈과 뺄셈 문제', '지하철, 버스, 택시, 자가용 등의 이동 거리에 따른 소요 시간과 비용', '일 년 혹은 한 달 또는 일주일 동안의 교통 상황', '아침 기상 시각에 맞추어 일어날 수 있게 하여 주는 주변 인물이나 기계적 장치' 등.

유사한 문제를 생각하고 그와 관련된 하위 문제들과 조건들을 바탕으로 계획 수립에 요구되는 정보를 수집하고 종합하기 위한 언어활동은 문제 이해 단계보다 더욱 활발하고 복잡하다. 유사한 문제에서의 지식과 경험을 동원하는 것은 직접적으로 해당 문제를 해결하는 과정과 유사할 뿐이지 동일하지는 않다. 유사한 문제로부터 결정적 도움이 되는 자료와 조건을 생성하고 활용하는 것이 중요하다.

문제 이해 단계에서는 주로 청자와 독자의 역할을 중심으로 '듣기', '읽기'의 언어활동에 대하여 알아보았다. 여기서는 문제 이해에 비하여 보다 활발한 언어활동이 일어난다는 것을 전제로 하여 계획을 수립하는 데에 필요한 정보를 종합하여 계획을 작성하는 과정에서의 언어활동을 '듣기', '말하기', '읽기', '쓰기'로 구분하여 살펴보기로 한다.

✔ 듣기

- 이용 가능한 교통수단에 대하여 듣기
- 이용 가능한 교통수단의 이동 거리와 시간에 대하여 듣기
- 요일별 교통 상황에 대하여 듣기
  - 미디어 매체를 통하여 듣거나 필요한 정보를 갖고 있는 대상자에게 들을 수 있다.

✔ 말하기

- 정보를 얻을 수 있는 대상이 무엇인지 묻기
- 이용 가능한 교통수단과 교통수단의 이동 거리와 시간에 대하여 묻기
- 요일별 교통 상황에 대하여 묻기
- 기상 시각을 알려주는 대상이나 기계적 장치에 대하여 묻기
- 기상 이후 출근 전 집에서 할 일에 대하여 가족에게 말하기
  - 가족들과 관련된 여러 가지 사항들은 말하기와 더불어 대화 중심으로 이루어진다. 예를 들어 화장실을 사용한다든가, 아침 식사 시간 등

✔ 읽기

- 교통수단과 관련된 정보 읽기
  - 교통수단과 관련된 정보는 다양한 자료를 통하여 얻을 수 있을 것이다. 인터넷이나 해당 교통수단과 관련된 자료를 찾아 계획 수립에 필요한 항목들이 무엇인지 선택한다.

- 기상 시각을 알려주는 기계적 장치의 사용법 읽기
  - 문제를 해결하는 데에 간접 도움을 주는 대상에 대한 정보를 읽는다. 여기서는 알람 시계의 사용법을 읽는 것이나 다른 장치에 대한 사용법 등을 읽는 것이 포함된다.

✔ 쓰기

• 교통수단에 대한 정보 쓰기

  − 계획 수립에 필요한 정보와 유사한 문제해결 과정에서 발견되었던 유익한 자료와 조건들을 정리하는 활동은 수립된 계획이 실행되었을 때의 실패를 줄이는 요인이다. 성공적인 학습자는 계획을 수립하기 위하여 필요한 정보를 메모한다.

• 수립된 계획을 다양한 방법으로 쓰기

  − 수립된 계획은 실행을 전제로 한다. 계획을 실행하는 과정이 단순한 과정일 경우에는 머릿속에 저장하는 것만으로 충분할 수 있다. 이전의 경험이 풍부하거나 유사한 문제에 직면했던 경우가 많고, 유사한 문제를 효과적으로 해결하였다면 계획 수립을 별도의 문서로 작성할 필요를 느끼지 못할 것이다.

    학창시절 방학계획표를 작성한 경험을 되살려 직장에 늦지 않기 위하여 계획표를 작성하는 일은 그리 많지 않을 것이다. 그러나 계획을 보다 효과적으로 수행하기를 원하거나 계획 실행과정에서 시행착오를 겪고 싶지 않다면 수립된 계획을 문자화하는 것이 도움이 된다.

    다이어트나 금연에 성공하기 위하여 음식을 조절하고 자기 결심을 단호한 문구로 적는 것에서부터 하루 식사량이나 운동량을 표로 작성하여 두는 것 등 실생활에서의 계획 수립을 작성하는 예는 수 없이 많다.

다) 계획 실행

  정확한 문제 이해를 바탕으로 계획을 수립하였다면 이제 수립된 계획이 실제로 들어맞는지 확인하여야 한다. 연산 과정이 복잡한 문제를 계획에 따라 차례차례 풀어나가는 것처럼 실생활의 문제를 해결하기 위해서는 계획을 실행하여야 한다. 계획 실행은 준비가 정확하였는가를 검증하는 과정이다. 준비된 절차와 방법을 동원하여 실천한다. 계획이 정확하다면 실행은 한층 수월할 것이다.

  새로운 직장에 늦지 않고 출근하기 위하여 수립된 계획을 하나하나 실천

하는 과정은 문제해결이 합리적으로 수행되는지를 확인하는 것이다. 만일 이러한 문제가 실생활에서 실제로 벌어진다면 문제해결 당사자는 자신의 계획을 근거로 실행할 것이다. 각기 다른 요일과 교통수단 그리고 교통 상황 등이 실제의 계획과 맞아떨어지는지를 확인하면서 계획을 수정하려고 할 것이다. 수치로 제시된 시간의 계산이 정확하였는지도 확인이 될 것이다.

계획 실행에서 발견된 오류는 순차적으로 수정될 것이며, 보다 합리적이고 효과적인 계획 수립을 구성할 것이다. 계획 실행 과정의 언어활동은 대부분 학습자 자신의 내적 언어활동으로 이루어진다. 자신의 계획이 제대로 수립되었는지 머릿속에서 재인하고 확인하며, 반문하고 수정할 것이다. 이러한 언어활동은 계획을 수정할 수 있게 하는 사고 작용이기도 하다. 계획 실행 단계에서의 언어활동이 외부로 드러나지 않는 이해와 표현이지만 자기 스스로 사고하고 판단하며, 평가하고 검증하는 과정을 통하여 합리적인 계획 수립을 가능하게 한다. 이러한 학습자 내적인 언어적 사고력을 기를 수 있는 자기주도적 언어활동이라고 할 수 있다.

계획을 실행하는 과정은 각각의 단계가 유기적으로 연계되어야 한다. 한 단계의 오류는 다른 단계의 오류를 유발하며 결과적으로 실행의 오류를 범하고 계획을 수정하도록 한다. 모든 계획 실행 단계는 점검을 필요로 한다. 계획을 구체적으로 수립하고, 수립된 계획을 잊지 않도록 어떤 형태로든 작성하여 놓았다면 실행 과정을 단계별로 점검할 수 있다.

점검은 실행 단계에서 발생할 수 있는 오류를 작성하고 계획을 수정할 수 있는 자료가 된다. 문제해결 과정에서 겪는 많은 실수 중의 하나는 이전의 계획 수립에 대한 망각이다. 주어진 문제가 단순하고 계획 수립이 수월할 경우 어떤 기록도 남기지 않은 채 실행에 옮기려고 한다. 그러나 막상 실행을 하는 순간 어떤 계획을 수립하였는지 기억하지 못하는 경우가 발생할 수 있다. 계획 수립을 별도의 기록으로 작성하는 것이 왜 필요한지 그때서야 알게 된다.

실행을 통하여 자신이 모르던 것을 잘 알게 되었는지, 또 문제를 정확하게 이해하고 계획 수립이 타당하였는지 증명할 수 있어야 한다. 계획 실행 과정의 언어활동은 계획을 점검하고 미지의 것을 정확하게 알게 되었는지를 확인하고 증명하는 자기주도적 언어활동이다. 자기주도적 언어활동은 계획 실행을 효과적으로 수행할 수 있게 할 뿐 아니라 시행착오의 과정을 조정하여 문제해결이 잘 이루어지도록 한다.

라) 검증

어떤 학습자는―유능한 학습자들마저도―문제가 잘 해결되었다고 생각되면 다른 과정을 거치거나 되돌아보려고 하지 않고 주어진 문제로부터 벗어나려고 한다. 교실의 거의 모든 수업에서 주어지는 문제에 대하여 교사는 학습자의 검증을 유도한다. 그러나 많은 학습자들은 문제의 해답을 얻었다고 믿는 순간 다시는 그 문제에 대하여 생각하려 하지 않는다. 수학 문제들은 다른 교과의 문제와 달리 학습자 스스로 '검산'이라는 검증 과정을 거치는 경우가 있기는 하지만 그것은 대부분 해답으로 얻은 수치가 정확한지에 대한 확인일 뿐 문제 이해에서 실행에 이르기까지의 과정 전반을 돌아보는 활동은 아니다.

문제해결에 요구되는 시간이 제한적이어서 되돌아볼 여유가 없다면 가장 핵심적인 것을 대상으로 검증을 하여야 한다. 학교에서의 수학 시험을 볼 때에 의심이 가는 문제들이나 그 문제의 풀이 과정을 검승하는 것은 해답이 정확한지를 확인한다는 의미 이외에도 두 번의 동일한 경험을 통하여 지식의 견고한 획득을 가능하게 한다.

검증 과정은 단순히 문제에 대한 해답이 옳고 그른지를 판단하는 것이 아니다. 문제에 대한 해결이 타당하고 올바른 것인지를 검증하는 과정은 문제의 이해 과정에서 실행에 이르기까지 학습자의 사고를 동반한 언어활동이 성공적으로 수행되었는지를 확인할 수 있는 과정이기도 하다. 결정적으로 수학적 문제해결 과정에 언어가 어떤 작용을 하였으며, 언어의 작용이 학습자의 사고를 어떻게 활성화하였는지에 대한 검증이기도 하다.

교실에서의 검증 과정은 수행평가와 관련하여 수행되기도 한다. 학습자는 검증을 통하여 자신의 문제해결 과정이 타당하고 합리적이었는지를 확인하고, 반복경험을 통하여 관련 지식과 기능을 확고히 할 수 있지만, 교사에게 검증 과정은 학습자의 문제해결 과정이 합리적이고 타당하였는지를 평가할 수 있는 도구로 활용되기도 한다. 평가를 전제로 한 문제의 검증 과정은 학습자의 문제해결 과정을 관찰하거나 알아볼 수 있게 한다.

검증은 학습자가 수행한 문제해결의 모든 과정을 표현하도록 한다. 문제이해, 계획 수립, 계획 실행의 과정을 다시 한번 반복 경험하게 하는 것이다. 검증은 말과 글로 표현된다. 소수의 학습자를 대상으로 하는 관찰평가의 경우에는 글로 표현하는 것보다는 문제해결 과정에 대한 학습자의 이해 정도를 말로 하게 하는 것이 효과적이다. 물론 이 과정에서도 학습자는 자신이 해결한 문제를 다시 한번 수치로 계산을 할 수 있다. 그러나 다수의 학습자로 구성된 학습에서 학생들의 문제해결 과정을 검증할 때에는 개별적인 대화나 면담보다 문자 표현을 통한 일괄 평가를 선호하며, 그것이 더 효과적이라고 생각한다. 이때 학습자는 문제해결 과정에 대한 설명을 글로 하여야 할 것이다. 따라서 검증 과정에서의 언어표현 활동은 학습자의 문제해결이 합리적이고 타당하였는지를 확인할 수 있게 할 뿐 아니라 오류와 실수를 확인하여 수정할 수 있게 한다(박승재·조희형, 1999 : 33~43).

❷ 과학영역의 문제해결적 특성과 언어사용

과학은 자연 현상의 규칙성을 탐구하는 학문이다. 과학은 과학적 지식, 과학적 지식을 형성·검증하는 과정, 그리고 과학자로 구성되어 있다. 과학은 해결보다 발견이나 탐색을 교육의 주된 활동으로 정의한다. 과학적 지식과 경험을 바탕으로 일상생활에서 발생하는 과학적 현상에 대하여 궁금증을 갖고 그것이 다른 사물이나 현상에 어떻게 적용되고 어떻게 작용하는지에 대한 발견과 탐색이다.

과학적 문제를 해결하는 데에는 과학적 방법을 동원한다. 과학적 방법은 어떤 목적을 달성하거나 그 과정에서 생기는 문제를 해결하는 원리를 말한다. 어떤 목적을 지향하는 행위가 방해를 받을 때 이를 과학적 문제 상황이라고 하며, 지적 활동 또는 사색을 통해서 그런 상황을 극복하기 위해 적용하는 원칙을 방법이라고 한다. 방법은 특정 수단을 이용해서 어떤 목적을 실현시키는, 또는 수단과 목적을 연결 짓는 규칙이나 규정으로 볼 수 있다.

과학적 문제해결에 과학적 방법을 동원한다는 것은 과학 교육을 통하여 얻은 과학적 지식과 경험, 기능을 동원하는 것을 의미한다. 과학 교육을 통한 지식의 습득과 경험은 과학적 방법의 산출과 적용을 가능하게 한다. 여기서는 실제 수업 장면의 과학적 문제해결 과정에서의 학습자 언어활동을 살펴보기로 한다.[3]

40분 간 진행된 수업 장면에서 학습자들에게 주어진 문제는 '뼈와 근육, 호흡 기관, 순환 기관, 소화 기관, 배설 기관, 신경계의 하는 일'을 정리하는 것이다. 학습자들은 이 문제를 해결하기 위하여 활발한 언어활동을 수행한다. 실제 수업 장면은 실생활의 문제해결 장면보다 훨씬 해결에 이르는 과정이 수월하고 교육적이다. 교사는 학습자의 문제해결을 돕기 위하여 학습자와 다양한 방식으로 적극적인 의사소통을 한다. 또한 학습자들은 자신들에게 주어진 문제를 해결하기 위하여 자기주도적 과정을 수행한다. 교사와 학습자는 문제를 해결하기 위한 공동의 역할을 수행하며, 이때 정보를 주고받는 적극적인 언어활동을 통하여 문제해결에 접근하고 결과에 이르게 된다.

실제로 여기에 제시된 과학 수업의 문제해결 장면은 교사와 학생, 학생과 학생 간의 끊임없는 언어활동을 실제를 보여주고 있다. 과학과와 관련된

---

[3] 여기 제시된 과학과 교수·학습 활동안은 서울인왕초등학교에서 실제로 공개하였던 것이며, 수업 장면에서 교사와 학생이 어떤 언어활동을 하는지 조사, 관찰, 면담, 자료수집, 기록하였다.

학습 활동과 단계가 적용되었지만 과학적 문제해결 단계와 각각의 단계에서 작용하는 언어활동을 비교하면 과학적 문제해결에 언어활동이 얼마나 중요한 역할을 하며, 얼마나 효과적으로 작용하는지 알 수 있다.

교 과		과학	단원	3. 우리 몸의 생김새	차시	9 / 9	지도교사	윤정애
학습제재		우리 몸의 기관의 종류와 하는 일					장소	6~9 교실
본시 학습목표		뼈와 근육, 호흡 기관, 순환 기관, 소화 기관, 배설 기관, 신경계의 하는 일을 정리할 수 있다.					학습자료	색도화지, 풀, 가위,
학습단계	학습활동	교수·학습 활동					문제해결과정	언어 활동
		아동 활동		교사의 지원				
도입	동기유발	• 우리 몸에 여러 기관이 있음을 알고, 여러 기관의 이름에 익숙해진다.		• 수업 전에 우리 몸의 여러 기관에 속한 장기와 관련된 이야기 과학 동화를 들려준다.			문제이해	교사 : 읽기, 말하기 학생 : 듣기
	학습목표제시	• 우리 몸의 여러 기관이 하는 일에 대해 조사 발표하기						
전개	발표하기	• 여섯 모둠이 각각 뼈와 근육, 호흡 기관, 순환 기관, 소화 기관, 배설 기관, 신경계의 하는 일과 그에 속한 장기 등에 대한 사전 조사 결과를 발표한다. 각 모둠별 발표시간은 2분으로 제한한다.		• 지나치게 자세한 부분까지 들어가지 않도록 하며, 요약 발표가 되도록 정리해준다.			계획수립	교사 : 말하기 학생 : 말하기, 듣기
정리	다지기	• 각 모둠의 발표가 끝난 후 발표한 자료를 바탕으로 '작은 인체 신비전'을 갖는다. (모형, 사진전, 그림 등)		• 앞 차시를 이용하여 각 기관의 주요 장기를 고무찰흙이나 지점토를 이용하여 모형으로 꾸며 놓은 것을 사용한다.				교사 : 말하기 학생 : 듣기, 읽기, 말하기
	정리하기	• 발표와 전시회를 통해 정리된 내용으로 미니북을 만든다. • 보충)각 기관의 하는 일이 정리된 요약종이를 나눠주고 미니북에 옮겨 적도록 한다. • 심화)건강한 생활을 위한 올바른 습관을 각 기관별로 정리하게 한다.		• 각 기관별 요약은 한 두 문장으로 제한한다. • 보충지를 들고 아동 사이를 다니며 요약하기 힘들어 하는 아동에게 한 장씩 나눠준다. • 요약을 쉽게 마친 아동은 개별로 현대인의 질병이 하나씩 적힌 종이를 가져가게 한다. 건강한 생활을 위한 습관을 정리하도록 한다.			계획실행	교사 : 말하기, 쓰기 학생 : 듣기, 읽기 말하기, 쓰기 교사 : 쓰기
	즐기기	• 낱말 맞추기 게임으로 기관별 하는 일을 연결한다.		• 각각의 기관이 하는 일을 주제어로 제시한다.			검증(평가)	학생 : 듣기, 말하기

❸ 내용영역의 문제해결력 신장을 위한 언어교육

문제해결력은 창의성의 발현과 함께 급변하는 정보화 사회에 능동적으로 대처할 수 있는 학습자 교육의 과제이다. 문제해결은 내용영역뿐 아니라 인문사회 분야에서도 학습자에게 요구되는 능력이다. 언어의 도구적 성격만으로도 모든 교과 학습이 가능하며, 교과 학습을 통하여 습득한 지식과 기능, 경험을 바탕으로 일상에 직면하는 문제를 해결할 수 있는 능력을 기를 수 있다. 언어의 도구적 기능은 단순히 말을 주고받거나, 글을 읽고 쓰는 것만이 아니라 의미를 생성하고, 의미가 담긴 텍스트를 생산해내는 기능이기 때문에 문제를 해결하는 과정에서 요구되는 다양한 방법을 수용하고 적용하여 합리적인 해결책을 찾을 수 있게 한다.

문제해결은 내용영역뿐 아니라 거의 모든 교과에 해당되는 학습자 요구 사항이다. 학교 교육의 과정이나 결과가 실생활에 적용이 되지 않는다면 학습을 통한 지식이나 경험이 가치를 상실한다. 언어는 인간이 사회생활을 하는 동안 필연적으로 수행하여야 하는 활동이다. 문제해결은 인간이 사회생활을 하는 동안 피해갈 수 없는 과정이다. 따라서 언어는 문제해결 과정에 효과적으로 작용하여 합리적인 결과를 도출할 수 있어야 한다.

가) 메타 의사소통

인간 공동체의 구성원이라면 누구나 실생활에서 발생하는 문제에 대처하거나 사회적 분업의 토대 위에서 세상에 대한 특유의 지식을 획득하게 된다. 이 지식은 범위나 깊이에서 서로 차이가 있을 뿐더러 더 나아가서는 아주 다르게 평가될 수도 있다. 사회적 의사소통 영역은 점점 분화되고 사회에서 어떤 문제가 결정되는 과정은 점점 더 복합성을 띠어가고 있으므로 이러한 특수한 목표에 부응하는 조직 형태뿐만 아니라 의사소통 수단도 점점 더 강력하게 요구되고 있다.

텍스트를 산출하는 화자는 텍스트를 사용하여 어떻게 청자로 하여금 자

신의 의도를 알게 할 수 있는지, 어떤 텍스트가 어떻게 하여 실제 조건 또
는 화자가 가정한 이해의 조건에 비춰 청자에 의해 수용될 수 있을 것인지,
어떻게 청자의 수용을 도와 줄 수단을 갖추고 있게 되는지에 대한 지식을
갖추고 있다. 또한 화자는 기억에 저장된 지식의 얼마만큼이 구체적인 어떤
상황에서 목적의 실현에 부합되게 활성화되어야 하는지에 대한 지식도 갖
추고 있다. 다른 말로 하면 텍스트를 산출하는 화자는 기본적 의사소통 규
범을 알고 있고 또 협력적 상호작용 활동인 텍스트 산출과 텍스트 수용이
어떤 구체적 상황에서 어떻게 일어나는지도 알고 있다. 이러한 일반적 의사
소통 규범에 관한 지식이나 원칙을 거의 모든 화자들이 지킨다. 즉, 화자는
언어활동을 하는 동안 서로 이해하였다는 것을 명백히 알도록 해주는 특유
의 지식을 갖추고 있다.

　일차적으로 의사소통상의 갈등을 예방하거나 제거하고 또 언어발화를
확실히 이해시키는 데 쓰이는 이 지식을 메타 의사소통 지식이라고 한다.
메타 의사소통 지식은 의사소통, 그 진행과정 및 그 조직에 관한 지식이
다. 이러한 메타 의사소통은 다음의 두 가지 이론적 맥락과 관련이 있다
(Heinemann & Viehweger, 1991, 백설자 역, 2001 : 122, 138~139, 264).

> （ⅰ）메타 의사소통이나 메타 의사소통적 담화는 의사소통상의 갈등을
> 　　해소하는 데 기여한다.
> （ⅱ）메타 의사소통과 인간 의사소통의 관계면은 서로 병행관계에 있다.

　어떤 면에서 메타 의사소통은 창의적인 의사소통과 같은 맥락이라고 볼
수 있다. 일반적인 의사소통은 행위 당사자와 대상간의 언어적 소통이지만
창의적인 의사소통은 자신의 의지가 담긴 텍스트의 효과적 전달을 가능하
게 한다. 창의적인 의사소통은 언어교육의 기본적인 목표와 부합한다. 따라
서 메타 의사소통은 창의적인 의사소통 교육을 통하여 실현될 수 있으며,

문제를 창의적으로 해결할 수 있게 한다.

의사소통은 사회적 구성원 간의 말과 글을 통한 상호작용이다. 듣고, 말하고, 읽고, 쓰는 활동은 어휘나 문장 수준이 아닌 텍스트 층위이며, 텍스트 층위의 의사소통은 언어의 단순표출이나 수용을 넘어서서 사고력을 동원한 고등수준의 기능을 필요로 하는 지적 작용이다(최현섭, 1997 : 38).

문제를 해결하기 위한 교수·학습 활동과 실생활에서 직면하는 문제해결 과정을 살펴보면 언어를 제외하고는 그 어떤 것도 독자적인 의미를 부여하기 힘들다. 의사소통 행위를 통하여 문제를 이해하고, 정보를 수집하여 계획을 수립, 실행하며 검증한다. 문제를 이해하는 과정에서부터 의사소통 행위를 빈번하게 발생한다. 필요한 정보를 얻을 수 있는 대상을 찾고 대상으로부터 정보를 획득하는 과정은 사회적 상호교류 작용에 의한 의사소통이며, 의사소통 행위를 통하여 계획을 수립하고, 실행하는 과정에서 오류를 점검하고 수정한다. 또한 문제해결 과정을 점검하고 평가하는 과정에서의 자기주도적 의사소통 행위는 언어적 사고력을 동원한 고등정신 기능의 발현이며, 이를 통하여 창의적인 문제해결을 가능하게 한다.

미국의 한 설문 조사에 의하면 일반 기술자들이 담당하는 총 업무의 30%, 중간 관리자들이 담당하는 업무의 40%, 매니저가 담당하는 업무의 50%가 '쓰기'라는 결과가 나왔다. 또한 성공한 기술자 4,000명을 대상으로 한 설문 조사에서는 '직장에서 가장 필요한 능력이 무엇인가'라는 질문에 기술이라는 응답보다 의사소통 능력이라는 응답이 훨씬 높게 나왔다(가톨릭 대학교, 2005 : 48). 이와 같은 조사 결과는 의사소통의 중요성과 함께 보다 고차원의 사고와 업무 능력을 담당하는 구성원들의 메타 의사소통의 필요성을 인식하게 한다. 다음은 문제해결 과정의 메타 의사소통 과정을 표로 나타낸 것이다.

[문제해결 과정의 메타 의사소통]

문제 해결과정	세부 활동	의사소통
문제 이해	• 조건, 자료, 미지인 것 찾기 • 적절한 기호화 • 도식화	• 설명과 문서를 통한 문제 인식 • 텍스트의 분석, 추론, 해석 • 정보수집 대상으로부터의 설문, 탐색, 질의, 선별
계획 수립	• 관련 문제 파악 • 관련 문제로부터 미지인 것 추출 • 자료 확인, 활용	• 정보의 검색, 수집, 종합, 분석, 추론, 비판, 검토 • 도식, 이미지, 기억 • 문서 작성
계획 실행	• 단계별 점검, 확인, 증명 • 오류의 발견과 수정	• 토의, 토론 • 발표, 질의응답 • 맥락 파악, 사회적 소통, 경험 • 대화, 타협, 조정
검증(평가)	• 결과 점검 • 논증 과정의 점검 • 결과나 방법을 다른 문제에 적용	• 분석, 종합, 검토, 점검 • 수정, 보완, 반성 • feedback • 평가지 작성, 논증, 묘사, 설명

일반적인 상황에서의 의사소통과 의사소통을 조정하는 메타 의사소통 기능의 차이를 확실하게 구분할 수 있는 특별한 요소를 발견하거나 증명하는 것은 쉬운 일이 아니다. 메타 의사소통이 의사소통의 상위 개념을 형성하기 위해서는 소통 행위자들이 어떻게 자신의 뜻을 자신이 원하는 바에 의하여 설득하고, 조정하는지를 분명하게 밝히는 것이다.

어떤 면에서는 의사소통이 갖고 있는 것 자체가 메타 의사소통 기능과 다를 것이 없어 보인다. 그럼에도 불구하고 '메타 의사소통'을 강조하는 것은 소통의 당사자들이 보다 적극적으로 대화에 참여할 수 있는 태도와 능력을 길러 창조적인 정보화 사회에 뒤떨어지지 않도록 하기 위한 언어교육의 대안을 제안하기 위함이다. 이것은 학습 상황의 의사소통 행위의 적극성과 단순한 의견교환이 아닌 창의적이고 비판적인 사고를 동원한 언어활동의 강조와 맥을 같이 한다는 데에 의미가 있다.

나) 언어적 사고

"우리를 인간으로 만든 것은 다름 아닌 말(words)이다."라는 파블로프의 말은 언어가 '사고'를 포함하고 있으며, 인간의 언어가 다른 종의 언어와 다른 것은 바로 언어적 사고가 있기 때문이라고 해석할 수 있다. 언어와 사고의 우선순위에 관한 논쟁으로부터 벗어난다면 분명 언어와 사고는 불가분의 관계이며, 언어 자체가 인격과 심성을 형성한다고 할 수 있다. 우리가 사용하는 어떤 언어는 사고를 단순히 반영할 뿐 아니라 생각하는 방법과 그 내용까지도 직접 다스린다. 그것은 바로 언어가 인간사고(human thought)의 복잡성과 풍부함을 반영할 뿐 아니라 어떤 형태의 사고를 가능하게 하기 때문이다(Sternberg & Smith, 1988, 이영애 역, 1996 : 241~242).

언어적 사고는 언어의 창조성을 뒷받침하는 가장 설득력 있는 메커니즘이다. 언어의 창조성에 대한 주요한 한 가지 메커니즘은 정신공간들 간의 개념적 대응관계의 지각 및 구성과 관련이 있다(Lee, 2001, 임지룡·김동환 역, 2003 : 318). 최근의 우리 사회 현실을 표현하는 신조어들은 기존의 언어를 새로운 사물이나 현상에 대입하고, 조합하여 새로운 의미의 언어를 생산한다. 새로운 언어의 탄생은 단순히 언어와 언어를 조합하거나 언어와 개념의 대응을 통한 기호적 표현이 아니라 사회 현상에 대한 언어적 창조성을 보여주는 예이다.

언어적 사고는 사회적 이슈를 언어에 대응시키고, 비슷한 과정을 통하여 신조어를 창출한다.

학생들은 새로운 문제사태에 직면하게 되면 언어와 사고를 동시에 작동시킨다. 언어와 사고에 의존하여 문제 상황을 이해하고 파악하며, 자신의 배경지식과 경험, 기능을 동원하여 해결 방법을 찾는다(Smith, Goodman, Meredith, 1987 : 3). 사전지식과 경험은 이전의 문제에 대한 개념적 대응이며, 학생들은 이전의 문제에 대한 개념 파악을 통하여 언어적 사고를 작동시킨다. 이때 작동하는 언어적 사고는 이전의 문제와 새로운 문제 사태 간의 연결 고리를 찾고 해결에 도움이 되는 새로운 개념을 창출한다.

국어교육에서는 학생들의 언어적 사고력 신장을 궁극의 목표로 삼고 있다. 여기서 언어적 사고력이란 '언어를 매개로 어떤 대상에 대한 인식의 변화를 꾀하는 정신 작용'이라고 할 수 있다. 그런데 인식의 변화는 곧 의미의 변화를 뜻하므로 언어적 사고력이란 '언어를 통한 의미의 형성'(노명완, 1996 : 47)으로 볼 수 있다.

언어는 구체적 사물의 상징적 대치물이라는 기호의 개념을 넘어서서 사물이나 사상으로부터 의미를 '추출'하고, 추출한 의미를 '통합'하고 이를 가장 적합한 상징 기호인 언어로 '표상'하는 지적 작용이다(노명완 · 이차숙, 2002 : 26). Sapir는 언어를, 우리에게 세계에 대한 세부적인 것들과 개념들을 부여해주면서, 경험을 반영할 뿐만 아니라 실제로 경험을 규정하는 '독재자'로 언급한다. 또한 Whorf는 '언어는 개념을 표현하는 단순한 재생산도구가 아니라 그 자체가 개념의 형성자이다… 우리는 우리의 언어에 의해 설정된 기준에 따라 자연을 분석한다'고 하면서 언어상대주의(Linguistic Relativism)를 역설한다(Steinberg, 1993, 박경자 · 이재근 역, 1996 : 171~172).

문제해결의 첫 단계인 문제 이해는 말이나 글을 의미로 받아들이는 과정이다. 수리 · 과학적 문제는 수치로 제시될 수도 있지만 대부분은 말과 글을 동반한다. 따라서 말과 글을 통하여 제시되는 문제를 이해하기 위해서는 말과 글에 담긴 의미를 정확하게 파악하여야 한다. 문제를 이해하는 것은 언어로 부호화된 텍스트를 의미로 전환하는 사고 과정이며, 문제해결 과정의 표현은 머릿속 의미를 언어로 부호화하여 텍스트를 생산하는 사고 과정이다(노명완 · 정혜승 · 옥현진, 2003 : 213~214).

문제해결 과정의 의사소통 행위는 의미를 추출하고 통합하여 의미 있는 언어로 과정과 결과를 표상하는 지적 활동이다. '언어활동의 지적 과정 모형'(노명완, 1988 : 26)은 언어적 사고가 어떻게 작용하는지를 보여준다. 우리가 어떤 문제를 해결하기 위하여 문제에 대한 정확한 이해를 하기 위하여 어떤 대상으로부터 필요한 정보를 듣거나 읽는 상황을 상상하여 보자. 대상으로부터 문제를 이해하는 데에 도움이 되는 정보를 듣거나 읽는 과정에서 해결 당사자는 동시에 필요한 정보를 선별하거나, 대상으로부터의 발화 상황과 관련된 혹은 전혀 반대의 상황을 머릿속에 떠올리기도 한다. 이러한 현상은 문제해결을 하는 과정에서 수시로 발생하며, 이것은 언어와 사고가 동시에 작용하고 있다는 것을 보여준다. 언어적 사고는 문제해결 과정에 작용하여 유사한 문제의 재인과 비교, 분석, 종합, 선별을 동시에 수행할 수 있게 한다.

하나의 문제를 해결하는 것으로 모든 상황이 종료한 것은 아니다. 하나의 문제를 해결하기 위해서는 직면한 문제와 관련된 배경지식과 경험을 동원하여야 한다. 문제와 관련된 지식과 경험은 이전의 문제해결 과정에서 발현된 것이다. 따라서 지금 해결하여야 하는 문제는 이후에 발생할 수 있는 다른 어떤 문제에 효과적으로 작용할 수 있는 가치가 있어야 한다. 가치 있는 문제해결은 언어적 사고를 동반하여야 한다. 언어적 사고를 동반한 문제해결은 또 다른 문제해결에 효과적으로 작용할 것이다.

다) 텍스트

텍스트는 생산자(화장 / 저자)가 수용자에게 표현하는 통보행위의 모든 언어구성성분이다. 텍스트는 인식 가능한 발화수반 잠재력을 실현시키며, 이러한 텍스트는 의사소통 기능의 측면에서 의미와 사고를 전달하는 과정의 산물로 인식될 수 있다. 언어와 마찬가지로 텍스트도 인간의 활동이다. 발화를 통한 의미의 전달이나 언어적 사고 행위의 산물로 여겨지는 텍스트는 의사소통 과정에 작용하는 모든 언어적 구성요소— 비언어적인 몸짓, 표정, 이미지 등을 포함한 — 이다(Vater, 이성만 역, 1995 : 7~16). 또한 텍스트는 물질적·감각적인 성격에 의해 무한한 의미생산이 가능한 열린 공간이다.

의사소통 과정의 다른 중요한 측면은 정보생산을 위한 텍스트의 이용에 있다. 우리는 전달된 것을 반복하고자 하고 읽은 것을 요약하며, 듣거나 읽은 주제에 대한 질문에 대답할 수도 있다. 결국 우리는 특수한 텍스트(예를 들면 교과서나 사용법 설명서)를 통하여 문제해결에 필요한 정보를 얻을 수 있다.

언어적 사고를 동반한 텍스트는 상황과 맥락에 따라 다양하고 때로는 복잡하며 전문적이기도 하다. 어떤 사회의 구성원이 어떤 목적으로 언어활동을 하는가에 따라 성격이 다르다. 또한 사용 텍스트의 범위와 양적 질적 차이가 발생한다.

언어와 사고는 동시적이며 의사소통 행위는 언어적 사고에 기초하고 있다. 언어적 사고에 기초한 의사소통 행위의 텍스트는 인간 정신의 산물이다. 따라서 문제를 해결하는 과정의 텍스트는 문제를 이해하고, 계획, 실행, 검증하는 데에 중요하게 작용한다. 필요한 정보를 얻을 수 있는 대상을 찾으면 즉각 의사소통 행위를 통하여 정보를 수집, 분석, 종합, 선별, 적용 등의 절차를 거친다. 문제해결에 유익한 정보를 얻을 수 있는 텍스트를 찾는 것이 그리 쉬운 일은 아니다. 인터넷이 없던 시절에는 필요한 정보를 찾아 도서관을 가거나 그 분야의 전문적인 지식을 갖춘 사람을 찾아가 구두로 지식을 전달 받았을 것이다. 인터넷조차도 필요한 정보를 얻기 위해서는 적절한 키워드를 통한 검색이 요구된다. 뿐만 아니라 복잡하고 다양한 구조의 정보들을 어떻게 정제하고 선별하여 적용할 것인지도 고민하여야 한다.

텍스트는 문제해결 당사자에게 효과적인 정보를 제공할 수 있어야 한다. 만일 언어교육의 대상이 되는 '언어'의 텍스트가 문제해결에 유익한 정보를 제공할 수 있다면 학습자는 보다 효과적으로 결과에 접근할 수 있을 것이다. 학습자의 문제해결을 도울 수 있는 텍스트의 역할은 다음의 두 가지 조건을 만족하여야 한다.

첫째, 문제해결력을 신장시킬 수 있는 절차와 방법에 관한 정보를 갖추어야 한다.

둘째, 문제해결에 도움이 되는 내용 정보를 담고 있어야 한다.

첫째 조건은 교육과정의 체계와 내용구성을 전제로 하며, 둘째 조건은 교과서 텍스트의 전문성에 관한 요구이다. 텍스트는 의사소통 기능 신장을 위한 언어 대상이지만 내용은 학습자의 인지 과정을 통하여 자연스럽게 배경지식으로 활성화된다. 또한 전문 텍스트의 접근은 실생활의 문제해결 과정에 직·간접으로 작용하여 결과 접근을 용이하게 한다.

라) 창의성

'create'와 'creativity'는 라틴어의 'creâtus'와 'creâre'로부터 온 말이다. 이 말은 'to make or produce'의 의미를 갖고 있으며, 'to grow'라는 뜻으로 쓰이기도 한다(Piirto, 2004 : 6). 창의성은 특별한 인간에게서 드러나는 신비한 능력이 아니라 일상생활을 통하여 얼마든지 발현이 가능한 잠재적인 인간의 능력이라는 것을 의미한다.

무엇인가를 만들고 생산할 수 있으며, 그것을 긍정적인 방향으로 기르고 성장시킬 수 있는 능력은 학습자들의 교육을 통하여 가능하다. 일상생활에서 직면하는 문제들은 새로운 방법을 동원하여 해결책을 모색하고 새로운 문제해결 사태를 생산하며, 새로운 문제해결 사태를 또 다른 문제에 적용하여 나아가는 것은 창의적인 활동이다.

창의적인 문제해결 능력의 신장은 창의적인 언어사용 기능의 신장과 맥을 같이 한다. 창의적인 언어사용 기능과 문제해결 능력은 학습자의 사고를 활성화하도록 한다. 사고를 활성화하는 것은 기존의 지식과 경험을 바탕으로 새로운 것을 생산해내려는 자발적 의지를 바탕으로 한다.

문제를 해결하기 위하여 오랫동안 집중하였는데도 해결책을 찾지 못하고 있다가 갑자기 번개처럼 해결책이 떠오르는 현상을 근원적인 창의성이라고 부르기도 한다. 근원적인 창의성이란 의식이 알아차리지 못하는 사이에 일어나는 정신의 자연스런 문제해결 과정이다. 창의성은 우리가 이미 가지고 있는 지식을 의식수준에서 조직하고 새로운 지식을 얻기 위하여 올바른 질문을 하려고 하며, 내재하는 문제해결 능력을 모방하려고 한다(Shallcross, 문정화·변순화 역, 1999 : 149~150).

제7차 교육과정의 성격에는 '… 자신의 언어를 창조적으로 사용하는 언어 활동을 강조… 창의적인 수준으로 국어를 사용하는 경험…', 목표에는 '…사상과 정서를 창의적으로 표현하는 능력을 기른다.'라는 언어교육의 창의성 발현에 관한 내용이 명시되어 있다. 그러나 구체적으로 창조적인 언어 활동이나 사상과 정서의 창의적인 표현이 무엇인가에 관한 교육 내용을 찾기 힘들다.

언어의 창의성을 발현하기 위해서는 '동기'를 활성화하고 '상상력'을 키우며, '정보조직' 능력을 신장시켜야 한다(김선민, 2005 : 261~263). 국어교육의 창의성 발현을 위해서는 각 영역별 특성을 살린 내용을 계발하여야 한다. 특히 '정보의 조직'은 기존의 지식과 경험을 바탕으로 새로운 지식과 경험을 가능하게 한다. 언어에 담긴 내용을 수집, 분석, 종합, 적용하는 활동은 언어의 창조적인 재구성이다. 언어의 창조적 재구성은 기존의 정보를 통하여 새로운 정보를 생산할 수 있게 한다. 새로운 정보는 직면한 문제를 해결하는 데에 효과적으로 작용하며, 창의적인 언어사용 기능을 통하여 창의적으로 문제를 해결하는 데에 유익하게 작용한다.

마) 교육과정

내용영역뿐 아니라 다른 교과에서도 문제해결의 중요성은 강조되고 있다. 학교 교육의 성과는 학습자가 배운 내용을 실제로 어떻게 적용하는가에 달려 있다. 지식은 그 자체로 소중하나 그것이 사회에서 정당하게 활용될 때 가치를 더한다.

학교 교육을 통하여 습득한 지식과 경험이 일상생활에서 직면하는 문제에 효과적으로 작용하는 데에 결정적인 역할을 하는 것이 바로 언어이다. 따라서 언어 교육과정은 문제해결 능력을 신장시킬 수 있는 내용을 담고 있어야 한다. 이러한 문제는 제7차 국어과 교육과정 개정 및 제8차 국어과 교육과정 편성에 관한 연구에서 이미 논의된 바 있다.[4]

언어적 이해와 표현이 없이 문제를 해결할 수는 없다. 언어는 문제해결의 모든 과정에서 결정적인 역할을 한다. 뿐만 아니라 문제를 해결하는 데에 필요한 정보와 전략을 제공한다. 언어교육과정은 학습자가 문제를 효과적으로 해결할 수 있는 언어사용 능력 신장을 위한 교육 내용을 포함하고 있어야 한다. 문제해결 능력 신장을 위한 언어교육과정에 포함되어야 할 내용은 다음과 같다.

첫째, 사회적 문제해결 사태에 적응하는 학습자의 언어활동, 즉, 문제해결 과정의 언어활동 내용으로 '정보의 조직', '대화와 타협', '문제해결의 언어적 표현'에 관한 전략과 방법

둘째, 타 교과의 문제해결 과정의 직접 인용과 실생활의 해결 과정에 작용하는 효과적인 언어활동

셋째, 문제해결에 효과적인 전문텍스트

넷째, 타 교과의 텍스트를 이해할 수 있는 수준의 텍스트

---

4) 현행교육과정 목표와 관련하여 '대화와 타협을 통한 문제해결 능력'을 신장시키기 위한 사회적 요구의 수용에 대한 쟁점이 있었다. 기존의 교육과정에는 문제해결에 관한 내용이 사회적인 요구를 수용하기에 부족하며, 이러한 사회적 요구의 수용은 국어과가 범교과적 효용성을 가진 교과로 인식하는 데에 중요한 역할을 한다. 문제해결을 국어과 교수·학습 모형의 하나로 인식하여 '국어지식' 영역의 활동에 적용하는 내용이 있으나 이러한 부분적인 적용은 타 교과의 문제해결 능력의 신장을 주도적으로 이끌어가기에는 부족할 수밖에 없다. 따라서 인간이 살아가면서 겪게 되는 문제를 해결하는 언어적 과정, 방법, 절차, 전략 등에 관한 논의가 있어야 한다.

3) 내용영역의 교수·학습 과제와 읽기

　내용영역의 학습 과정에서뿐만 아니라 평가에서도 학생들은 더 많은 읽기 전략을 동원하여야 한다. 수학이나 과학 또는 사회 과목의 내용을 보면 학습자들이 이해하여야 할 사실보다도 그 사실을 설명하는 용어들의 개념과 개념에 대한 지식의 부재가 내용영역 학습을 더욱 어렵게 만든다. '푸른 리트머스 종이를 붉게 변화시키거나, 페놀프탈레인 용액의 색깔이 변하지 않는 것은 산성 용액이다'라는 초등학교 5학년 자연과 학습 내용을 보면 학습자가 이해하여야 할 사실적 지식과 개념이 얼마나 받아들이기 힘든 지 알 수 있다. 과학뿐 아니라 수학 교과서의 언어는 더욱 간명하고 함축적이다. 각각의 문장은 과부하 상태의 개념적인 정보들로 연결되어 있다. 수학에 대하여 수많은 것을 알고 있는 교과서 집필자들은 학생들 역시 그들이 실제로 알고 있는 것보다 더 많은 배경지식을 가지고 있다고 생각하는 경향이 있다. 게다가 많은 학생들은 수학이 단지 숫자를 능숙하게 처리하는 교과라는 사고방식을 가지고 있다. 때문에 학생들은 수학 교과서의 글(문제)은 그냥 대충 넘어가버리고는 곧장 문제 풀이에 들어가며, 잘못된 것을 교사가 고쳐주기만을 기다린다(Buehl, 2002 : 146~147). 이런 이유로 학습자들은 내용영역의 개념적 지식의 습득이나 문장제 풀이의 어려움을 호소하거나 아예 포기하는 경우가 빈번하다.

　이 연구의 기초 자료가 된 진단평가는 서울 시내 한 초등학교에서 시행된 2학년 이상 6학년까지의 자료이다. 일반적으로 진단평가라 함은 말 그대로 학생들의 학습 능력을 진단하는 것이다. 평가의 유형으로 구분한다면, 진단평가는 성취도평가나 수행평가 또는 단원평가 등과 구분이 되지만, 학습자의 학습 능력의 정도를 알아보는 측면에서는 큰 차이를 보이지 않는다. 다만 학습자의 성취 수준이 어떤 시기의 학습 수행 상태를 평가하는가에 따른 차이이거나 방법의 구분이다. 그런 면에서 학년 초에 실시하는 진단평가는 학습자들의 전 학년도 교육과정 수행 성취 상황을 판별하는 데에 매우 유익한 자료이다. 진단평가는 학생 생활 기록부의 평가 자료로 사용되지 않으며, 학습자는 물론 학부모나 지역 사회에 공개되는 자료가 아니기 때문에 시험 과목이나 시험 일시, 시험 범위 등이 학생이나 학습자에게 예고되지 않는다. 또한 평가 결과로 인한 학습자의 내적, 외적 변화를 요구하지도 않기 때문에 진단평가를 시행하는 과정이 학습자나 학부모, 교사나 지역사회에 별다른 영향을 미치지 않는다. 그런 면에서 진단평가는 학습자의 성취 수준과 학습 능력을 측정하는 데에 영향을 미치는 외적 변인이 작용하지 않는다는 점에서 실천적 신뢰성이 강하다고 볼 수 있다.

진단평가는 모든 교과를 대상으로 시행하는 경우는 극히 드물다. 이 연구의 대상이 되었던 초등학교의 경우처럼 거의 모든 학교에서 국어와 수학 두 과목을 대상으로 시행한다.[5] 국어과는 학습자의 언어 사용 능력과 그에 따른 교육과정 수행 능력을 판별하는 기준이 되며, 수학과는 내용영역을 대표하는 성격을 갖고 있다. 내용영역을 대표하여 사회나 과학을 진단평가 대표 과목으로 설정하여 시행하는 경우는 없다. 물론 학급별로 보다 자세한 학습 진단을 위한 평가 시행으로 다른 교과를 적용하는 경우는 있으나, 학교 전체적으로 일제히 시행하는 진단평가의 경우에는 국어와 수학을 대표 과목으로 정하여 시행한다.

진단평가 자료는 2학년에서 6학년까지[6] 무작위로 한 학급을 선정하여

---

5) 최근 일선 학교에서 시행되는 진단평가는 학습자의 성취 수준과 교육과정 수행 계획의 근거 자료로 활용되는 것은 물론 서울시 교육청이나 지역 교육청이 주도하는 교육 정책과 맥을 같이 하는 경우도 있다. 학습 부진아 퇴치를 위한 자료로 활용되는 경우가 대표적인 것이다. 진단평가가 어떤 목적으로 활용되는 가는 진단평가의 과목과 평가 수준 및 난이도에 영향을 미친다. 그러나 모든 학년을 대상으로 다양한 목적의 진단평가를 시행하는 경우가 대부분이고 이런 경우 전 학년도에 수행하였던 교육과정 수행 내용 전체를 대상으로 문항을 작성한다. 이러한 문항 작성은 학습자의 기초 학습 능력을 측정하기 위한 것이기 때문에 학기 중 시행하는 평가에 비하여 난이도가 낮다.

6) 1학년은 진단평가를 실시하지 않는다. 최초 학년이기도 하지만 1학년은 초등학교 교육과정의 시작이기 때문에 초등학교 교육과정 실행의 백지 상태를 전제로 한다. 또한 학급 담

결과표를 수합하였다. 동시에 진단평가 분석의 대상이 되는 학급에서 실시한 시험지를 모두 수합하였다. 그 다음 진단평가 결과를 근거로 단순 비교를 하였다. 학년별 과목의 평균 점수를 내고 과목 간 점수의 차이를 평균 계산하였다.[7] 그리고 국어과를 기준으로 수학과의 점수가 평균 차이보다 월등하게[8] 낮은 학생을 추출하였다.[9] 국어를 기준으로 수학 점수를 비교하였을 때 수학 점수가 월등히 낮은 학생들의 수학 시험지를 분류하여 오답 문항을 분석하였다. 마지막으로 해당 학생과 담임 교사 일부와 면담하여 그러한 결과의 원인과 문제에 대하여 알아보았다.

(1) 진단평가 자료의 비교 분석

국어를 기준으로 학년별 점수 차이를 알아보는 것은 학년별 평가 문항의 난이도가 서로 다르기 때문이다. 국어와 수학 점수의 차이를 평균 계산하고, 그 평균을 기준으로 학생 개개인의 점수를 비교하기 위한 것이다. 과목 간 평균 값이 크다는 것은 국어에 비하여 수학이 쉬웠다는 것을 의미한다. 또한 평균 값보다 점수가 낮은 학생들은 국어에 비하여 상대적으로 수학 점수가 낮다는 것을 의미한다.

2학년은 남학생이 16명, 여학생이 12명인 학급을 대상으로 하였다. 이 학급은 수학 점수가 국어 점수에 비하여 남학생이 평균 5.81점 높았으며, 여

임 교사의 선입견으로 인한 초등학교 학습 초기의 학습 심리 부담을 없애기 위한 방편이기도 하다.

7) 학년별 진단평가의 출제자가 다르고, 평가 문항의 난이도도 다르다. 또한 국어와 수학의 난이도가 다르기 때문에 학년별, 과목별 난이도에 따라 국어와 수학의 과목 간 점수 차이가 학년별로 다르게 나타난다.

8) '월등하다'는 말을 쓰는 이유는 서론에서 밝혔듯이 이 연구의 대상이 되는 자료들이 통계학적 수치를 갖고 있지도 않고 검증이 되지 않았기 때문이다. 따라서 현장 실천 용어를 자료의 비교와 분석 및 해석에 동원할 수밖에 없다.

9) 국어를 기준으로 수학 점수를 비교하였을 때 수학 점수가 높으면 +를 국어에 비하여 수학이 낮으면 −를 하여 학년별 국어과 기준 수학 점수 차이를 개인별로 산출하고 개인 간의 점수를 모아 학급 평균 차이를 계산하였다.

학생은 3.36점 높았다. 이 중 평균 점수 차이보다 낮은 학생은 남학생이 9명, 여학생이 5명이었다. 그리고 평균 차이에 비하여 10점 이상 낮은 학생은 남학생이 3명, 여학생은 없었다. 3학년 학급 정원은 남학생이 14명, 여학생이 13명이었다. 국어와 수학의 점수 평균 차이는 남학생이 −1.14, 여학생이 0.00이었다. 이 학급은 국어와 수학의 점수 차이가 별로 나지 않은 것으로 보아 국어와 수학 평가 문항의 난이도가 상대적으로 비슷하였다는 것을 알 수 있다. 그리고 평균 점수 차이보다 낮은 남학생은 7명, 여학생은 4명, 이 중 평균 점수보다 10점 이상 낮은 수학 점수를 갖고 있는 남학생은 5명, 여학생은 1명이었다. 4학년 학급은 남학생이 15명, 여학생이 16명이었다. 이 학급의 과목 간 점수 차이 평균 값은 남학생이 11.33, 여학생이 5.94였다. 2, 3학년에 비하여 과목 간 점수 차이가 많은 편이며, 수학이 국어에 비하여 쉬웠다는 것을 알 수 있다. 평균 점수보다 낮은 남학생은 7명, 여학생은 9명, 이 중 평균 점수보다 10점 이상 수학 점수가 낮은 학생 중 남학생은 5명, 여학생은 4명이었다. 5학년 학급은 남학생이 14명, 여학생이 16명, 과목 간 점수의 차이의 평균은 남학생이 −1.07, 여학생이 −12.81이었다. 특이하게 남학생의 경우에는 과목 간 점수 차이가 적었으나, 여학생들의 경우에는 수학 점수가 상대적으로 낮게 나왔음을 알 수 있다. 이 중에서 평균 이하의 점수를 보이는 남학생은 6명, 여학생은 11명이었다. 평균 값보다 10점 이상 낮은 학생은 남학생이 4명, 여학생이 4명이었다. 6학년 학급은 남학생이 15명, 여학생이 15명이었다. 과목 간 점수의 평균 값은 남학생이 −6, 여학생이 −22.33이었다. 평균 차이 점수보다 10점 이상 낮은 점수를 보인 학생 중 남학생은 3명, 여학생은 8명이었다. 이러한 결과를 비교하여 표로 정리하면 다음과 같다.

[진단평가 결과 비교]

비교내용 \ 학년	단위	2		3		4		5		6	
		남	여	남	여	남	여	남	여	남	여
1. 학급 정원	명	16	12	14	13	15	16	14	16	15	15
2. 국어 점수를 기준으로 한 수학 점수와의 평균 점수 차	점	5.81	3.36	−1.14	0.00	11.33	5.94	−1.07	−12.81	−6.00	−22.33
3. 국어 점수가 반 평균 이상인 학생들 중 수학 점수가 반 평균 이하인 학생 수	명	9	5	7	4	7	9	6	11	7	12
4. 국어 점수가 반 평균 이상인 학생들 중 수학 점수가 반 평균보다 월등하게(10 이상 낮은 차이를 보이는) 낮은 학생 수	명	3	0	5	1	5	4	4	4	3	8
5. 학급 정원 대비 국어 기준 수학 점수가 월등하게 낮은 학생들의 비율	%	10.7		22.2		29.0		26.6		36.6	

앞의 결과는 저학년에서 고학년으로 갈수록 국어에 비하여 상대적으로 수학 점수가 낮은 학생의 수가 증가함을 보여준다. 2학년은 3명, 3학년은 6명, 4학년은 9명, 5학년은 10명(이 중 2명은 유사 학생 즉, 비교 점수 차이가 극히 적은 학생), 6학년은 12명(1명은 특수 교육 대상 학생)이었다. 또한 저학년 학생의 경우에는 국어 점수가 과목 평균 점수보다 낮은 학생들이 수학 점수도 낮았으나, 고학년일수록, 국어 점수가 평균보다 높은 학생들이 수학 점수에서 낮은 결과를 보이는 경우가 많았다.[10] 2학년 학생 3명은 모두 국어 점수가 과목 평균 이하였고, 3학년 학생 6명 중 3명 국어 점수가 과목 평균 이상이었고, 4학년은 9명 중 3명(이 중 3명은 국어 및 수학 점수가 모두 상위에 속하였음), 5학년은 10명 중 5명(1명은 유사 학생), 6학년은 12명 중 7명이 국어 점수가 과목 평균보다 높았다. 즉, 고학년으로 갈수록 국어 점수가 과목 평균을 넘는

---

10) 다음은 6학년 학생들의 진단평가 점수 표이다. ↑는 국어 점수가 학급 평균 점수보다 높은 경우를 표시한 것이다. 해당 학생들의 수학 점수가 상대적으로 낮음에도 불구하고 국어의 평균 점수는 높다는 것을 보여준다.

학생들이 수학 점수에서는 과목 평균보다 낮은 경우가 많았다.

이러한 결과를 바탕으로 다음과 같은 질문을 할 수 있다. 첫째, 저학년에서 고학년으로 갈수록 국어과에 비하여 수학과의 점수가 상대적으로 낮은 학생들이 많았다는 것은 고학년으로 갈수록 국어과의 언어 사용 능력이 수학과의 내용 학습에 미치는 영향이 줄어드는 것인가? 고학년으로 갈수록 수학 점수가 상대적으로 낮은 학생들 중에는 국어 점수가 학급 평균보다 높은 학생의 수가 증가했다. 그렇다면 국어를 잘하는 학생들 중 수학을 상대적으로 못하는 학생들에게서 발견되는 내용영역의 문제는 무엇인가?

(2) 내용영역의 교수·학습 과제

진단평가 결과를 바탕으로 두 가지 문제를 제기할 수 있었다. 첫째, 고학년으로 갈수록 국어 점수에 비하여 수학 점수가 낮은 학습자의 수가 증가한다. 그 원인을 고학년으로 갈수록 내용 학습에 작용하는 국어사용 능력의 적용 범위가 축소되기 때문이라고 짐작할 수 있다. 국어 점수가 학급 평균을 넘는 학생이 수학 점수가 상대적으로 낮다는 것은 수학과의 내용 학습에 문제가 있다는 것을 의미할 수 있다.

첫째 문제에 대한 답은 진단평가의 문항을 살펴보면 알 수 있다. 저학년의 수학 문제를 보면 거의 숫자와 그림으로 이루어져 있다. 저학년의 수학 문제들은 언어와 관련된 사고 활동보다는 수와 그림이 동원된 계산 능력 위주로 구성되어 있다. 문장제의 경우도 수 계산을 간단하게 풀어서 설명하

남학생	국어	수학	점수차	여학생	국어	수학	점수차
1	60	28	−32	1	80 ↑	40	−40
2	72 ↑	48	−24	2	80 ↑	56	−24
3	76 ↑	60	−16	3	82 ↑	40	−32
				4	92 ↑	64	−28
				5	64	20	−44
				6	76	52	−24
				7	88 ↑	60	−22
학급평균	71.28	70	−5.00	학급평균	77.88	57.88	−20.33

는 수준에 머물며, 출제 문항 수도 적기 때문에 언어 사용 능력이 크게 작용하지 않는다. 그러나 고학년으로 갈수록 수학 평가에서의 문장제 출제 범위가 확대된다. 단순히 수 계산을 풀어서 나열하는 형식이 아니라 학습자의 언어적 사고를 동원하여야 하는 복잡한 형태의 문제가 출제된다. 때문에 학습자들의 언어 사용 능력은 수학 문제를 해결하는 데에 결정적인 역할을 한다. 다음 두 학년의 문제를 비교하여 보면 알 수 있다.

[2학년 수학 문제]

23. 정수는 선생님께 칭찬 스티커를 43장, 나리는 53장을 받았습니다. 두 사람이 받은 스티커는 모두 몇 장입니까?

[6학년 수학 문제]

21. 영희네 학급에서는 모둠 대항 윷놀이를 하였습니다. 8모둠이 모두 서로 한 번 씩 경기를 할 때, 모두 몇 번 경기를 해야 합니까?

23. 퀴즈 놀이에서 답을 맞게 풀면 3점을 얻고, 틀리면 1점을 잃습니다. 찬희는 계속해서 답을 한 번은 맞히고, 그 다음 번은 틀리는 것을 반복하여 15점을 얻었습니다. 찬희는 몇 문제만에 15점을 얻었겠습니까?

2학년 문제와 6학년 문제는 해당 학년의 수학과 교육과정 내용에 해당하는 문제를 출제한 것이다. 6학년에 비하여 2학년의 문장제는 오답 수가 많지 않았다. 반면 6학년에서는 두 문제 모두 오답 수가 많았으며, 21번에 비하여 23번 문제의 오답이 더 많았다. 내용영역에서 문장제의 오답 수가 많은 것은 이미 잘 알려진 사실이다. 같은 문제를 수 계산 식으로 주고 답을 구하라는 것과, 말로 풀어 쓴 후에 답을 구하는 문제에서의 차이는 매우 크다. 이것은 학습자들의 문제 이해 능력에 따라 내용교과의 성취 결과가 달라진다는 것을 의미한다. 따라서 내용 학습과 관련된 문제 요인을 학생과 교사 그리고 교과서 요인으로 구분하여 논의할 필요가 있다.

❶ 학생 과제

내용 학습문제 학생을 대상으로 한 설문 조사를 보면 대부분의 학생들은 글로 표현된 문제를 해결하는 데에 어려움을 겪는다고 말하였다. 동일한 식과 계산 과정을 갖고 있는 문제이지만 그것을 수식으로 나타내어 문제를 해결하라는 것과 글로 풀어서 나타낸 문장제 둘 중에서 글로 표현된 것을 더욱 어려워하였다. 어쩌면 당연한 반응인지 모르나 수식을 단순하게 풀어서 쓴 것조차 어려워하는 경우가 많았다. 특히, 실생활과 관련된 문제를 구성하여 문장제를 제시하였을 때에 더욱 어려움을 느꼈다. 이것은 수학적 문제해결 과정이 수학적 사고력에만 의존한 것이 아니라 언어적 사고력을 동반하였을 때 더욱 유리하다는 것을 의미한다. Polya(1971)는 수학적 문제해결 과정에서 학습자가 수행하여야 할 능력은 수학적인 사고력 외에 언어 능력과 언어적 사고력이 수반되어야 함을 역설하였다. 이것은 언어사용이 단순히 의사소통 기능을 신장하는 것이 아니라 인간의 고등 정신 기능을 동반한 사고력의 확장과 수학적 문제해결력의 발달에 기여한다는 것을 의미한다. 따라서 학습자의 효과적인 내용 학습을 위해서는 내용영역 문식성(content area literacy, Bean, 2000 : 630)이 요구되며, 내용영역 문식성을 갖출 수 있는 전략이 구안되어야 한다.

진단평가 결과와 문항 분석, 그리고 해당 학습지의 면담을 통하여 학생들이 갖고 있는 내용 학습의 문제를 추출한 결과, 외형적으로 판단되는 결과는 주어진 문장제에 대한 이해 능력의 부족이다. 하지만 문장제 이해력의 부족을 가져온 진정한 원인은 내용영역 수업 시간 운영과 관련이 있다. 수학을 포함한 내용 학습 시간은 교사, 학생, 교과서의 상호작용으로 구성된다. 내용 학습 시간 중의 상호작용은 각 대상과의 언어사용이 대부분이다. 듣고, 말하고, 읽고, 쓰는 즉, 이해와 표현 활동을 통하여 내용영역의 지식과 정보를 습득한다. 이 과정에서 학습자는 내용영역의 지식과 정보를 습득

하게 되는데 이때 학습자가 봉착하게 되는 가장 중요한 문제는 교과 내용
의 핵심적인 용어에 대한 개념과 이해의 부족이다. 예를 들어 '약수와 배수'
단원의 학습을 생각하여 보자. 일반적인 학습자는 문제의 답을 숫자로 구하
는 기계적인 계산 과정에 치중한 나머지 해당 문제의 핵심 개념 이해를 소
홀히 하는 경우가 많다. 숫자에 의한 답을 얻을 수는 있을지 몰라도 문제를
해결하는 과정과 문제의 본질을 인식하지 못한다. 더욱이 해당 개념을 포함
하는 실생활의 문제를 접하게 되었을 때에는 해결 방법을 알지 못하는 것
은 물론 문제가 무엇인지 조차 인식하지 못하게 된다. 즉, 학습자들이 시험
지의 문장제를 해결하지 못하는 것은 단순히 그 문제의 본질이 무엇인지
이해하지 못하는 것이며, 그 문제를 이해하지 못하게 된 배경에는 내용 학
습 시간의 교수·학습 활동에 문제가 있었다는 것을 의미한다. 내용영역과
관련된 지식과 정보를 인식하기 위해서는 핵심적인 용어의 개념을 정확하
게 인지하여야 하며, 개념의 인지를 위해서는 국어과의 언어 사용 능력 신
장을 위한 학습 전략이 수행되어야 한다.

❷ 교사 과제

　내용영역 시간의 교사는 내용 학습과 관련된 지식과 정보를 제공하기 위
하여 다양한 교수·학습 자료와 방법, 전략 등을 동원한다. 하나의 개념을
설명하기 위하여 실생활의 사례를 들기도 하고 미디어 매체나 인터넷을 동
원하여 간접 체험을 제공하기도 한다. 학생은 교사가 제공하는 다양한 교
수·학습 자료를 통하여 해당 교과의 지식과 정보를 받아들인다. 그러나 이
러한 지식과 정보를 둘러 싼 언어적인 요인들에 대해서는 소홀히 다루는
경우가 많다. 실제로 수학, 과학, 사회 등의 내용교과 시간에 다루어지는 지
식과 정보들은 지식에 대한 경험이나 자료에 의하여 인지되기도 하지만 이
와 반대로 내용교과와 관련된 용어의 개념에 대한 이해의 부족으로 인하여
인지되지 않는 것이 더 많아 보인다. 지식과 정보를 둘러 싼 현상들에 대한

체험과 경험은 언어에 대한 이해를 기반으로 한다. 교사와 교과서 그리고 다양한 교수·학습 자료들과의 언어적 소통이 내용영역의 지식 및 정보 습득에 기여한다. 교사는 이러한 언어적 소통 상황에 적극적으로 개입하여야 한다. 일방적인 지시 전달이 아니라 언어적 지식과 정보의 개념에 대한 이해를 도모하여야 한다.

현장의 교사들이 체감하는 또 다른 문제는 교사 자신이 내용영역의 주요 개념에 대한 언어적 배경지식의 부족이다. '유리수', '무리수'가 무엇인지 수와 계산을 통하여 보여줄 수는 있지만 그 용어가 갖고 있는 개념적 지식과 그것은 학생들의 수준에 맞게 설명할 수 있는 언어 사용 능력이 부족하다는 것이다. 교사용 지도서와 각종 참고서 등에는 교과서의 내용을 보충하는 수준이며, 사실적 지식의 나열 등이 대부분이다. 내용영역의 특성상 언어적 활동보다는 경험적 활동에 비중을 많이 두기 때문에 용어의 개념적 지식을 얻을 수 있는 경로가 제한되어 있다는 것이다. 그러다 보니 교사들은 학생들이 이해하지 못하는 내용영역의 개념적 지식에 대하여 자신 있게 설명할 수 있는 입장이 되지 못한다. 이러한 교사들의 입장─이것은 교사들의 능력 부재라기보다는 내용영역 학습 활동의 특성으로 인한 결과이다. 굳이 전문적인 용어의 개념적 지식을 설명하지 않고서도, 사실에 대한 암기 또는 경험으로 지도가 가능하기 때문이다.─은 고스란히 학습자들에게 전이되기 마련이다.

많은 교사들이 내용영역의 핵심 개념을 언어적 교수법으로 학습하는 것이 얼마나 효과적인지에 대한 확신을 갖고 있지는 않지만, 학습자들이 내용영역 학습문제 풀이의 어려움을 겪는 이유는 분명하게 핵심 용어의 개념에 대한 언어적 이해와 표현 능력의 부재를 들고 있다. 이 말은 결국 교사의 내용 학습 관련 언어 이해와 표현 능력의 부재는 학생들에게 고스란히 영향을 미치게 되어 내용영역의 지식과 정보가 올바르게 전달되지 않는다는 것을 반증하는 것이다. 능숙한 교사일수록 이러한 문제를 해결하는 방법을 알고 있으며, 내용영역의 지식과 정보를 학습자들이 잘 습득할 수 있는 언어 사용 능력을 갖추고 있다.

❸ 교과서 과제

교과서는 교육과정 실행의 제1차 교재이다. 최근에는 교육과정 실행과 관련된 다양한 자료들이 나오고 있으나 여전히 교과서는 그것들의 중심에 있다. 교과서는 교사와 학생 양쪽이 사용하는 자료이기 때문에 교사와 학생이 교과서에 거는 기대는 서로 다르다. 즉, 학생들은 교과서가 이해하기 쉬운 정보, 특정 주제에 대한 요약된 정보, 시험과 직접적으로 관련된 정보를 제공해 주기를 기대하고, 교사는 교과서가 새로운 내용, 수업 방식에 대한 새로운 아이디어, 최신의 자료 목록, 특정 주제에 대한 요약된 정보를 제공해 주기를 기대한다(Marsh, 1992 : 61, 정혜승, 2006 : 387 재인용). 그만큼 교과서는 교사와 학생의 기대를 충족할 수 있는 지식과 정보를 담고 있어야 하며, 해당 교과와 관련된 다른 교과와의 충돌이 없어야 한다. 그러나 내용영역의 교수·학습 활동이 교과서와 관련된 다양한 활동을 제공해야 한다는 주장(정혜승, 2006 : 383) 속에서 언어적 활동의 중요성을 간과하고 있으며, 그로 인하여 내용영역의 지식이나 정보와 관련된 핵심 용어의 개념 정의와 그에 대한 설명의 부족을 초래하는 것이 아닌가 하는 우려를 낳게 한다.

내용 학습 교과서는 학습자의 읽기 능력을 최대한 발휘하였을 때보다 나은 양질의 지식과 정보를 습득할 수 있다. 어떤 면에서 교과서의 내용은 학습자의 읽기 능력에 전적으로 의존한다고 보아도 무리가 아니다. 실제로 내용영역의 지식과 정보를 습득하기 위한 관련 자료들은 거의가 읽기 자료이다. 시청각 자료를 동원하여 학습자의 흥미를 자극하거나 간접 체험을 통하여 관련 내용을 효과적으로 이해하는 데에 도움을 주기는 하지만 그것들이 학습 내용을 이해하고 활용하는 데에 전적으로 작용하지는 않는다. 따라서 교과서의 내용을 잘 읽고 이해하는 능력을 갖추는 것이야말로 내용 학습의 지름길이요 내용 학습 관련 문제에 대한 해결의 열쇠이다. 내용영역의 지식과 정보를 습득하는 데에 가장 핵심적인 역할을 하는 읽기 능력 향상과 내용영역 지식 및 정보의 효과적 습득을 가능하게 하는 내용영역 읽기 전략을 구안하여야 한다. 내용영역 읽기 전략은 국어 시간을 통하여 적용되어야 할 것이다. 기존의 읽기 전략과 구분되는 내용영역 읽기 전략의 구안과 적용은 내용영역 지도 교사는 물론 내용영역 학습자들의 지식과 정보 습득에 유익하게 작용할 것이다.

4) 내용영역 읽기의 교수·학습 요소

교사들은 가끔 자신이 지도한 내용을 학생들이 정말로 이해하고 있는가에 대하여 회의를 갖는다. 5학년 2학기 과학 '2. 용액의 성질' 시간이다. 학생들은 교과서 17쪽의 '푸른 리트머스 종이의 색깔을 붉게 변화시키고, 페놀프탈레인 용액을 넣었을 때 색깔이 변하지 않는 용액은 산성 용액입니다.'라는 내용을 학습한다. 산성 용액을 이해하기 위하여 여러 가지 실험과 경험을 통한 학습을 한다. 그런데 산성 용액을 학습하기 위하여 동원되는 학습자의 능력은 질적, 양적으로 적지 않을 뿐 아니라 다양하고 복잡한 양상을 보인다. 실험 경험을 통하여 산성 용액이 성질이나 용도 등을 학습할 때에 푸른 리트머스 종이, 페놀프탈레인 용액이 무엇인지 알고 있어야 한다. 과학적 어휘에 대한 사전적인 지식뿐 아니라 그 어휘가 갖고 있는 개념적 지식을 바탕으로 푸른 리트머스의 색깔이 변하는 이유와 페놀프탈레인 용액의 색이 변하지 않는 이유에 대한 스키마를 갖고 있어야 한다.

학습 내용으로 주어진 문장 속에는 학습자가 이해하여야 할 어휘와 개념 그리고 스키마가 복합적으로 작용하여 학습자의 이해를 돕는다. 과학적인 용어에 대한 어휘력을 바탕으로 각각의 어휘가 갖고 있는 개념 및 그 개념을 활용할 수 있는 스키마가 통합적으로 작동하였을 때 학습자는 성공적인 내용영역의 학습을 수행하였다고 볼 수 있다. 여기서는 내용영역의 학습 활동에 요구되는 어휘, 개념, 스키마가 내용영역의 읽기에 어떻게 작용하는지 살펴보기로 한다.

(1) 어휘

어휘를 말할 때에 단어를 배제할 수 없다. 그러나 단어가 어휘를 모두 설명할 수는 없다. 어휘는 의미 있는 단어와 단어들의 유기적 결속을 통하여 의미를 구성한다. 일반적인 어휘의 발달은 자연적인 언어 사용과 성장에 따라 비례한다. 그렇지만 다양한 언어 사용 맥락을 통한 지도와 읽기를 통하여 어휘력을 향상시킬 수 있다. 학생들은 주어진 맥락에서 단어의 의미를 구성하고, 의미의 구성에 관한 정보를 산출한다(Nagy & Scott, 2000 : 277). 단어의 의미에 관한 정보를 산출한다는 것은 단어의 개념에 대한 정보를 통하여, 읽기, 쓰기, 문법 등의 다양한 언어영역에 유용하게 활용하며, 개념적 지식을 습득하는 데에도 유용하게 활용된다(Nagy & Scott, 2000 : 271). 내용영역에서의 어휘의 중요성은 어휘의 의미를 파악하는 과정을 통하여 필요한 개념을 얻을 수 있다는 것이다.

❶ 어휘의 발달

학생은 학습 활동을 통하여 어휘력을 증진시킨다. 어휘는 단어를 기본 단위로 한다. 평범한 학습자의 경우 거의 모든 어휘 습득과 발달은 자연적인 성장과 궤를 같이 한다. 즉, 정상적인 교육을 수행하는 동안 학습 내용에 동원된 말과 글은 학습자의 어휘 발달에 가장 큰 영향을 준다. 연구에 의하면 학생들은 3학년에서 12학년까지 자신의 읽기 활동을 통하여 매년 3,000단어 정도를 습득한다. 중등교육을 마칠 때 즈음이면 학습자의 평균 습득 어휘량은 40,000단어 또는 그 이상에 달한다고 한다(Glover, Ronning & Bruning, 1990 : 195).

학습 활동 중의 학습자의 언어 사용에서 어휘가 차지하는 비중은 매우 중요하다. 언어의 사용은 어휘의 조직적인 산출로 인하여 세련되고 정교하게 다듬어진다. 세련되고 정교한 어휘의 산출이 가능한 학습자들은 그렇지 않은 학습자들에 비하여 학습 내용을 효과적일 뿐 아니라 경제적으로 이해한다. 어휘는 수많은 개념들에 대한 의미를 담고 있으며, 많은 어휘들은 개념과 맥을 같이하기 때문에 지식 구성 성분인 개념에 대한 이해를 위해서 어휘의 발달은 학습 능력 향상을 위한 필수 교육 내용이다. 이러한 이유로 교육학자와 인지심리학자들은 학습자들의 어휘 발달에 관하여 많은 연구를 해왔다. 또한 어휘의 발달이 학습자들이 학업 성취도를 높이는 것뿐만 아니라 메타 인지 작동에도 중요한 역할을 한다고 생각하고 있다.

❷ 어휘와 내용영역의 읽기

오랜 기간 동안 교육심리학자들은 어휘력과 읽기의 관계에 대하여 연구하였다. 그 결과 어휘와 읽기는 서로 관련이 있다는 것을 밝혀내었다. 어휘와 읽기의 관련성에 대한 가설은 '언어적성 가설', '지식 가설', '도구적 가설'이다(Anderson & Freebody, 1981, 1983, Glover, Ronning & Bruning, 1990 : 199~200). 여기에서 내용영역의 읽기 학습과 관련하여 '지식 가설'과 '도구적 가설'에 주목할 필요가 있다. 내용영역의 지식과 정보를 습득하기 위하여 개념중심 읽기의 전략과 방법을 수행할 때에 학습자들에게 요구되는 기본적인 학습 요소가 무엇인가에 대한 것이다. 학습자들은 내용영역의 읽기를 통하여 자신에게 주어진 문제를 해결하기 위한 지식과 정보를 얻으려고 노력한다. 이때 지식을 구성하는 개념들은 어휘로 구성되어 있으며, 내용영역의 핵심적인 어휘들을 이해한다는 것은 개념을 이해할 수 있다는 것과 같다. 또한 개념을 이해함으로써 문제를 해결하는 데에 필요한 지식과 정보를 습득할 수 있게 된다. 지식 가설은 어휘가 지식을 습득하는 데에 결정적인 역할을 한다는 것이다. 어떤 낱말에 대하여 사전적 의미뿐 아니라 맥락 속에서 어떤 역할을 하는지 알고 있다는 것은 해당 텍스트의 내용을 파악할 수 있다는 것을 의미한다. 낱말에 대한 정보를 갖고 있고, 글의 내용을 파악함으로써 필요한 것들을 수집하고 분류하며, 범주화할 수 있다. 이러한 어휘 지식은 결국 개념 지식의 습득으로 이어진다.

어휘에 대한 광범위한 지식은 학습자의 스키마를 정교하게 세분화하고, 그러한 어휘 스키마는 개념의 습득에 효과적으로 작용한다. 만일 학습자가 새로 구입한 컴퓨터 프린터를 사용하려고 설명서를 읽는다고 하자. 그는 '자간', '서체' 등의 구체적 단어로 프린터의 사용법을 익히는 것이 아니라 과거의 다른 프린터 사용 경험을 통하여 '자간', '서체' 등의 의미를 이해한다. 단어에 대한 경험적 지식, 프린터와 관련된 배경지식이 많은 학생들은 당연히 새로 구입한 프린터 사용에 훨씬 더 능숙할 것이다. 이것은 단어의 사전적 의미를 아는 것보다 그 단어에 대한 배경지식을 습득하는 것이 훨씬 효과적이라는 근거이다.

도구적 가설은 말 그대로 어휘가 읽기 교육에 가장 중요한 도구적 역할을 한다는 것이다. 언어의 도구적 기능에 포함되어 있는 어휘의 도구적 기능은 읽기 학습에서 단어와 단어의 관계, 문맥 속에서의 단어의 역할과 의미, 단어의 의미 파악을 통한 개념의 형성, 단어의 의미 구성을 통하여 텍스트의 내용을 파악하는 등의 읽기 기능 전반의 기초가 된다. 어휘의 도구적 가설로 인하여 학습자들에게 어휘 중심의 읽기 교육을 강조하였던 전통적인 읽기 지도 방식이 학습자의 구성적 창의성을 감소시킨다는 우려를 나타낸 것은 사실이다. 맥락에 따라 학습자들에게 요구되는 어휘와 어휘로 인한 구성적 창의력의 제한은 불가분의 관계에 있다. 어휘에 집중하는 자료중심 읽기 방식이 상상력과 창의력을 요구하는 글 읽기에서는 좋지 않은 영향을 줄 것이다. 그렇지만 객관적인 사실과 정보로 구성된 개념의 습득과 개념의 습득을 통한 문제해결적 읽기 맥락에서는 학습자의 어휘력이 막강한 영향을 준다. 이 점을 잊지 말아야 한다.

어휘는 의미 있는 단어들의 또 다른 의미 집합이다. 단어의 뜻을 안다고 할 때에 학습자는 단어의 사전적 의미, 문장의 의미를 구성하는 단위, 단어의 기원, 단어가 가장 적절하게 사용될 수 있는 맥락 등에 관하여 알고 있다는 것을 의미하며, 그 수준은 다양하다. 학생이 단어를 알고 있다는 것은 단어에 관하여 모든 것을 다 알고 있거나, 단 한 가지도 모른다는 것이 아니다. 하나의 단어는 조건과 상황 또는 사용 맥락에 따라 여러 가지 의미를 갖고 있기 때문에 학습자의 자신의 사용 의도와 목적에 따라 알고 있는 것을 추출하여 의미를 해석한다.

어휘 지도와 관련하여 정의적 어휘 지식과 맥락적 어휘 지식을 구분하여 지도하는 것이 효과적이라는 것을 알 수 있다. 우리가 '어휘를 안다고 하는 것'을 고려할 때에 먼저 정의적 지식을 떠올릴 수 있다. 정의적 지식은 사전적 정의를 근거로 한다. '푸른 리트머스 종이의 색깔을 붉게 변화시키고,'라는 말 자체가 하나의 어휘이기도 하지만 여기에는 '푸르다', '리트머스', '종이', '색깔', '붉다', '변화' 등의 단어들이 유기적으로 연합하여 의미를 형성한다. 어휘를 형성하는 각각의 단어들은 서로 관계를 갖고 있으며, 사전적인 정의를 내포한다. 각각의 단어가 갖고 있는 사전적 의미를 정의하여 다른 단어와의 의미 연결망을 유지한다.

어휘들은 의미 있는 단어들의 집합이다. 간혹 어휘를 개별적인 단위로 보고 하나의 어휘가 개별적인 의미를 갖고 있는 독립적 개체로 생각하는 경우가 있다. 물론 어휘는 그 자체로 의미를 갖고 있지만 사실은 어휘를 구성하는 각각의 단어들이 갖고 있는 사전적 의미로서의 의미라기보다는 그것을 훨씬 넘어서는 사회적 소통 맥락의 의미를 생각하여야 한다. 그래서 어휘는 각각의 낱말들이 유기적으로 결합하여 하나의 독립적의 의미를 갖고 있는 개별 단위가 아니라 시간적, 공간적, 문법적 단서를 포함하는 스키마와 유사한 구조로 이해하는 것이 좋다.

어휘 지도는 두 가지 측면에서 생각해 볼 수 있다. 첫째, 어휘는 언어를

효과적으로 사용하는 데 필수적이다. 대부분의 연구에서, 어휘에 대한 지식
은 독해에 직접적인 영향을 끼치는 것으로 나타났다. 어휘를 제대로 알고
있지 못하면 읽기나 쓰기, 말하기, 듣기를 원활히 수행할 수 없다. 둘째, 어
휘는 그 자체가 하나의 개념으로 개인의 인지나 사고 능력을 구성하는 핵
심 요소라고 생각한다. 이는 인지심리학의 관점에 따른 것으로, 어떤 지식
을 얻는 것은 기존의 지식에 새로운 지식을 접목시키는 과정으로 설명된다.
그러므로 어휘력을 확충하는 것은 곧 개인의 인지적 능력을 확장하는 것으
로 이해하며, 어휘력이 사고력과 밀접한 관련이 있다는 것을 보여준다. 어
휘 지도의 일반적 방법은 도구적 관점, 인지적 관점에서 생각해 볼 수 있다.

가) 도구적 관점에서의 어휘 지도

어휘를 읽기나 말하기 등의 언어 기능을 효과적으로 사용하는 데 필요한
도구로 보는 관점으로 사전 활용을 통한 지도 방법과 문맥 유추를 통한 지
도 방법을 동원할 수 있다. 사전 찾기를 통한 지도 방법은 낱말의 기본적인
의미를 정확하게 이해하고 하고, 어휘의 양을 늘리는 데에 유용하며, 학년
과 단원에 거의 상관없이 수월하게 활용할 수 있다. 그러나 습득한 낱말 낱
말을 어떤 상황과 맥락에서 사용하여야 하는지에 대한 경험적 활용과는 거
리가 멀다. 또한 단어 사용의 양적인 팽창과 정의적이고 명시적인 의미를
아는 데에 효과적이지만 실제 의사소통 상황에서 사용하는 데에는 덜 효과
적이다.

맥락 중심 어휘 지도 방법은 실제 언어 사용 상황에서 쓰이는 단어의 의
미에 초점을 둔다. 말과 글이 사용되는 상황에서 각각의 단어들이 어떻게
유기적인 관련을 맺고 있으며, 그 맥락 속에서 어휘는 어떻게 의미를 발생
하는지에 대하여 알아보는 것이다. 실제 언어 사용 상황에서 지도하는 어휘
지도이기 때문에 학습자들이 새로운 맥락으로 어휘의 의미를 전이하여 적
용할 수 있다는 장점이 있다. 그러나 수많은 어휘들이 각각의 사용 맥락에

따라 의미를 달리하기 때문에 전문적이고 학술적인 단어 또는 어휘의 지도에는 사전 찾기와 병행하여 지도하는 것이 좋다.

나) 인지적 관점에서의 어휘 지도

어휘는 의미를 갖고 있으며, 어휘가 갖고 있는 의미는 하나의 개념을 형성한다. 인지적은 능력을 구성하는 개념으로서의 어휘는 각각의 낱말이 상호 유기적으로 연합하여 학습 활동의 사고로 작용할 뿐 아니라 학습 능력을 향상시키는 요인이기도 하다. 인지적 관점에서의 어휘 지도 방법으로는 '의미 지도 그리기', '의미 구조도 그리기', '의미 자질 분석법' 등이 있다. 의미 지도 그리기는 하나의 주체를 중심으로 이와 관련되는 어휘나 사실을 열거하고 범주화하는 것으로, 어휘들 간의 관련성을 통하여 각 어휘의 뜻을 파악하게 한다. 어휘들 사이의 관련성을 비교하고 검토하는 것은 곧 자신의 사전 지식을 이끌어내어 새로운 개념적 지식을 형성하게 하는 것이다. 그러나 낱말의 뜻을 명시적으로 제시하는 데 미흡하고 경험이나 어휘력, 지적 능력이 부족한 학생에게는 부적합하다.

의미 구조도 그리기는 지도 대상이 되는 낱말과 다른 낱말과의 개념상의 차이점과 유사점을 도식화하여 그 어휘의 의미와 용법을 인식시키는 방법이다. 도식화하는 방법은 지도하려는 낱말에 따라 동일 범주, 위계 구조, 순차 구조 등에 의한다. 목적이나 방법은 의미 지도 그리기와 유사하지만, '구조적'으로 제시한다는 점에서 차이가 있다. 이 방법은 낱말의 의미와 용법을 깊이 있고 정확하게 알게 하는 데 유용하다. 또한 한 번에 여러 낱말을 접할 수 있고, 개념상의 차이점과 유사점을 인식시키는 데 효과적이다. 낱말들 사이의 계층적 구조와 위계에 대해서도 쉽게 이해할 수 있고, 어휘력과 더불어 문제해결력이나 종합력 등의 사고력을 기를 수 있다. 그러나 단어의 기본적인 의미를 명시적으로 제시하는 데 미흡하고, 기준에 따라 범주화하는 것이 쉽지 않기 때문에 어느 정도 지적 능력이 있는 학생들에게만 제한적으로 적용된다는 단점이 있다.

의미와 자실 또는 성분을 제시한 후, 여기에 낱말들을 제시하여 이 의미 자질과 관련이 있는지 없는지를 분별하는 과정에서 그 낱말들의 의미를 파악하는 방법이다. 따라서 낱말의 의미와 개념을 파악하게 하는 데 유용하고 특히 낱말과의 관련성과 차이점을 인식하게 하는 데 효과적이다. 또한 상위어와 하위어, 반대어와 유사어 등을 쉽게 파악하게 할 수 있다. 그러나 복잡한 의미를 가진 낱말들일 경우 전문적인 기술이 필요하다.

(2) 개념

개념은 지식의 유목과 분류, 그리고 그들 사이의 관계에 대한 지식 — 보다 복잡하고 조직화된 지식 형태 — 을 포함하고 있다. 개념은 스키마, 정신 모형, 또는 인지심리학 모형의 내면적, 외연적 이론을 포함하고 있다. 스키마, 모형, 이론 등은 특정한 교과 내용이 어떻게 조직되고 구성되는가, 어떻게 정보의 조각들이 연결되고 더욱더 체계적인 방법으로 관련을 맺으며, 어떻게 함께 기능하는가에 대한 지식을 나타낸다. 예를 들어 왜 계절이 나타나는가에 대한 정신모형은 지구, 태양, 지구가 태양을 도는 공전, 지구의 기울어짐에 대한 생각들을 포함한다. 계절 변화에 대해 지구와 태양이 계절의 변화와 관련을 맺는가에 대한 관계에 대해 아는 것이 중요하다. 이와 같은 개념적 지식은 '학문적 지식'의 한 측면이 될 수도 있으며, 학문 분야의 전문가가 현장에 대해 사고하는 방식 — 이럴 경우 계절 변화에 대한 과학적 설명 — 이 될 수도 있다.

❶ 개념의 본질과 기능

개념에 관한 생각은 사고와 행동을 이해하는 데에 필수적이다(Edward E. Smith, 1988 : 22). 개념은 지식이다. 지식은 개념으로 구성되어 있다. 개념은 인간이 인지하는 모든 사고와 행동을 부분적인 단위로 구분하여 기억하고

산출할 수 있게 하는 장치이기도 하다. 개념은 학습의 필수 요소이며, 내용
영역 학습에서의 개념은 내용영역 텍스트의 모든 지식과 정보를 포함한다.
개념이 없는 학습을 생각하기가 어렵듯이, 개념이 없는 의사소통과 추론을
생각하기도 힘들다. 개념은 세상을 어떤 유목들로 분할하는 방식을 나타내
며, 우리가 배우고, 소통하고, 추론하는 것들 중 많은 부분이 이러한 유목들
간의 관계를 포함한다.

　개념은 유목에 대한 심적 표상이다. 유목에 대한 심적 표상으로서의 개
념 기능은 '인지적 효용의 향상', '주어진 정보 이상의 추론', '복합 개념과
복합 사고의 형성'이다. 첫 번째, 개념의 가장 중요한 기능은 인지적 효용의
향상이다. 세상을 유목들로 분할함으로써, 지각하고, 학습하고, 기억하고,
소통하고, 추론할 정보의 양을 줄일 수 있다. 만일 개념이 없다면 각 개체
를 그 고유의 이름으로 불러야 하므로, 만일 우리가 어떤 동일한 유형의 물
건을 생각할 때에는 그 동일한 물건에 대하여 개별적인 이름이나 번호를
명명 표지해야 할 것이다. 이런 식으로 세상의 모든 사물에 대한 개념이 없
다면 우리의 두뇌의 저장고는 감당할 수 없을 정도로 혼란스러워질 것이며,
지금과 같은 의사소통 상황을 기대할 수조차 없을 것이다.

　개념의 두 번째 기능은 '주어진 정보 이상의 추론' 기능이다. 한 대상, 즉
사자와 마주칠 때 사람들은 그 외모에 관해서만 직접 지식을 갖고 있다. 그
외모 이상으로 사자는 물어뜯기도 하고 심한 상처를 입힌다는 등등의 다른
지식을 생각해내는 것은 매우 중요하다. 개념들은 지각적 정보와 비지각적
정보를 연결하는 수단이다. 사람들은 앞에 있는 피조물에 대한 지각적 서술
을 사용하여, 사자라는 개념에 접근하고 사자에 대한 비지각적 신념들을 사
용하여 행동, 즉 도망치기를 지시한다. 따라서 개념은 재인 장치이기도 하
고 지식 저장고에 들어가기 위한 출입구이기도 하며, 행위의 안내에 쓸 수
있는 기대도 제공한다.

　세 번째 개념의 기능은 '복합 개념과 복합 사고의 형성' 기능이다. 사자

와 공포는 두 개의 단순 개념들이다. 여기에 수컷 그리고 죽음이라는 새로
운 개념을 적용할 수도 있다. 그렇게 되면 '수컷 사자는 죽음의 공포이다.'
라는 의미가 새롭게 형성되며, '수컷 사자'의 복합 개념과 '죽음의 공포'가
연합하여 복합적인 사고를 형성한다.

❷ 개념의 형성

개념의 형성은 지식의 형성과 맥을 같이 한다. 지식은 개념의 일부이며,
개념 또한 지식을 구성하는 중요한 부분이다. 개념이 지식의 부분이라고 하
였을 때, 지식은 수많은 개념들의 집합으로 구성되어 있다. 내용영역의 학
습에서 개념이 중요한 요소로 작용하는 것은 개념을 통하여 내용영역의 지
식을 습득할 수 있기 때문이다. 내용영역의 지식과 정보는 개념과 개념들의
지식 덩어리이다. 지식의 덩어리는 작은 개념들과 작은 개념들이 모인 또
다른 개념의 집합으로 구성된 것이다. 개념은 단어, 어휘, 문장에 속해있으
며, 그것이 내용영역 텍스트를 구성하여 지식의 덩어리를 형성한다. 따라서
개념을 형성시키는 것은 지식을 형성하는 것과 맥을 같이 한다. 내용영역의
학습 요소로서의 개념이 학습 능력을 지칭할 때에 '개념이 잘 발달되어 있
다.'라고 말할 수 있는 이유이다.

X라는 개념을 가지고 있다는 것은 X에 속한 범례들의 특성에 관해 무엇
인가를 알고 있음을 뜻한다(Smith, 1988 : 24). 개념중심 읽기를 통한 내용 학습
의 읽기 지도에서 개념이 중요한 이유는 개념중심으로 읽기를 수행하였을
때 내용영역의 지식을 효과적으로 습득할 수 있다는 것이며, 단순히 기억으
로서의 지식 습득이 아니라 내용영역의 지식 범주에 속한 범례들과 그 특
성에 대하여 알게 한다는 데에 초점이 있다.

개념중심 읽기의 중요한 의미는 내용영역의 지식을 습득하기 위하여 내
용영역 텍스트의 중요한 정보들을 범주화할 수 있는 능력을 갖추게 한다는
것이다. 범주화를 통한 개념의 형성은 학습자들이 내용영역의 텍스트 읽기

를 통하여 정보를 수집하려고 할 때에 복잡한 정보들을 효과적으로 정리할 수 있게 한다. 우리가 지식을 조직하는 방법 중의 하나는 범주와 범주로 구성된 위계를 이용하는 것이다. 개념의 형성은 바로 이 범주와 범주로 구성된 위계의 활용 능력을 길러주는 것이기도 하다(Read, 2000 : 297). 범주는 환경의 복잡성 및 학습 능력의 성장에 기본적인 것이다. 일반적으로 학습 능력의 성장은 개념 발달의 성장이라고 할 수 있다. 이런 이유로 개념이 어떻게 형성되는지를 연구하는 것과 또 이 지식을 교실에서 사용하는 방법에 적용하는 것이 중요하다. 1970년대 중반에 이르기까지 개념의 획득과 사용에 대한 실험적 연구는 모든 개념은 정의 속성의 집합으로 규정된다는 가정 하에서, 새로운 개념의 획득이 아니라, 단지 새로운 범주 이름을 획득하는 과정에 관심을 기울여 왔다고 주장하고 있다. 다시 말하면, '개념의 모든 사례들은 공통 속성을 공유하며, 이 속성들은 개별적으로는 범주의 사례가 되기 위한 필요조건이며, 전체적으로는 충분조건이 된다는 것이다.

고전적 견해에 따르면, 대상들에 대해서 개념을 획득한다는 것은 서로 다른 대상들을 하나의 유목으로 묶어 그 사례들을 유사한 방식으로 다룬다는 것을 의미한다. 따라서 개념 형성에 대한 연구는 반드시 추상화 활동과 일반화 활동을 고려해야만 한다. 학생이 몇 가지 다른 상황 또는 대상에서 공통적인 감가저 또는 지가저 속성을 관찰할 때, ㄱ 학생은 전체 상황으로부터 그 속성을 추상하고 있는 것이다. 추상화는 대상을 분류하는 데 있어서 주요한 역할을 한다. 어떤 대상을 주어진 유목에 포함시킬 것인가 말 것인가에 대한 준거로써 공통 성질이 선택된다. 그 다음에 각 항목을 조사하여 그 그룹에 포함시킬지 말지를 알아본다. 일반화는 개념 학습에 사용되는 또 다른 과정이다. 일반화는, 대상 또는 상황의 유목으로부터 추상화되었던 세세한 것들이 관련 대상 또는 상황 전체에 반응하는 데 이용된다는 것을 의미한다. 따라서 피타고라스의 정리를 이해한 학생은 직각삼각형의 두 변과 빗변에 작도한 모든 정사각형에 공통 성질을 추상한 것이다. 그러나 이 성질을 다른 상황 전체에 비슷하게 반응하는데 사용될 수 있다.

일부 연구자들은 성인과 아동의 개념 형성 과정이 다르다고 지적한다. 아동의 개념 형성 과정은 '지각 → 추상화 → 일반화'라는 순서를 따르지만 성인의 경우는 반드시 이 순서를 따르는 것은 아니라는 것이다. 새로운 개념을 학습할 때 성인의 경우에는 단어에 정확한 정의가 부여된다면 그것들과 실세계와의 관련을 필요로 하지 않는 경우도 있지만, 아동의 경우에는 적당한 감각 경험을 제시해주는 것이 필요하고, 특히 추상적인 내용영역 학습에 있어서는 이러한 배려가 중요하다. 개념중심 읽기 학습의 요소로 개념이 중요한 역할을 하는 이유가 바로 여기에 있다. 성인의 개념 형성은 일정한 과정이 없이 형성되는 것이 아니라 이미 오랜 기간 개념의 습득 과정을 이행하였기 때문에 자동화되었다고 보아야 한다. 그러나 어린 학습자들의 경우에는 개념 습득의 과정이 보다 체계적으로 수행되어야 한다. 지각의 단계에서 추상화 그리고 일반화로 나아가는 개념의 형성 과정은 읽기 학습에서 매우 극명하게 드러난다. 개념중심 읽기 과정에서 학습자들은 내용영역의 개념을 습득하기 위하여 질문, 탐색, 적용, 소통의 과정을 거친다. 각각의 과정에서 학습자들은 다양한 전략과 방법을 동원하여 개념중심 읽기를 수행한다. 내용영역의 개념을 형성하기 위하여 개념중심 읽기 과정에 의한 전략과 방법의 실행은 바로 학습자들이 지각에서 일반화에 이르기까지를 체계화한 것이다.

❸ 개념과 내용영역의 읽기

읽기 과정에서 학습자의 이해를 돕기 위한 개념은 '분류와 유목', '원리와 일반화', '이론, 모형, 구조' 등이다. '분류와 유목'은 각 교과에서 사용되는 구체적인 유목과 분류, 구분, 배열을 포함하는 것이다. 지식의 이러한 형태는 전문용어나 구체적인 사실들보다는 더욱더 일반적이고 추상적이다. 각 교과내용은 새로운 요소들을 발견하는 데 쓰일 일련의 유목을 갖고 있다. 분류와 유목은 전문용어나 구체적인 사실들과는 다르다. 즉 그들은 구체적인 요소들을 관련짓는 연결점을 만드는 것이다. '분류와 유목'은 학문에서 전문적인 지식을 개발하는 중요한 측면이다. 적절한 유목으로 정보와 경험을 타당하게 분류하는 것은 학습과 발달의 전형적인 표시이다. 더욱이 개념적 변화와 이해에 관한 최근의 인지적 연구에 따르면, 학생들이 정보를 부적절한 유목으로 잘못 분류하여 학습에 제약을 받을 수도 있다(Anderson & Krathwohl, 2001 : 41~42).

몇 가지 이유로 인하여 학생들은 사실적 지식보다 분류와 유목의 지식을 학습하는 것이 더 어렵다고 생각하는 경향이 있다. 그 이유는 첫째, 학생들이 직면하는 상당수의 분류와 유목은 비교적 자의적이며, 자신의 연구에서 그것들의 가치를 인식할 수 있는 전문가들에게만 의미가 있는 극히 인위적인 지식 유형이라는 것이다. 둘째, 학생들은 그 분야의 전문가들이 기대하는 수준까지의 정확성을 지닌 교과내용 분류 및 유목 체계를 알지 않고서도 얼마든지 일상생활을 영위할 수가 있다. 셋째, 분류와 유목에 관한 지식은 학생들에게 구체적인 내용 요소(즉, 전문용어나 사실) 간에 연관을 짓도록 요구한다. 마지막으로, 분류와 유목이 더 큰 분류와 유목을 만들기 위하여 서로 결합하게 되면 학습 자체가 더욱 추상화된다. 그럼에도 불구하고 학생은 유목과 분류에 대해 알고 있어야 하며, 그것들이 언제 교과내용을 적절하고도 유용하게 다루게 되는지를 알아야 한다. 학생들이 특정 학문의 교과와 어떻게 도구를 사용하는지에 관하여 학습하기 시작함으로써 그러한 분류와 유목의 가치는 분명해진다.

'원리와 일반화'는 전문적인 내용영역에서 두드러지는 경향이 있으며, 그 영역의 현상을 연구하거나 문제를 해결하는 데 사용된다. 교과내용의 전문적 지식을 습득했다는 증거 중 하나는 의미 있는 패턴을 이해할 수 있다는 것이고, 적은 노력으로 원리나 일반통칙을 잘 활용할 수 있다는 것이다. '원리와 일반화' 개념은 현상에 대한 관찰 결과를 개관하는 추상적 개념에 대한 지식을 포함하고 있다. 그러한 추상성은 가장 적절한 조치나 방향을 기술하고 예언하고 설명하고 결정하는 데 큰 가치가 있다. 원리와 일반화는 많은 구체적인 사실들과 사태들을 결합하고 구체적인 사실들 간의 과정과 내적 관련성을 설명한다. 나아가 분류와 유목들 간의 과정과 내적 관련성도 설명한다. 이런 방식으로, 원리와 일반화는 전체를 경제적이고 통합성 있게 조직할 수 있도록 한다.

원리와 일반화는 광범위한 관념일 수 있다. 그래서 학생들이 이해하는 데 어려울 수 있다. 왜냐하면, 학생들은 자신이 요약하고 조작하려는 현상에 대해 충분히 친숙하지 않을 수도 있기 때문이다. 그렇지만 만약 학생들이 원리나 일반화를 알고자 원한다면 그들은 다량의 교과를 조직하고 관련짓기 위한 수단을 갖게 된다. 그 결과로서, 그들은 교과에 대한 기억이나 암기는 물론이고 교과내용에 대해 더 높은 통찰력을 지녀야 한다.

'이론, 모형, 구조' 개념은 복잡한 현상과 문제, 교과에 대해서 분명하고 체계적인 관점으로 상호연관성을 파악하는 원리와 일반화의 지식이다. 이는 가장 추상적인 공식화이다. 그들은 상당량의 구체적 사실, 분류와 유목, 원리와 일반화의 조직 및 상호관련성을 보여 줄 수 있다. 하위 영역으로서의 '이론, 모형, 구조'에 대한 개념은 각 학문이 현상을 기술하고, 이해하고, 설명하고, 예언하는 데 사용하는 패러다임, 인식론, 이론 등에 관한 지식을 포함하고 있다. 학문은 탐구 활동을 구조화하는데 서로 다른 패러다임과 인식론을 가지고 있어서, 학생들은 교과와 교과 내 연구 영역을 개념화하고 조직화하는 다양한 방식들을 알아야 한다. 예를 들며, 생물학에서 진화이론의 지식과 각기 다른 생물적 현상을 설명하는데 진화론적 용어를 활용하여 어떻게 생각할 것인지의 지식은 개념적 지식 유목에 속하는 것으로 이 하위 유형의 중요한 측면이다. 유사하게도 심리학에서 행동적, 인지적, 사회구성주의적 이론은 인간 행동에 대해 각기 다른 관점을 반영하고 각기 다른 인식론적 가정을 가지고 있다. 특정 학문의 전문가는 다른 학문의 이론,

모형, 구조와 상대적인 강, 약점을 잘 알고 있을 뿐만 아니라, 그를 통하여 '내부적' 혹은 '외부적' 관점에서 사고할 수 있는 능력이 있다.

(3) 스키마

글을 읽고 이해하는 데에 스키마가 정확하게 어떤 인지작용에 의하여 작동하는지를 과학적으로 규명하지는 못하고 있지만 분명한 것은 학습자들이 글을 이해하는 과정에서 자신이 기억하고 있는 유목화된 어휘, 개념 등을 동원한다는 것은 사례연구를 통하여 이미 밝혀진 바이다. 분명한 것은 학습자의 스키마는 세상의 지식을 학습하고, 이해하고, 기억하는 데에 매우 중요한 역할을 하며(Anderson, 1985 : 372), 개념중심 읽기 학습 요소로서의 스키마는 내용영역의 지식과 정보를 습득하는 과정에서 저장되고 산출되는 개념 기록 장치의 역할을 한다. 스키마는 지금 알려고 하는 것이 무엇인가에 대한 질문을 할 때에 그 질문과 내가 이미 알고 있는 것 중 무엇이 관계가 있는지, 탐색의 과정에서 내가 알게 된 것들이 이미 내가 알고 있는 것과 어떤 관계가 있는지, 적용의 과정에서는 내가 알게 된 것을 새롭게 적용할 때에 내가 지금까지 알게 된 것이 어떻게 활용될 수 있을지 상정하고 동화(Glover, Ronning & Bruning, 1990 : 260~261)하며 재생산한다. 스키마는 일련의 순환 과정을 통하여 정제되는 기억의 편린들이다. 기억은 지식의 저장 수단이며, 스키마는 기억이라는 저장 수단을 통하여 지식을 산출하고 재인하며, 산출과 재인을 통한 창조적 재구성을 거듭한다.

❶ 스키마의 본질과 기능

스키마는 우리의 기억 속에 저장되어 있는 경험의 총체이다. 다른 의미로, 스키마는 우리가 알고 있는 세상 모든 일에 대한 우리의 기억 내용이며 우리의 지식이다(노명완 외, 1989 : 215). 또한 스키마는 기억에 저장된 총체적인 개념을 표상하는 자료구조이다(Rumelhart, 1980 : 34, Driscoll, 2002 : 158에서 재인용). 독자가 글을 읽을 때에는 자신이 글을 읽는 목적과 의도에 기초하여 텍스트에 담긴 정보를 이해하고 수용한다. 독자의 목적과 의도는 내재되어 있는 기억이며, 이러한 기억에 의하여 텍스트의 정보는 재조직된다(Anderson, 2004 : 594). 내용영역의 글을 읽을 때에 스키마는 학습자의 정보 조직 능력을 활성화하거나 제한하기도 한다. 잘못된 정보로 기억된 스키마는 학습자들의 오개념을 유발하여 정보를 바르게 이해하지 못하게 한다. 스키마의 올바른 작동은 오개념이 없는 스키마의 저장에 의하여 가능하다.

스키마의 실재와 그 기능에 대해 개념적인 틀을 밝힌 학자는 영국의 사회 심리학자 발레트(Barlett)였다. 그는 1932년에 발간된 그의 고전적 연구서 『기억』에서 스키마를 "과거 경험의 능동적인 조직"으로 보았다. 여기에서 "능동적인 조직"이란 어떤 물건을 서랍 속에 넣었다가 다시 꺼내는 것과 같은 단순 재생이나 단순 인출이 아니라, 정보를 새로운 모습으로 구성하는 과정을 의미한다. 그는 다음과 같은 말로 스키마의 개념을 설명한다.

> 인간은 어떤 하나의 현상을 부분 부분 또는 부분들의 (단순)결합으로 지각하지는 않는다. 어떤 경우이든지 인간은 전체적인 인상을 포착하려는 경향이 있으며, 이 전체적인 인상에 따라 세부 사항들을 구성한다. 이 구성은 전체적인 인상을 정당화하는 방향으로 이루어진다.

발레트 이후 읽기 연구에 결정적인 공헌을 한 학자는 아우스벨(Ausubell)이다. 그는 읽기 과정에서 추상적이며 일반적인 상위 수준의 개념이 구체적이며 개별적인 하위 수준의 내용들을 포섭하는 역할을 한다고 주장하면서, 이러한 역할을 담당하는 상위 수준의 개념을 선행조직자라고 불렀다. 그가 제안한 일반적이며, 포괄적인 상위 개념으로서의 '선행조직자'나 발레트가 말한 '과거 경험의 능동적인 조직'으로서의 스키마, 그리고 형태심리학에서 말하는 '전체적 특성' 등은 모두 읽기 과정에서 일어나는 '이해', '기억' 현상을 설명하는 스키마 이론의 선험적 사상들이다.

최근의 스키마 연구에 의하면 스키마는 여전히 독자의 글 이해에 중요한 영향을 미치며 특히 내용영역의 글을 읽을 때에 도움이 된다(Anderson, 2004 : 604). 뿐만 아니라 새로운 사실이나 지식을 접할 때에 스키마는 핵심 개념에 대한 확장된 이해를 도모한다(Bransford, 2004 : 618). 스키마 이론은 근본적으로 지식이론이다. 즉 스키마 이론은 세상사에 대한 우리의 지식이 기억 속에 어떻게 표상되어 있으며, 이 표상된 세상사에 대한 지식이 독해 과정에서 어떻게 작용하는가에 대한 이론이다. 스키마 이론에 의하면, 세상사에 대한 우리의 지식은 여러 단위로 구성되어 있으며, 이 단위들은 스키마 속에는 그 스키마가 표상하는 지식 내용뿐만 아니라 그 지식의 활용에 대한 정보도 함께 포함되어 있다고 본다.

스키마 또는 지식을 단위로 본다는 것은 곧 스키마를 개념으로 본다는 것과 마찬가지이다. 하나의 개념에는 그 개념과 관련된 대상, 상황, 사건, 행동 등 여러 요소들이 포함되어 있다. 마찬가지로 하나의 스키마 속에도 그 스키마와 관련되는 대상, 상황, 사건, 행동 등 여러 요소들이 그리고 이 요소들 사이의 관계까지도 모두 포함되어 있다. 따라서 스키마 이론은 심리학의 의미 이론에서 얘기하는 의미의 원형 이론과 일맥상통한다고 할 수 있다. 즉, 스키마의 내용은 그 스키마가 표시하는 개념의 전형적인 의미이다.

텍스트로부터 정보를 습득하기 위한 이해와 기억에 작용하는 스키마의 기능은 여섯 가지로 나누어 볼 수 있다(노명완 외, 1989 : 217~220, Anderson, 2004 : 598~599). 첫째 정보의 동화를 들 수 있다. 스키마는 읽기 자료에 담긴 정보를 받아들이기 위한 이상적인 지식 구조를 형성하여 준다. 이 지식 구조가 독서 자료의 정보와 적절히 합치될 때에 읽기 과정은 의식적인 지적 노력이 없이도 이루어진다. 둘째, 스키마는 많은 정보 중 필요한 정보를 선택적으로 받아들인다. 스키마는 많은 정보 중 중요한 정보와 그렇지 못한 정보를 선별하여 중요한 정보에 더 많은 주의 집중을 일으킨다. 그 결과 중요한 정보—스키마와 관련되는 정보—를 더 강조하여 선택적으로 받아들인다. 셋째, 스키마는 추론 과정을 통해 명시되지 않은 정보도 찾아준다. 어떤 글도 모든 내용을 다 명시적으로 진술하지는 않는다. 스키마는 글에 언급되지 않은 많은 내용을 추론하여 행간을 읽을 수 있는 기반을 제공하여 준다. —자동차만 보고도 엔진의 실제를 알게 되고, 이야기의 앞부분으로 뒷부분을 예측할 수 있게 한다.—넷째, 스키마는 정보 탐색에서 탐색의 순서와 절차를 제공하여 준다. 식당의 손님들이 식사 후에 돈을 지불할 것이라는 예측은 식당 스키마가 식당에서의 행동에 대한 어떤 순서를 제공하기 때문이다. 다섯째, 스키마는 읽은 내용을 재편집하고 요약하는 역할을 한다. 읽었다고 해서, 그리고 이해하였다고 해서 그 내용들이 모두 기억되는 것은 아니다. 스키마는 글의 제시 순서나 내용 구조를 스키마의 구조에 종합시켜 효율적으로 정리하여 준다(읽은 글을 회상할 때 회상되는 내용과 회상 순서가 주어진 글의 내용 및 내용의 제시 순서와 일치하지 않음은 스키마의 재편집 및 요약 기능 때문이다). 여섯째, 스키마는 수많은 여러 정보들을 어떤 일관성 있는 형태로 재구성하여 준다.

❷ 스키마와 내용영역의 읽기

스키마 이론은 읽기 과제의 의미가 독자들이 직면하게 되는 정보, 이미 기억 속에 가지고 있는 정보, 그리고 새로운 정보와의 상호작용에 기초해서 구성된다고 주장한다. 선행조직자와 스키마 활성화는 독자들의 일반 지식과 읽기 과제 속에 있는 정보가 완벽하게 상호작용함으로써 의미 구성을 촉진하도록 만들어진 접근들이다. 독자들의 초인지 기술은 의미 구성에 영향을 주는데 이 기술은 읽기에 필수 불가결한 것이다. 오늘날 이런 연구들의 결과는 분명하다. 새로운 정보와 독자들이 이미 가지고 있는 정보를 연결 짓기 위해서 설계된 기법들은 학생들이 새로운 정보를 학습하고 파지하는 것을 도와준다. 교사들은 규칙적으로 선행조직자와 스키마 활성화를 사용해야만 한다. 교사들은 새로운 정보의 학습을 위해 이미 가지고 있는 과제 관련 지식의 가치를 강조해야만 한다. 더욱이 수업 프로그램은 중심 아이디어 찾기, 요약하기, 자문하기, 추론 끌어내기, 오류와 불일치 찾기, 자신의 학습을 점검하기, 그리고 새로운 정보와 기존의 정보를 연결 짓기 등의 초인지 읽기 기술을 강조해야만 한다. 상보적 교수는 초인지 읽기 기술을 가르치기 위하여 대단히 효과적인 접근이다. 그러나 관련 연구들은 초인지 기술들이 각각 독립적으로 가르쳐지거나 혹은 다른 기술들과 연합해서 가르쳐질 수 있다는 사실을 지적한다. 일반적으로 학생들이 초인지 읽기 기술을 숙지했을 때 그들의 읽기는 향상된다. 이러한 기술에 초점을 맞추고 있는 수업 전략들은 단순하고 직접적이어서 교실에서 사용하기에 수월하다.

스키마 이론으로부터 다음과 같은 읽기 교육의 시사점을 얻을 수 있다(노명완 외, 1989 : 217~219). 첫째, 모든 읽기 자료에는(또는 교사용 지침서에는) 독자가 글의 내용을 이해하는데 도움이 될 만한 기존 스키마를 활용할 수 있도록 지침이 포함되어야 한다. 실험 연구에 의하면 학생들은 글의 내용을 자기들이 갖고 있는 기존 스키마와 통합시키는데 미숙하므로, 읽기의 준비 과정으로써 배경지식을 최대한 활용할 수 있도록 학생들의 주의를 스키마 활용에 환기시키는 안내가 필요하다.

둘째, 만일 학생들이 글 내용에 적절한 스키마를 갖추고 있지 못하다고 생각될 때에는 교사는 글의 이해에 필요한 지식을 갖도록 도와주어야 한다. 전통적인 수업에서 수업 시간의 첫 부분을 도입 단계로 할애하여 학생들에게 수업 내용을 개괄적으로 설명하고, 배경 경험을 동원하여 글 내용을 적극적으로 해석할 수 있도록 준비 상황을 마련하는 것은 바로 글 이해에 필요한 스키마를 동원하거나 활용할 수 있도록 하는 안내 활동인 것이다. 스키마 이론은 이 같은 도입 활동의 중요성을 깨우쳐 주고 이를 강화하도록 시사한다.

셋째, 스키마 이론은 수업 과정에서 추론 활동을 더욱 강화할 것을 시사한다. 글 내용에 언급되지 않은 내용이나 앞으로의 사건 전개 예측 등과 같은 추론 활동은 제시된 글 내용을 보다 더 명료하게 이해하는 데 도움이 될 뿐만 아니라 이해한 내용의 기억에도 도움이 된다.

넷째, 스키마 이론은 자료의 구성이나 실제의 지도에서 독서에 선행하여 글의 전체 내용을 일관성 있게 포섭할 수 있는 높은 수준의 개념이나 구조를 제시하여 줄 것을 시사한다. 그러나 어떤 개념이, 그리고 어떤 유형이 글 전체를 포섭할 수 있는 상위 수준의 스키마인가 하는 문제는 더 연구되어야 할 것이다.

다섯째, 스키마 이론은 독해의 부진을 읽기 능력의 부족으로 생각해 왔던 종래의 평가관이 올바르지 못함을 지적해 준다. 독자의 기존 스키마가 독해에 결정적인 영향을 미치고, 교육적 방법을 동원한 스키마의 동원이 독해(이해와 기억) 향상에 크게 도움이 된다는 지금까지의 연구 결과들은 "능력의 부족"으로만 탓해 왔던 독해 부진아들에 대해 희망적이고 교육적인 대책을 제공하여 준다.

3. 학습을 위한 읽기의 연구 동향

학습을 위한 읽기는 내용영역 읽기 및 개념중심 읽기의 연구 영역을 포함한다. 개념중심 읽기는 내용영역 읽기의 연구 영역이며, 내용영역의 읽기는 학습을 위한 읽기의 한 영역이다. 읽기에 관한 연구 영역이 점차 세분화되는 양상을 보이는 것은 미래지향적인 지식과 정보의 급속한 팽창과 관련이 있다. 독자가 이해하여야 할 텍스트의 질과 양이 다양하고, 필요와 목적에 따른 선택적 읽기가 유목적으로 세분화되기 때문이다. 학습자들은 성장하면서 자신에게 필요한 글 읽기에 몰입하며, 특수 영역적인 지식과 정보를 수용하고, 공유해야 하는 상황에 직면한다. 따라서 학습자의 읽기 전략이나 방법은 자신에게 필요한 텍스트를 효과적으로 이해할 수 있는 읽기 전략과 방법을 익히는 쪽으로 선회한다.

따라서 읽기 연구의 세분화는 당면한 문제이며, 독자의 의도와 목적 그리고 필요성에 어울리는 전략과 방법의 구안이 요구된다. 학습을 위한 읽기의 연구로써 내용영역의 읽기 전략 그리고 내용영역의 학습을 위한 개념중심 읽기에 관한 연구 등이 바로 읽기 연구의 세분화를 주도하고 있다. 그러나 여전히 내용영역과 언어영역의 상호성에 대한 연구가 부족하며, 수학이나 과학과의 학습을 위한 언어사용 기능의 효과적인 수행에 대한 인식이 더 많이 요구된다. 또한 개념중심 읽기와 관련된 CORI 연구 역시 거쓰리와 그의 동료들에 의하여 연구된 이후 아직까지 폭넓은 연구 확산을 보이지 않고 있다. 즉, 개념중심 읽기는 내용영역 읽기의 세분화된 연구 영역이며, 동시에 내용영역과 언어영역의 통합적 연구라는 측면에서 아직은 연구의 초기 단계에 있다고 본다.

학습을 위한 읽기 연구의 동향을 살펴보기 위해서는 불가피하게 내용영역의 읽기를 포함하는 내용영역 문식성 연구 전반에 관한 연구를 살펴보는 것이 효과적이다. 개념중심 읽기의 목적이 내용영역의 학업에 효과적인 영향을 미치기 위한 것이기 때문에 내용영역과 내용영역의 문식성에 관한 연구 분야를 전반적으로 살펴보는 것이 개념중심 읽기 연구에 대한 이해를 쉽게 한다. 따라서 내용영역의 읽기를 포함하는 문식성 전반에 관한 연구와 거쓰리의 CORI를 중심으로 한 개념중심 읽기에 관한 연구사를 검토하여야 한다.

메소포타미아 벽화에는 당시의 천문 관측이나 전쟁, 의료, 상거래 등에 관한 내용이 생생하게 기록되어 있다. 알렉산드리아 시대에는 읽기와 쓰기를 중시하여 다양한 내용의 기록들을 도서관에 보관해 두었다. 이러한 것들은 단순히 문학적인 서사 기록보다는 수학, 과학, 역사, 문화 등의 내용영역에 대한 기록의 중요성을 인식한 것이라고 볼 수 있다. 이러한 기록의 역사는 현대의 내용영역의 연구와 맥을 같이 하고 있으며, 내용영역의 연구가 어느 날 갑자기 자연 발생한 것이 아니라 인간의 문명과 역사를 같이 하고 있다는 것을 증명한다. 결국 내용영역 문식성은 인간의 요구에 의해 구성되는 학문이라고 볼 수 있다. 20세기 초의 유명한 읽기 연구자였던 그레이 (Gray, W. S., 1925 : 1~2, Swafford J. & Kallus M., 2002 : 7에서 재인용)는 내용 문식성과 관련하여 다음과 같은 말을 하였다.

> 읽기는 역사, 지리, 수학, 과학, 문학 등 모든 내용영역의 기본이다. 내용영역의 급속한 발달은 학습자들로 하여금 보다 독립적이고 지적인 읽기 능력을 폭넓게 갖추도록 요구한다. 이러한 능력은 학습자들이 학교에서 수행하는 모든 읽기 활동에서 요구되는 기술과 습관 그리고 태도 등을 개선하고 세련되게 함으로서 얻어진다.

그레이의 이러한 말은 두 가지를 강조하고 있다. 첫째는 학습을 위한 읽기의 중요성이며, 둘째는 읽기를 통하여 풍부한 지식을 효과적으로 습득할 수 있게 하는 내용영역 읽기 교수법의 중요성이다. 뿐만 아니라 무어(Moore), 리덴스(Readence) 그리고 리클만(Rickelman, 1983)의 연구에 의하면 휴이(Huey)와 쏜다이크(Thorndike) 같은 저명한 과학자들도 내용영역의 읽기 교수의 중요성에 대하여 동의하였다고 한다. 20세기 중반 각기 다른 분야의 읽기에 대한 연구들이 진행되면서 학습을 위한 읽기에 대한 관심은 그와 함께 가감을 병행하였다. 1970년대에 들어서서 처음으로 내용영역 읽기 교수법에 관한 책이 출판되었는데 그것은 해롤드 허버(Harold Herber)의 획기적인 저서인 『*Teaching Reading in Content Areas*』였다. 이 책은 읽기의 기술과 텍스트의 내용을 연결하는 내용영역 읽기의 새로운 관점을 보여주었으며, 이후의 연구에 많은 영향을 주었다.

스와포드(Swafford)와 칼루스(Kallus, 2002)는 내용영역의 읽기(content area reading), 내용영역의 문식성(content area literacy) 또는 내용영역의 읽기 교수법(content area reading instruction)에 관한 내용이 들어 있는 51권의 책을 분석하였다. 그들은 각각의 연구자들이 자신들의 저서를 통하여 내용영역 연구에서 어떤 것을 중점적으로 정의하고 연구하였는지에 대하여 관심을 가졌다. 그들은 공통된 요소들을 추출하여 두 개의 내용영역 문식성에 대한 범주를 구분하였다. 첫 번째 범주는 의미구성 읽기이며, 두 번째 범주는 텍스트를 통한 학습(learning from text)과 학습을 위한 읽기(reading to learn)였다.

첫 번째 범주인 의미구성으로서의 읽기에 대한 연구는 허버(Herber, 1970)의 것이 대표적이다. 그는 학습자들이 주지 교과의 지식이나 정보를 이해하도록 돕는 교수법에 대해 관심을 가졌다. 배카(Vacca, 1981)는 그의 저서에서 "내용영역 읽기의 핵심은 텍스트의 이해"라고 언급하였으며, 듀퓨어스(Dupuis)와 리(Lee), 배디알리(Badiali), 애스코프(Askov, 1989) 등도 텍스트의 이해를 내용영역 읽기의 핵심으로 생각하였다. 1990년대 중반에 접어들면서 내용영역의 연구는 읽기뿐만 아니라 쓰기도 관심을 갖기 시작하였다. 브라운(Brown), 필립스(Phillips) 그리고 스테픈스(Stephens, 1993)의 연구에서, 맥케나(McKenna)와 로빈슨(Robinson, 1993)의 연구, 배카와 배카(1993)의 연구, 앨버만(Alvermann)과 펠프스(Phelps, 1994)의 연구, 옐린(Yellin)과 블레이크(Blake, 1994)의 연구에서 의미 구성에 관한 내용영역의 쓰기를 언급하였다. 이러한 연구는 텍스트에 존재하는 의미에 중점을 두는 것이 아니라, 텍스트로부터 독자가 의미를 직접 구성하는 것을 내용 읽기의 중점으로 보도록 하는 데에 영향을 주었다.

내용영역 연구의 두 번째 범주인 텍스트로부터의 학습과 학습을 위한 읽기에 관한 연구들은 앞서 열거한 첫 번째 범주인 의미구성과 밀접한 관련을 갖고 있다. 즉, 읽기를 통하여 글을 이해하거나 의미를 구성하는 것보다는 읽기를 통한 학습 효과에 주목하였다. 여기서의 두 번째 범주에 포함된 텍스트로부터의 학습은 완전히 새로운 것은 아니다. 이미 1909년 맥머리(McMurry)가 텍스트로부터의 연구(studying from text)와 관련된 글을 발표한 적이 있었다.

1993년 발표된 배카(Vacca, R. T)와 배카(Vacca, J. L)의 『Content area reading』 제4판에서 그들은 내용영역의 읽기에 대한 새로운 관점을 제시한다. 이전의 3판에서 그들은 내용영역의 읽기에 대하여 "교재로부터의 학습(learning from text)"이라는 견해를 밝혔다. 이러한 생각은 텍스트로부터 내용영역의 정보를 습득하기 위한 의미구성 과정이 교재에서 학습자에게로 전달되어야 한다는 편향적 관점이었다. 그러나 제4판에서는 "교재와 함께하는 학습(learning with text)"이라는 표현을 하였다. 이것은 전과 다르게 교재와 학습자 간의 일방적 소통이 아니라 교재와 학습자가 상호 교섭하는 소통 상황을 나타내는 것이었다. 교재로부터 의미를 일방적으로 전달받는 것이 아니라 내용영역의 읽기를 통한 텍스트의 의미를 파악하기 위하여 스스로 활동하고 몰입하며, 전략적 구성자로서의 역할을 하는 쌍방향의 상호 교섭적 내용 읽기를 표방하는 것이었다. 즉, 그들은 '~으로부터(from)'라는 용어 대신 '~과 함께(with)'라는 용어를 대치함으로써 정보의 일방적 수용이 아닌 상호작용을 통한 학습의 개념을 사용하게 되었다.

허버(Herber, H. L)과 허버(Herber, J. N, 1993)은 『Teaching in Content Areas with Reading, Writing and Reasoning』을 통하여 내용영역의 학습을 위한 읽기와 쓰기 이외에 추론(reasoning)을 추가하였다. 그들은 내용영역을 가르치는 교사들이 교과학습 상황에서 학생들의 읽기, 쓰기 및 추론 능력을 향상시킬 수 있는 내용교수 전략이 무엇인지에 초점을 맞추었다. 이러한 시도는 내용영역 연구 분야의 확장을 의미하는 것이기도 하며, 내용영역의 범주를 설정하는 단초이기도 하다.

비슷한 시기 일군의 다른 연구자들도 자신들의 연구물을 통하여 '내용영역의 읽기(content area reading)'를 '내용영역 문식성(content area literacy)'으로 대치하거나 확장하여 사용하기 시작하였다. 맥케나와 로빈슨(1993, 1997)의 『Teaching through text : A content literacy approach to content area reading』 제1판과 제2판의 제목에 'literacy'를 넣어서 이전의 내용영역 읽기의 범주를 확대하였다. 이와 더불어 내용영역 문식성의 범주를 네 가지 언어 기능 영역으로 설정하려는 시도가 등장하였다. 배카(Vacca, R. T)와 배카(Vacca, J. L, 1993)은 『*Content area reading*』 제4판에서 내용 문식성과 함께 보다 폭넓은 언어사용 맥락을 고려해야 할 것을 언급하였다. 여기서는 내용 문식성의 범주를 설정하는 데에 있어 읽기와 쓰기는 물론 말하기와 듣기를 명시적으로 포함하였다.

이 외에 라이더(Ryder)와 그레이브스(Graves, 1998)는 『*Reading and learning content areas*』에서 'viewing to learn'이라는 말을 언급하면서 내용영역 읽기의 한 가지 범주를 추가하였다. 또한 이들은 내용영역 읽기와 관련된 몇 가지 기술을 다음과 같이 소개하였다.

> 텍스트로부터 의미를 구성하는 과정에서 학습자들은 다양한 방법을 동원하여야 한다. 그 방법들은 말하기, 듣기, 읽기, 쓰기 및 평가(viewing)를 통합하는 기술이며, 이러한 방법적 기술은 수많은 정보와 또 다른 예측 가능한 정보를 이해하기 위한 것이다. 이러한 방법들은 학습자들의 사회적 맥락에서의 학습 활동을 통하여 실현된다.

칼루스(Swafford & Kallus, 2002)는 내용영역 전문 연구자들과의 이메일 교환을 통하여 최근의 내용영역 문식성에 관한 몇몇 전문가들의 논의를 정리하였다. 앨버만, 빈(Bean), 멕케나, 무어, 루델(Ruddell) 그리고 배카가 칼루스의 문의에 대하여 내용 문식성에 대한 그들의 정의나 개념을 말해주었다. 앨버만은 내용영역 읽기와 내용영역 문식성을 전문 학술 용어로 사용하였으며, 새롭게 청소년 문식성(adolescent literacy)이라는 용어를 사용하였다. 이러한 용어의 등장은 청소년들의 학교 안 문식성과 학교 밖의 문식성에 대한 구분이었으며, 청소년들이 사용하는 다양하고 다변적인 언어 사용에 대한 이해와 연구를 촉구하는 것이었다. 더불어 앨버만은 문식성이라는 것이 항상 변화의 선상에 놓여 있다고 생각했다. 그 이유는 사회·문화적 맥락의 변화로 인한 텍스트 의미의 변화와 새로운 과학 기술 문명으로 인한 읽기 및 쓰기 개념의 변화 때문이라는 것이었다.

빈(Bean)도 내용교과 문식성의 현재 흐름과 미래의 전망을 예견하면서 다음과 같이 언급하였다.

> 내용영역 문식성은 인지적, 사회적 경험이다. 이러한 경험은 다양한 형태의 출판물(print)에 관하여 읽고, 쓰고, 이해하고, 비평하기를 원하는 학습자들의 요구와 능력에 관한 것이다. 다양한 형태의 출판물이란 교과서, 소설, 잡지, 인터넷 매체 그리고 사회·문화적인 기호체계를 지칭하는 것이다. 이러한 출판물들은 감상에서 비평에 이르기까지 다양한 정보와 정서적 내용 그리고 아이디어들을 전달할 수 있는 매체들인 것이다.

내용영역 문식성에 관한 미래의 전망과 관련하여 빈(Bean)은 과학 기술의 발달 특히, 음성학과 관련된 영역의 발달로 인하여 구두언어 사용과 의사소통 기술을 더욱 강조하는 시대가 올 것이라고 전망하였다.

'『Journal of Reading』(1990)'의 공동 저자인 McKenna는 당초 그의 공동 저서에서 내용 문식성(content literacy)을 '주어진 문제로부터 새로운 내용을 습득하기 위한 읽기와 쓰기'라고 정의하였으나, 최근에는 '문식성을 통한 배경지식의 구성'과 '구성된 배경지식을 통한 학습 내용의 깊이 있는 이해 및 적용'이라는 견해를 밝히고 있다.

무어(1998, 2006)의 경우에는 내용 문식성에 읽기와 쓰기는 물론 탐구하기, 경험하기, 수행하기, 노작하기 등을 포함시킬 것을 제안하였다. 그는 전통적인 문식성의 영역 범주는 학교의 학습자와 관련된 것이었으나, 경찰이나 정치가, 사업가나 노동자 등의 다양한 계층에서 사용하는 내용 읽기에 관심을 가져야 한다고 말했다. 루델(1993, 1997)은 모든 교사들이 그들이 가르치는 교과 영역에서 학습자들의 전략적이고 성공적인 학습 활동을 위한 안내자임과 동시에 내용 문식성 발달의 책임자여야 한다고 지적했다. 그러기 위하여 1) 동료 학생과 교사와의 공조를 통한 학습 활동의 열성적 참여와 능력 향상, 2) 읽기 및 쓰기의 내용 학습 통합, 3) 다양한 미디어 매체, 구두 자료, 대화, 작문 등을 통한 의미의 조정 및 근거 설정의 기회 마련, 4) 학생들이 현재 알고 있는 지식을 바탕으로 보다 깊이 있는 학습 참여, 5) 모든 학급 활동에서의 초인지적인 경험 등을 할 수 있도록 해야 한다고 역설한다. 더불어 그녀는 현재의 내용영역 문식성에 대한 정의들은 영속하는 것이 아니라 사회, 문화, 과학 기술의 발달과 더불어 변화하게 될 것이라고 언급하고 있다. 내용 문식성의 범주는 인터넷과 과학 기술의 발달로 인하여 더욱 확장되고 변화될 것이며, 이러한 범주의 확장과 변화는 교사와 연구자들로 하여금 학습과 내용 학습 그리고 문식성 학습에 보다 많은 관심을 갖게 할 것이라고 말하고 있다.

배카(1981, 1986, 1989, 1993, 1996, 1999, 2000)는 내용영역 문식성과 관련하여 '학습을 위한 읽기 및 쓰기 능력'이라는 기존의 개념을 확장하여 다양한 언어사용 개념을 도입하였다. 즉, '내용 문식성은 텍스트를 통한 학습에 동원되는 언어사용 능력'이라고 말하고 있다. 이 말은 내용영역 학습 활동에서의 듣기와 말하기의 중요성을 언급한 것이다.

지금까지 살펴본 학습을 위한 읽기 연구의 동향을 종합하여 보면 각각의 연구자들이 내용영역 연구에서 각기 다른 용어를 사용하여 상이한 정의를 내리고 있지만 실상 이러한 것들은 완전히 별개의 것들이 아니라 상호 유기적으로 연결되어 있다는 것을 알 수 있다. 기본적으로 대부분의 연구자들은 내용 문식성이 사회구성주의와 사회문화적 이론에 의해 영향을 받았으며, 내용 문식성이 사회구성적으로 형성된다고 생각한다. 그렇기 때문에 빈(Bean)과 배카의 생각처럼 내용영역의 범주를 읽기와 쓰기로 한정하는 것이 아니라 말하기와 듣기를 포함하는 언어의 포괄적 사용으로 보아야 한다.

루델은 구두언어의 중요성과 함께 시각자료(visual representation)의 중요성을 언급하였으며, 앨버만은 제도권 내의 학교 교육과 그렇지 않은 상황의 문식성에 대한 명확한 한계를 설정하여야 한다고 생각하였다. 전통적으로는 학교 안의 문식성 연구에 대한 관심이 많았지만 지금은 학교 안과 학교 밖의 문식 상황에 대한 한계가 불투명하여 그것들을 명확하게 구분하여 연구할 필요성을 느낀 것이다. 학교 밖의 문식성 교육에 대하여 명확한 연구 성과를 보이지는 않았지만 무어, 루델 그리고 멕케나 등은 내용영역의 학습과 내용영역의 읽기 능력을 향상시키기 위한 학교 밖의 경험과 배경지식의 중요성에 대하여 공감하였다. 이전까지는 학교 밖에서의 문식성 교육을 합리적으로 생각하지 않았기 때문에 학생들의 배경지식과 경험이 어떤 가치가 있으며, 그것들이 학교 교육과 학교 밖의 환경에서 어떻게 습득되는지에 대한 연구가 부족했던 것이다. 그러나 이들 모두가 공감했던 것은 더 이상 내용영역의 문식성이 고정된 것이 아니라 지속적으로 변화를 거듭하고 있으며, 변화와 더불어 내용영역 문식성의 범주와 대상이 확대되어 간다는 것이다.

최근의 연구에 있어서 두드러지는 것은 정보의 팽창과 사회문화의 발달로 인하여 문식성에 대한 개념의 재정립 요구가 거세지고 있다는 것이다. 로(Leu, 2000)는 그의 논문 「Literacy and Technology : Deictic consequences for literacy education in information age」에서 '문식성의 개념은 항존하는 것이 아니라 정보와 소통을 위하여 지속적으로 변화하는 요구와 새로운 기술에 의하여 늘 재정의 되어야 한다.'고 말하고 있다.

> 정보와 소통을 위한 새로운 기술은 사용자들의 보다 새로운 기대와 기술적 요구로 인하여 지속적으로 변화한다. 이러한 변화는 문식성의 기능과 형태의 변화를 가져왔으며, 문식성에 대한 재정의를 필요로 한다.

급속도로 변하는 과학 기술은 전 세계의 통신망과 인터넷을 통하여 보다 효과적으로 정보를 공유하게 하였다. 이러한 변화는 독자에게 수많은 정보의 창고에서 유용한 정보의 선택적 사용 능력을 요구한다. 메니(Many, 2000)는 현대의 독자들은 수많은 정보와 텍스트로부터 자신에게 유용한 것들을 추려낼 수 있는 능력을 갖춰야 하며, 그러한 능력을 바탕으로 선택적으로 정제한 정보들을 의미 있게 재생산할 수 있는 능력과 그것을 비판적으로 수용할 수 있는 안목을 길러야 한다고 언급했다. 또한 비판적 읽기 교수법이 내용 문식성 교수법의 기본적인 전제가 되어야 하며, 21세기의 내용 문식성 교육은 학교 안팎의 문식 환경을 포함하며, 어린이와 청소년의 내용 문식성에 대한 욕구를 충족할 수 있는 교육적 여건을 갖추어야 한다고 주장했다.

학습을 위한 문식성 관련 연구들은 초기의 읽기에 국한된 연구에서 쓰기와 말하기, 심지어 듣기에 이르기까지 언어사용 기능 전반에 관한 연구로 확산되었다. 이러한 내용영역 읽기에 관한 연구가 내용 문식성 연구로 발전하면서 내용영역 교수·학습의 중요성을 인식하게 하였다. 전통적인 읽기 전략과 방법으로는 내용영역의 학업 성취도의 향상을 가져올 수 없다는 것을 공통적으로 인식하고 있으며, 보다 새로운 전략과 방법을 동원한 내용영역의 교수·학습만이 급속도로 변화 발전하는 사회의 지식과 정보를 효과적으로 습득할 수 있게 한다고 믿었다.

20세기 초반부터 급속도로 발전하기 시작한 내용영역 읽기에 관한 연구는 아직도 많은 과제를 안고 있다. 전통적인 읽기 전략과 방법을 뛰어넘는 대안을 강구해야 하는 것은 물론 내러티브 텍스트와 내용영역 텍스트의 효과적인 연계를 통하여 언어영역 내의 갈등을 해소할 수 있어야 한다. 또한 개념중심 읽기를 통한 내용영역 교수·학습 지도가 수학이나 사회 또는 역사나 문화영역을 포괄적으로 수용하고 있는지에 대한 해답을 찾아야 할 것이다.

학습을 위한 내용영역의 읽기 지도에 관한 연구를 바탕으로 개념중심 읽기 지도 모형이 창출된 것과 같이 보다 발전적이고 효과적인 모형과 전략을 구안하여야 한다. 언어영역과 내용영역을 통합적으로 운영하는 교육과정 모형과 인지적 사고 작용 이론의 연계도 논의되어야 할 것이다. 학제 간의 상호성을 인정하고 적극적인 연구 소통의 길을 열어 도움을 주고받을 수 있는 이론과 모형, 전략과 방법 또한 논의되어야 한다.

거쓰리와 동료 연구자 그리고 현장 교사들을 중심으로 한 CORI 모형의 연구는 1996년의 「Growth of literacy engagement : Changes in motivations and strategies during concept-oriented reading instruction」이 대표적이다. 이 연구에서는 초등학교 현장 교사들과 연계한 실험연구를 바탕으로 CORI 모형의 효과에 대하여 검증하였다. 논문의 제목에서 알 수 있듯이 CORI를 수행하는 동안 학습자들이 전략과 동기를 어떻게 활용하는가를 관찰 분석하였다. 이 연구의 실험 대상은 초등학교 2학년과 5학년 학생들이었다. 과학과의 탐구학습 활동을 언어영역 수업과 통합하여 운영하였으며, 단위 시간은 50분에서 120분까지 탄력적으로 운영하였다.

이 연구는 과학영역의 탐구학습을 수행하는 학습자들의 읽기 동기 유발과 전략 활용 능력의 향상을 검증하는 데에 목적이 있다. CORI는 과학영역을 포함하는 내용영역의 학습에 개념중심 읽기가 효과적인 영향을 미친다는 가설을 수립할 수 있는 근거를 제시하고 있다. 또한 개념중심 읽기를 통하여 내용영역 문식 능력을 향상시킬 수 있다는 것을 간접적으로 증명하였다. 그러나 이 연구의 과정과 결과가 우리나라의 교육현실에 그대로 적용할 수 있는가에 대한 의문을 남기게 한다. 무엇보다 내용영역과 언어영역의 통합교육이 현실적으로 불가능할 뿐만 아니라 단위 시간의 운영을 50분에서 120분까지 탄력적으로 운영하는 것이 현실적으로 어렵기 때문이다. 이러한 문제점은 CORI의 장점이기도 하며, 우리나라 교육과정 운영 현실을 개선해야 하는 이론적 틀을 제공하기도 한다.

1998년의 연구(Guthrie et al.)는 개념중심 읽기와 내용영역의 학업 성취에 관한 보다 구체적인 실험 및 검증이다. 내용영역의 지식을 이해하고 습득하는 과정에서 개념중심 읽기가 학습자들의 개념학습 및 전략 활용 능력에 미치는 효과에 관한 연구이다. 이 연구에서는 CORI 모형을 실행하는 원칙에 관하여 논의한 후에 개념중심 읽기가 학습자들의 내용영역 학습에 작용하는 관계를 표로 제시하였다(Guthrie et al., 1998 : 164). 이 연구는 초등학교 2학년과 5학년 학생들을 대상으로 하였는데, 전략의 활용, 새로운 개념적 지식의 습득 그리고 개념의 전이 등에서 효과적인 영향이 있음을 보여주었다.

1999년의 연구는 1998년의 연구를 보다 구체화하여 개념중심 읽기 지도가 내용영역의 개념학습과 전략의 활용에 얼마나 효과적인 영향을 미치는지를 검증한 것이다. 이 연구는 앞의 연구 내용을 배경으로 하고 있지만 내용영역의 교수·학습 활동에서 학습자들이 수행하는 다양한 전략과 개념학습 과정을 고려하였다. ANCOVA, MANCOVA 등의 다양한 변인을 고려한 통계 실험을 통하여 개념중심 읽기의 효과를 검증한 것이다. 특히, 여기서는 학습자들의 동기와 전략의 활용은 물론 배경지식의 동원과 학습 전이 그리고 쓰기와 그리기 능력의 변화에 대한 관찰을 동시에 수행하였다. 이 연구에서 주목할 것은 정보 전달의 글, 이야기 글, 표준화된 글을 대상 텍스트로 하여, 학습자들의 배경지식, 전략 활용, 그리기와 쓰기, 학습 전이 등 다양한 요인들에 대한 검증이다. 각각의 변인과 각기 다른 텍스트를 대상으로 전통적인 읽기 방식과 개념중심 읽기 지도의 적용이 어떤 효과를 나타내는지 또한 검증하였다(Guthrie et al., 1999 : 358~359). 이 연구의 적용 가치는 의미가 있다. 무엇보다 우리나라의 표준화된 성취도 검사와 근접한 실험 연구이며, 우리나라의 내용영역 교수·학습에 적용이 가능한 모형의 구안과 평가 도구의 개발에 좋은 자료를 제공하고 있다.

세비지(Sevgi)와 거쓰리(2004)의 연구는 CORI 모형을 직접적으로 논의하지는 않았지만 지식을 구성하는 과정에서의 학습자 흥미, 지식, 통합 등의 상호작용에 관하여 논의하였다. 이 논의는 개념중심 읽기가 텍스트의 이해에 어떤 영향을 미치는지에 대한 연구(Guthrie et al., 2004)의 선험적 연구의 성격을 갖고 있다.

또한 거쓰리와 그의 동료 연구자들은 학습자들의 텍스트 이해와 읽기 몰입의 효과를 검증하기 위하여 다양한 실험 대상과 변인을 동원하였다. 이 연구는 미국 내 다양한 인종의 학생들을 대상으로 하였다. 이 연구의 실험은 전통적인 지도 방법(TI, Traditional Instruction), 전략적 지도 방법(SI, Strategy

Instruction), 그리고 개념중심 읽기 지도(CORI)를 각기 다른 집단에 실행하여 얻은 결과에 대한 검증이라는 점에서 매우 구체적이고 명시적인 연구 결과를 보여주고 있다. 검사도구는 다양한 텍스트의 이해, 구문이해, 전략 활용, 동기 유발, 배경지식 동원, 질문하기, 탐색하기, 조직하기 등의 보다 구체적인 평가 항목으로 구성되었다. 이 연구의 검사도구 역시 우리나라의 주관식 성취도평가 도구와 맥을 같이 하고 있기 때문에 우리나라의 교육 현장 적용의 가능성을 시사하고 있다.

2007년의 연구는 개념중심 읽기 지도가 읽기를 수행하는 동안 동기 유발에 얼마나 영향을 미치는지에 대한 것이다. 거쓰리의 모든 연구가 읽기 동기와 관련을 맺고 있지만 그의 '동기'는 관찰 가능한 것으로 구성되어 있다. 따라서 이 연구는 앞으로 우리나라 읽기 교육 및 내용영역의 읽기 연구와 관련하여 매우 가치 있는 논의를 전개하고 있다. 이 연구의 현장 적용 가능성 또한 매우 구체적이고 상세하다. 특히, 학생들을 지도하기 위한 전략을 제시하고 그 전략을 학생들에게 적용하는 것이 아니라, 학생들 스스로 활용할 수 있는 전략을 구안하고, 학생들이 전략을 효과적으로 활용하여 학업성취에 영향을 줄 수 있도록 계획하고 있다. 정서함양의 글은 물론 정보를 전달하는 글과 실험을 위한 표준화된 글을 동시에 적용하여 학습자들이 개념중심 읽기를 수행하는 동안의 변화 양상을 관찰하고 검사하여 그 효과를 검증하였다는 것 또한 매우 의미가 있다. 무엇보다 이 연구에서는 음독의 유창성과 어휘능력에 대한 검사를 추가하여 소리 내어 글을 읽는 것과 어휘 지식에 대한 기존의 연구 방법을 새롭게 접근하여 논의하였다.

내용영역과 국어과의 언어사용 기능의 관계에 대한 국내의 연구는 아직 광범위하거나 조직적이지는 않지만 2006년 한국어교육학회의 제261회 전국학술대회의 '국어교육과 교과교육'이라는 주제의 몇몇 논의들은 매우 가치가 있다. 그와 관련하여 김선민(2006)은 수리 · 과학적 문제해결과 언어의 관계를 밝힘으로써 내용영역의 학습에 미치는 국어과의 언어사용 기능 전반에 관하여 논의하였으며, 박인기(2006)는 '국어교육과 (타)교과 교육의 상호성'을 통하여 국어과의 언어사용 기능과 관련된 국어과의 정체성에 대하여 언급하였다. 방인태(2006)는 '도덕적 인간 육성과 국어 능력'을, 김창원(2006)은 '예술교과에서의 언어의 문제'를 통하여 도덕영역 및 예체능영역과 국어과의 상관관계를 논의하였다. 이러한 논의는 내용영역이 수학이나 과학뿐만 아니라 도덕영역의 학습에 효과적인 영향을 미칠 수 있다는 가능성을 전개한 것이다. 또한 김선민(2007)의 '국어과의 언어사용 기능이 내용교과의 학습에 미치는 영향'에서는 초등학교 학생들의 국어 및 수학 진단평가의 분석을 바탕으로 국어과의 언어사용 기능이 수학과의 학업 성취에 미치는 영향을 분석하였다.

엄해영·김선민(2008)의 연구는 개념중심 읽기 모형의 구안 및 과정 그리고 전략과 방법의 모색을 위한 최초의 연구이다. 이 연구는 내용교과의 읽기 문제해결을 위한 개념중심 읽기 모형을 구안하는 데에 초점을 두었다. 특히, 이 연구에서 최초로 개념중심 읽기의 과정을 네 단계로 정리하여 논의하였다. 그러나 이 연구에서의 개념중심 읽기 과정은 순환적인 모형이 아니라 단순 회귀적 모형으로 소개되었다. 이 연구를 기반으로 개념중심 읽기의 모형은 순환 모형으로 발전 및 재구성되었다.

김선민(2008)에서 내용영역과 관련된 연구의 동향을 정리하였다. 최근 외국에서는 내용영역의 학습에 영향을 미치는 언어교육과의 관련성을 매우 중시하고 있다. 이러한 연구 동향의 소개를 통하여 국내에서의 내용영역 학습과 관련된 언어교육 연구의 활성화를 기대할 수 있을 것이다. 이러한 관심은 스위트와 스노우(Sweet, A. P & Snow, C. E., 2003, 엄해영 외 역, 2007)에서 찾아볼 수 있다. 엄해영(2007)의 번역서는 부분적이지만 거쓰리의 CORI 과정을 단계적으로 소개하였다. 여기서는 내용영역과 관련된 언어교육의 필요성을 인지하는 것과 동시에 내용영역에서의 읽기의 중요성 및 개념중심 읽기의 필요성에 대하여 소개하였다.

제 2 장

학습을 위한 읽기의 개념

내용영역의 학습 요소는 다양하다. 그중에서도 읽기와 관련된 학습 요소는 내용영역의 지식과 정보를 습득하는 데에 매우 중요한 영향을 미친다. 내용영역 읽기의 개념은 내용영역의 읽기와 관련된 다른 학습 요소 즉, 언어사용 기능 영역에 대한 검토가 수반되어야 한다. 더불어 읽기의 개념과 내용영역 읽기의 개념이 완전히 별개의 것이 아니기 때문에 읽기의 개념에 대한 검토 또한 선행되어야 한다. 여기서는 읽기의 개념, 내용영역과 읽기의 관계를 논의한 후에 개념중심 읽기의 개념에 대하여 논의하기로 한다.

1. 읽기의 개념

20세기 초 심리학의 선구자였던 휴이(Huey)는 읽기를 텍스트로부터 의미를 구성하는 과정(Goodman, Smath, Meredith & Goodman, 1987 : 200)이라고 하였다. 또한 읽기는 문자언어 사용을 통한 발신자와 수신자의 의사소통 과정이다(노명완 외 1997 : 247). 읽기를 통하여 지식을 습득하고 다른 이와 교류할 수 있다. 어떤 이는 보다 깊고 많은 지식을 보다 빨리 효율적으로 습득하는가하면 어떤 이는 그렇지 못하다. 또 어떤 이는 발신자의 의도가 무엇인지 파악하고 이해하는가 하면 어떤 이는 그렇지 못하다. 의사소통을 하는 과정에서, 텍스트로부터 의미를 구성하는 과정에서 사람에 따라 차이를 보이는 것은 그만큼 읽기가 인간의 복잡한 인지적 과정에 의하여 작동하기 때문이라고 생각할 수 있다. 동시에 능숙한 읽기 학습자들의 특징과 유형을 추출하여 그것을 읽기의 목적에 적합한 전략이나 방법의 구안에 적용하여 지도한다면 학습자들의 읽기 능력을 향상시킬 수 있을 것이다.

글 읽기를 처음 배우는 학생들은 주로 문자를 소리 내어 읽고, 문자의 의미를 파악하는 활동을 한다. 문자의 정확한 발음과 의미의 파악이 가능한 학습자들은 보다 발전적인 읽기 학습을 수행하게 된다. 문자를 정확하게 소리 내어 읽으면서 문자의 의미를 파악하고 문자와 문자가 결합하여 이루어진 문장이 어떤 의미를 전달하려고 하는지 파악할 수 있게 된다. 학습자들의 읽기는 단어에서 문장으로, 문장에서 단락으로, 단락에서 하나의 완성된 텍스트의 이해 단계로 발전하여 간다. 기초적인 읽기 기능을 갖춘 학습자들은 주어진 텍스트로부터 의미를 구성하는 읽기를 요청받게 되고 그것을 수행한다. 이때부터 학습자들의 읽기는 문자에 집중하는 읽기에서 자신의 생각과 의도대로 글을 읽고 해석하는 읽기로 발달한다. 읽기의 상향식 관점과 하향식 관점은 바로 학습자들의 읽기 방식의 변화이며, 두 방법의 적절한 조화를 통하여 텍스트를 올바르게 이해할 수 있게 된다. 이야기 글의 경우 학습자는 작가의 생각이나 의도가 무엇인지 파악하는 것을 기본으로 하여 자신의 생각과 의견을 통합하여 새로운 의미를 구성할 수 있다. 수학이나 과학의 개념 또는 명제와 관련된 글을 읽을 때에는 텍스트의 의미에 집중하여야 할 것이다. 개념이나 명제들이 완전히 불변하는 것은 아니지만 보편적으로 자신의 임의적인 생각과 의도에 의하여 해석이 될 수 있는 것들은 아니기 때문에 텍스트의 단어나 문장 등의 세세한 부분에 집중하여야 할 경우가 많다.

읽기의 상향식 과정과 하향식 과정은 읽기의 방법에 대한 획기적인 발상이며 읽기의 개념을 명시적으로 표현하는 것이었다. 상향식 읽기를 수행하는 학습자들은 문자에 담긴 기초적인 정보들을 수용하는 것으로부터 출발한다. 예를 들어 음소, 형태소, 음절, 단어, 구, 문법, 담화표지 등에 대하여 정확히 파악하여야 한다. 이러한 기초정보의 이해와 파악을 바탕으로 텍스트의 정보가 무엇인지 정확하게 알 수 있기 때문이다. 이러한 정보들은 학습자가 읽기를 수행하는 과정에서 텍스트의 이해를 돕기 위한 자료들을 수집하는 것이기 때문에 자료중심 읽기 모형으로 일컬어지기도 한다. 반면 학습자들의 생각과 의도를 반영하는 읽기의 방식은 이러한 자료들을 미리 수집하여 자신의 생각과 의도에 견주기 이전에 이미 학습자들의 주도적인 해석이 선행된다. 학습자들의 해석은 자유방임에 의존하는 것이 아니라 텍스트의 내용을 유지하면서 자신의 생각과 의도를 통합하여 의미 있는 내용을 구성할 수 있어야 한다. 그러기 위해서는 자신이 알고 있는 지식을 동원하여야 한다. 학습자들은 텍스트에 숨겨져 있는 또 다른 정보들에 대하여 탐색할 필요가 있으며, 주어진 텍스트의 내용과 관련하여 알고 있는 지식들을 동원하여야 한다.

상향식 또는 하향식 읽기 방법은 각자 독립적으로 어느 쪽이 우월하고 효과적이라고 일방적으로 판단할 수 있는 문제가 아니다. 하향식은 독자의 생각과 의도를 존중하는 독자중심의 읽기라는 측면에서 학습자의 주도적 상상력과 창의성을 신장시킬 수 있는 장점이 있다. 하지만, 지식과 정보가 전문화되고 특수 영역화되어 가면서 하향식 중심의 읽기 방식에 대한 변화가 요구된다. 더불어 상향식 읽기에 치중할 경우 텍스트의 지식이나 정보를 무조건적으로 수용하려고 하는 피동적인 읽기 태도의 양성으로 인하여 비판적 사고의 발현이 억제될 수 있다. 따라서 자료를 중심으로 하는 상향식 읽기나, 독자의 경험과 배경지식을 근거로 주도적인 해석을 수행하는 하향식 읽기를 적절히 통합하여 읽기를 수행하는 것이 더 효과적이다. 상호작용식 읽기가 바로 그것이다.

　어떤 텍스트를 읽는가에 따라서 하향식 읽기에 비중을 둘 것인지 상향식 읽기에 비중을 둘 것인지 판단해야 한다. 학습자의 자율적인 판단 능력은 교사의 지도에 의하여 습득될 수 있다. 저학년 학습자들은 상상력과 창의성을 발현하기 위하여 하향식 읽기에 중점을 두어야 한다. 고학년으로 갈수록 학습해야 할 지식과 정보가 증가하기 때문에 상향식 읽기에 중점을 두어야 할 것이다. 정확하게 말하면 하향식 읽기를 수행한 후에 상향식 읽기를 수행한다거나, 상향식 읽기를 수행한 후에 하향식 읽기를 수행하는 일방적인 교행의 형태가 아니라 읽기를 수행하는 과정 내내 상향식과 하향식 읽기를 수행함으로써 텍스트의 지식과 정보를 효과적으로 이해하고 습득할 수 있어야 한다.

　동화나 소년소설 등의 이야기 글을 읽는 경우에는 하향식 읽기에, 피타고라스의 정리나 용액의 성질에 대한 텍스트를 읽을 때에는 텍스트의 각종 기초 자료의 이해에서 출발하는 상향식 읽기에 비중을 두어야 한다. 이와 같이 읽기를 수행할 때에는 어느 한 쪽에 비중을 둔 읽기를 수행해야 한다. 편독 성향[1]을 갖고 있는 거의 대부분의 학생은 자신의 감정에 따라 읽기를 수행한다. 이러한 편독 성향을 없애기 위해서는 상향식 읽기와 하향식 읽기가 상호 유기적으로 연계된 읽기를 수행하도록 안내하여야 할 것이다. 어떤 글도 완전히 한 방향으로 읽을 수는 없다. 자신의 생각과 작가의 생각, 환경과 조건 등의 다양한 맥락을 고려한 읽기를 수행해야 한다. 다음은 학습자의 학년별, 텍스트별 읽기 지도 관점을 그림으로 나타낸 것이다.

---

1) 아이들은 성장하면서 자신이 흥미를 갖고 있는 분야의 책들을 집중적으로 읽는 경향이 있다. 이러한 현상을 편독 성향이라고 말할 수 있다. 편독 성향은 아이들이 학교에 입학하면서, 상급학년으로 올라가면서 점차 감소되지만 특별한 경우에는 편독 성향이 더욱 강해지기도 한다. 이러한 경우는 설명적 텍스트에서보다는 내러티브 텍스트에서 많이 나타난다.

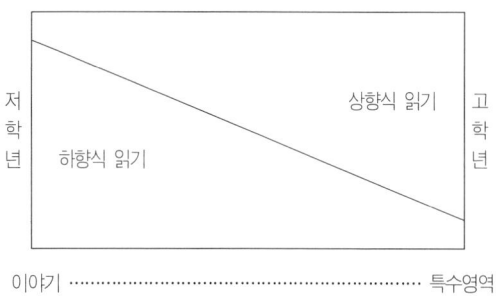

[학년별, 텍스트별 읽기 지도의 관점]

어떤 관점으로 읽기를 수행했는가에 따라 능숙한 독자와 그렇지 않은 독자를 구분할 수는 없다. 어떤 텍스트는 독자의 주관적인 해석이 빛을 발할 때가 있으며, 어떤 텍스트의 경우에는 상향식 읽기를 수행하는 편이 효과적일 수 있다. 우리가 충분한 시간을 갖고 여유로운 장소에서 바람을 맞으며 로맨틱한 이야기 글을 읽을 기회가 있다면, 독자는 분명 글을 읽으면서 이런 저런 감정과 감동에 휩싸여 자신을 이야기의 내용과 비교하여 작가의 의도와는 전혀 다른 상상을 할 것이다. 반면 강의실에 앉아 제한된 시간 안에 글을 읽고 글의 주어진 문제지의 답을 작성하는 경우 텍스트의 기초정보가 무엇인지 정확하게 파악하기 위해 자신의 경험이나 배경지식을 동원하여 텍스트의 의미를 찾으려고 노력할 것이다. 어떤 맥락에서 글을 대하는가에 따라 글 읽기의 방식이 다르며, 동일한 텍스트일지라도 읽기의 목적이 무엇인가에 따라 방식을 달리할 것이다. 위의 그림 [학년별, 텍스트별 읽기 지도의 관점]은 환경, 텍스트, 목적 등에 따라서 얼마든지 변형될 수 있다.

즉 우리가 정서함양이나 인격형성을 위하여 글을 읽는 것이 아니라, 어떤 주어진 문제를 해결하기 위한 특수한 목적을 갖고 글을 읽을 때에 그리고 그 텍스트로부터 필요한 정보를 얻으려고 할 때에는 보다 전략적인 읽기 방법을 동원할 필요가 있다. 하향식 읽기는 하향식 읽기의 방법과 전략이 있듯이 상향식 읽기에서도 효과적인 상향식 읽기의 전략과 방법이 있다. 또한 두 가지를 적절히 통합하여 보다 합리적인 읽기 전략과 방법을 추출할 수도 있다. 결국 주어진 맥락에 의하여 학습자들은 자신들에게 가장 적합한 읽기 전략과 방법을 동원하여 글을 읽고 필요한 정보를 수집할 수 있다.

내용영역의 읽기는 내용영역의 학업 성취도 향상을 위한 효과적인 전략과 방법이 무엇인지에 대한 접근이다. 읽기 연구 초기의 상향식 읽기의 효과와 인지심리학의 대두로 인하여 독자의 중요성을 인식하는 하향식 읽기의 가치를 동시에 인정한다. 그리고 상향식 읽기와 하향식 읽기의 통합 적용에 의한 상호작용 읽기를 바탕으로 읽기의 목적과 의도 그리고 주어진 맥락에 따라 필요한 지식과 정보를 효과적으로 습득하게 하는 전략과 방법을 구안하고 그 지도 방법을 모색하는 것이다. 내용영역 읽기의 주된 목적은 내용영역의 지식과 정보를 효과적으로 이해하고 습득할 수 있게 하는 데에 있다.

2. 학습을 위한 읽기의 개념

개념중심 읽기(Concept-Oriented Reading Instruction)에서 개념에 대한 전제는 거쓰리(1998 : 261)의 초기 연구를 살펴보면 그 해답을 찾을 수 있다. 그는 개념적 지식(conceptual knowledge) 또는 개념적 이해(conceptual understanding)라는 표현을 사용하여 텍스트에 담긴 지식과 정보 습득의 대상으로 개념(concept)을 사용하였다. 개념의 정의를 단적으로 정의하기는 힘들다. 하지만 개념중심 읽기가 무엇에 초점을 두고 있는지를 이해하고, 학습자들에게 어떤 읽기 전략과 방법을 지도해야 하는지를 정확하게 파악해야 한다. 따라서 개념중심 읽기에서의 개념중심은 학습자들이 알아야 할 지식과 정보에 초점을 두고 있다. 즉, 개념중심 읽기는 특정 영역의 읽기를 수행할 때에 핵심 지식을 효과적으로 습득할 수 있도록 한다(Alexander, Schallert & Hare, 1991 ; Chi, DeLeeuw, Chiu & Lavancher, 1994, Guthrie et al., 1998 : 261에서 재인용).

특정 영역의 읽기를 수행할 때에 학습자들이 습득할 수 있는 지식 즉, 개념들은 주로 내용영역의 지식과 정보를 포함한다. 학습자들은 수학이나 과학 또는 사회나 역사 과목 등의 학습을 수행하면서 자신들이 알아야 하는 지식과 정보들이 담겨 있는 텍스트를 접하게 된다. 이때 학습자들은 자신의 읽기 능력을 동원하여 최대한 효과적으로 많은 지식과 정보를 수용하도록 노력한다. 보다 많은 기억과 장기간의 저장을 통하여 필요한 경우 효과적으로 재인할 수 있도록 해야 한다. 무엇보다 필요한 지식과 정보를 선별하고 그것을 기억할 수 있도록 해야 할 것이다. 개념중심 읽기는 학습자들의 기억과 저장 그리고 재인에 효과적인 영향을 미친다.

개념중심 읽기는 ① 개념적 주제, ② 실제 세계와의 상호작용, ③ 자기주도성, ④ 협동, ⑤ 전략적 교수, ⑥ 자기표현, ⑦ 유기적 관계라는 일곱 가지의 실행 원칙을 전제로 '관찰과 개별화', '탐색과 재인', '이해와 통합', '상호 소통'의 네 과정으로 구성되어 있다. 개념중심 읽기는 주로 개념적 주제를 다루는 텍스트를 대상으로 한다. 개념적 주제는 다양한 주제와 장르로부터 지식을 습득할 수 있는 것을 말한다. 개념적 지식의 습득은 어떤 영역에 있는 원칙, 정의, 유형 등의 특별한 양상을 습득하는 것을 지칭한다(Chi et al., 1994, Guthrie, 1998 : 262에서 재인용). 능숙한 학습자는 어떤 현상이나 사건의 원칙들을 적극적으로 습득하기 위하여 보다 세련된 개념 학습을 수행한다. 지식은 역동적이며, 역동적인 지식의 적극적인 습득을 통하여 자신에게 주어진 문제를 해결할 수 있기 때문이다.

실제 세계와의 상호작용을 통하여 개념적인 주제를 탐구할 수 있다. 직접 경험을 통한 과학 수업이 바로 그런 것이다. 보고, 듣고, 만지고, 느끼는 등의 실제 세계와의 직접 경험을 통하여 개념을 습득한다. 예를 들어 한 학생이 운동장에서 꽃에 앉은 나비를 보았다고 하자. 학생이 본 나비는 노란색 날개를 갖고 있었다. 꽃에 앉은 나비에게 다가가 날개를 가볍게 잡고 손 위에 올려놓았다. 그리고는 나비의 생김새를 관찰하였다. 학생은 교실에 돌아와 자기가 보고 만져보았던 나비에 관하여 여러 가지 조사를 한다. 또한 자신의 직접 경험을 통하여 자신이 무엇에 대하여 알고 싶은지 스스로 질문한다. 질문은 구체화되고 탐구의 대상이 되며, 해결을 위한 탐색의 동기가 된다.

개념중심 읽기는 자기주도적 활동을 권장한다. 학습자들은 실제 세계와의 경험을 통한 개념적 주제에 관심을 갖고 자신이 무엇을 알고 싶어 하는지 지속적으로 자문한다. 자신이 알고 싶어 하는 것에 대한 질문은 구체화되고 질문에 대한 답을 찾기 위하여 다양한 방법으로 탐색 과정을 수행한다. 교사는 학습자들이 무엇에 관심을 갖고 어떤 질문을 하는지 관찰하고 도와주어야 한다. 교사가 주도적인 학급에서는 학생들이 스스로 질문하지 못한다. 많은 경우 교사가 일방적으로 학생들에게 질문을 던지기 때문에 학생들은 질문을 받는 순간부터 자신이 해결해야 할 문제들에 대하여 부담감을 갖기 시작한다. 어느 정도 제한적이기는 하지만 특정 영역 내에서 학생들이 어떤 것에 관심을 갖고 어떤 궁금증을 갖는지에 대하여 자율적인 환경을 구성할 필요가 있다. 과학영역이나 수학영역 또는 사회나 역사 과목을 모두 통합하여 보다 광범위한 자율성을 확보할 수도 있지만, 현실적으로 교실 수업이 가능한 범위 내에서 학습자들의 주도성을 발현할 수 있는 기회를 마련해 주어야 한다. 과학영역의 학습일 경우에는 식물, 동물, 암석 등으로 일정 부분의 영역을 제한하는 것도 하나의 방법이며, 그 안에서 최대한 자기주도적 능력을 발현할 수 있도록 도와주어야 한다.

개념중심 읽기를 지도하는 교사는 학습자들의 개념 지식 이해를 효과적으로 수행할 수 있는 상호 협동 환경을 조성해 주어야 한다. 학생 상호간에 인지적인 소통과 집단 내에서의 효과적인 의사교환을 통한 학습이 이루어지도록 해야 한다. 학생들은 개인 활동 이외에도 짝 활동, 소그룹 활동, 학급 활동, 사회적 집단 활동 등 다양한 집단 활동을 통하여 자신이 탐구하려는 것에 대한 개념적 지식을 습득한다. 문학적인 활동을 하는 그룹, 비문학적 활동 그룹, 정보 탐색 그룹, 아이디어 생산 그룹 등의 유목적적인 집단을 형성하는 것도 좋은 방법 중의 하나이다. 학생들은 다양한 형태의 집단 활동을 통하여 자신의 문제를 해결하려고 한다. 문제를 해결하기 위하여 다른 학습자들과 의견을 교환하고 질문을 구체화한다. 그리하여 구체화된 질문을 해결하기 위한 탐색을 보다 효과적으로 수행할 수 있게 된다. 미숙한 학습자들은 능숙한 학습자들에게서 도움을 받을 수 있으며, 능숙한 학습자들은 미숙한 학습자들을 도우면서 자기 조정 능력을 갖추게 된다.

협동의 형태는 학생들이 소통할 수 있는 공간을 마련해준다는 측면에서 매우 가치가 있다. 자신의 질문을 구체화하고 탐색을 수월하게 하는 것 이외에 자신의 질문과 타인의 질문을 비교하고 어떤 질문이 자신의 문제를 해결하는 데에 효과적인지를 파악할 수 있게 하며, 자신의 정보와 타인의 정보를 비교하고 공유하는 과정을 통하여 메타 인지능력을 갖추게 된다. 협동은 소통의 공간이 자연스럽게 마련되는 과정이기 때문에 학습자들의 학습 능력 향상은 물론 개념중심 읽기의 과정에서보다 효과적으로 지식을 습득하게 하는 자극이 된다.

개념중심 읽기를 지도하는 교사는 학생들이 다양한 영역으로부터 개념적 지식을 효과적으로 습득할 수 있는 전략을 마련하여야 한다. 정보를 탐색하고, 비교 및 분석하는 방법, 글을 이해하고 스스로 질문하는 등의 전략을 제공해 주어야 한다. 이러한 전략적 지식은 학생 상호간, 소그룹 활동, 학급 활동, 교사 직접 교수법, 토의, 토론 등의 활동을 통하여 지도되어야 한다. 읽기와 더불어 쓰기의 과정을 지도하는 것 또한 중요하다. 브레인스토밍, 계획하기, 초고쓰기, 다듬기, 수정하기 등의 쓰기 과정을 지도하여야 한다.

교사는 학생들이 개념중심 읽기 과정을 수행할 때에 자기표현을 자유롭게 할 수 있도록 격려하여야 한다. 학생들이 충분히 생각하고, 계획하며, 기록하고, 검토할 수 있는 시간을 주어야 한다. 다양한 주제를 마련하여 학생들의 사고를 자극하고, 자신이 원하는 탐구 주제가 무엇인지 충분하게 생각하고 검토한 후에 탐구의 질문을 구체화할 수 있도록 분위기를 조장해야 한다. 탐색을 위하여 제한적인 활동을 하는 것보다는 모든 것을 개방하여야 한다. 학생들에게 자신을 적극적으로 표현할 수 있는 기회를 마련하는 것은 학생들이 주어진 목적과 주제에 대하여 스스로 필요한 지식을 탐색하고 구성할 수 있도록 하는 것이다. 또한 경험적, 개념적 지식의 생산자로서 새로운 관점을 형성할 수 있게 한다. 그러기 위하여 학생들은 상호 협동하여야 하며, 개념적 테마를 주제로 하는 다양한 소통 상황을 경험하여야 한다.

교사는 학생들의 모든 활동이 상호 유기적으로 수행되도록 안내하여야 한다. 내용영역의 교재와 맥락, 교수·학습 등이 서로 관계를 맺고 있어야 하며, 특히 읽기와 내용영역의 유기적 맥락을 강조하여야 한다. 학생들은 실제 세계와의 직접 경험과 읽기, 특정 주제에 관한 지식과 읽기 전략, 내용영역과 문학적 텍스트와의 관련성 등 경험과 전략, 문학적 텍스트와의 상호 유기적 학습을 통하여 개념적 지식을 효과적으로 습득할 수 있게 된다. 또한 내용영역과 메타 인지를 결합한 교수·학습 전략의 사용을 권장한다. 보다 적극적인 유기적 관계는 언어영역과 내용영역의 통합교육과정의 운영에 있다. 내용영역의 학습 활동에 매우 중요한 역할을 하는 언어사용을 보다 전략적으로 도입 및 적용하여 학습자들의 지식 습득에 도움을 주어야 한다.

개념중심 읽기는 내용영역의 지식을 효과적으로 습득하기 위한 읽기이다. 개념중심 읽기를 통하여 학습자들은 주어진 텍스트나 과제를 통하여 자신이 어떤 문제에 봉착하였는지 스스로 질문한다. 자신의 질문은 자신의 흥미와 동기에 기초하고 있으며, 질문을 바탕으로 탐색의 방향과 과제가 결정된다. 질문에 대한 탐색을 통하여 생산된 지식과 정보들은 주어진 문제를 해결하는 데에 적용되며, 다양한 양식으로 소통된다. 개념중심 읽기는 내용영역의 교수·학습 활동에 효과적으로 작용하며, 개념중심 읽기를 통하여 내용영역의 학업 성취도를 향상시킬 수 있다.

제 3 장

학습을 위한 내용영역 읽기의 과정과 전략

개념중심 읽기를 통한 내용영역의 교수·학습 과정은 거쓰리(Guthrie, 1996, 1998, 1999, 2004, 2007 & www.cori.umd.edu)의 연구에 기초하고 있지만, 교육 과정의 구조와 현장 교육의 현실 그리고 동서양인의 인지 작용의 차이 등을 고려하여 우리의 교육 현실에 적합한 모형으로 변형하여야 한다. 또한 개념중심 읽기가 내용영역의 학업 성취도에 미치는 효과의 검증을 위하여 거쓰리가 실행한 동기와 몰입에 대한 검증 대신 내용영역 학업 성취 요소를 추출하고, 내용영역 교수·학습 요소를 근거로 검사 문항을 작성하여 검증을 실행하여야 한다.

우리 교육 현장에 적용이 가능한 개념중심 읽기 지도 과정의 구안을 토대로, 실제 수업에 투입하여 활용할 수 있는 전략과 방법을 제시하고 실험 연구 성과의 신뢰를 바탕으로 현장의 교사들이 교육 활동에 적용하여 학습자들의 내용영역 학업 성취도를 향상시킬 수 있도록 도움을 주어야 한다.

내용영역의 읽기가 국어과의 읽기 학습과 완전히 구분되는 것은 아니다. 국어 교과서의 텍스트 중에는 지식이나 정보를 담고 있는 텍스트들이 많이 있다. 다만 이러한 텍스트들을 통하여 국어과에서는 텍스트의 지식과 정보를 효과적으로 이해할 수 있는 언어적 학습을 하고, 내용영역에서는 텍스트의 지식과 정보를 효과적으로 습득하도록 한다는 것이다. 내용을 효과적으로 이해하는 기능을 갖추고 있을 때에 내용에 담긴 지식과 정보를 효과적으로 습득할 수 있을 것이다.

국어교사가 사회나 과학을 가르친다면 해당 교과의 개념적 지식을 효과적으로 이해하고 지식과 정보를 습득할 수 있는 읽기의 방법과 전략을 수행할 수 있을 것이다. 그러나 교과의 특성상 국어교사가 내용영역 읽기 수업을 담당할 수는 없는 일이다. 물론 우리나라 초등학교의 경우에는 담임교사가 주지 교과 모두를 담당하고 있지만 중등학교 이후부터는 완전히 교과교사가 구분되어 있기 때문에 초등학교에서의 내용영역 읽기 기능을 자기주도적으로 수행한다는 것은 매우 중요한 일이다.

내용영역 교수·학습의 문제는 '개념'과 관련이 있다. 학생, 교사, 텍스트에서 공통으로 도출되는 것은 내용영역의 지식과 직접 또는 간접적으로 관련이 있는 개념어, 개념어와 개념어의 관계, 개념어와 관련된 지식, 즉 개념적 지식의 문제들이다. 이러한 내용영역 교수·학습의 문제를 해결하기 위해서는 개념중심의 읽기 전략이 요구되며, 개념중심 읽기 전략은 개념중심 읽기 모형의 실행을 바탕으로 한다.

거쓰리(1996)의 개념중심 읽기 모형(Concept-Oriented Reading Instruction, CORI)은 네 단계의 과정을 거친다. '관찰과 개별화 → 탐색과 재인 → 이해와 통합 → 상호 소통'의 과정이다. 학생들은 자발적인 흥미와 동기를 바탕으로 실세계의 사물과 현상을 관찰을 한다. 관찰 대상을 이해하기 위하여 다양한 자료의 수집과 활용 그리고 폭넓은 배경지식의 통합이 요구되며, 그것을 바탕으로 전문가적인 지식의 습득과 식견을 갖도록 하는 것이다. 이렇게 습득된 개념적 지식은 교사와 학생, 학생과 학생 간의 다양한 소통 구조를 통하여 자신이 알고 있는 것을 자유롭고 유창하게 표현할 수 있도록 하며, 장기적으로는 내용교과의 지식 습득을 효과적으로 수행하게 한다. 즉, 개념중심 읽기에서의 개념적 지식의 구조는 개념, 근거가 되는 사실, 그리고 그것들

사이의 상호 연관성을 포함하고 있다(엄해영 외, 2007, p.190).

　거쓰리(1996, 1998, 1999, 2004, 2007)의 **CORI** 모형은 학습자의 홍미와 동기를 기반으로 하고 있다. 따라서 학습자의 개별화와 학습자 스스로 자신이 관심을 갖는 분야의 지식을 형성해가는 구성주의 교육에 근거한 교수·학습 방법을 강조한다. 1년간 2개 학교의 초등학교 3학년 학생 4학급을 대상으로 실험 연구한 그의 연구 결과는 매우 만족할 만한 것이었음을 밝히고 있다. 그러나 이러한 수업 모형이 우리나라의 현실에 그대로 적용하기에는 문제가 있음을 알 수 있다. 첫째, 우리나라의 초등학교 학생들은 이미 초등학교 입학과 동시에 글을 거의 깨치고 입학한다. 둘째, 미국과 달리 우리나라의 초등학교는 한 명의 교사가 언어 교과를 비롯한 주지 교과 대부분을 담당하고 있기 때문에 내용교과 수업이 통합적일 수 없으며, 별도의 내용교과 교사가 없는 관계로 교과의 독립성이 미국에 비해 절대적이지 않다.[1] 셋째, 첫 번째 단계인 '관찰과 개별화'의 경우 학습자 개인의 홍미와 동기에 가치를 둔 관점은 이해가 되지만 교육과정 내용구성에 근거한 교수·학습목표에 따른 우리나라의 수업 형태와는 현실적으로 차이가 있다. 넷째, 한 가지 개념을 학습하기 위한 것이라면 네 단계의 모형을 모두 수행할 수 있겠지만 내용교과의 특성상 개념적 읽기 활동에서 요구되는 개념적 지식은 하나 또는 그 이상일 수 있다. 따라서 여러 가지의 개념을 이해해야 한다는 것을 감안한다면 성과에 비하여 투입되는 내적, 외적 조건이 너무 과도할 수 있다는 것을 의심하지 않을 수 없다.

　우리나라의 교육적 현실을 감안한 개념중심 읽기 모형의 구안을 위하여 국어과와 수학과의 학업 성취도평가를 비교 분석한 것은 학습자들이 실제로 체감하는 내용교과 읽기의 문제 요인을 분석하기 위한 것이며, 이러한 문제요인 분석을 근거로 내용교과 텍스트 읽기의 핵심적 문제 요인을 도출

---

1) 중학교의 경우에는 내용교과 전담 교사들이 있으나, 이 연구는 거쓰리(1996)의 경우와 같이 초등학생들을 대상으로 하였기 때문이다.

할 수 있었다(김선민, 2007). 여기서는 그러한 문제를 해결할 수 있는 개념중심 읽기 모형을 '질문하기 → 탐색하기 → 적용하기 → 소통하기'의 과정으로 논의하기로 한다. 각각의 과정에 대한 이해를 돕기 위하여 다음의 5학년 2학기 과학 '2. 용액의 성질'과 관련된 텍스트를 예로 든다.

- 여러 가지 용액을 관찰하고, 기준을 정하여 분류해 봅시다. 분류 결과를 비교하여 봅시다.
- 여러 가지 용액을 리트머스 종이에 묻혀 그 때 일어나는 색깔 변화를 관찰하여 봅시다. 색깔 변화에 따라 용액을 분류하여 봅시다. 이번에는 여러 가지 용액에 페놀프탈레인 용액을 떨어뜨려 그 때 일어나는 색깔 변화를 관찰하여 봅시다. 색깔 변화에 따라 용액을 분류하여 봅시다.
- 리트머스 종이와 페놀프탈레인 용액을 이용해 분류한 결과를 비교하여 봅시다.
- 푸른 리트머스 종이의 색깔을 붉게 변화시키고, 페놀프탈레인 용액을 넣었을 때 색깔이 변하지 않는 용액은 산성 용액입니다. 붉은 리트머스 종이의 색깔을 푸르게 변화시키고, 페놀프탈레인 용액을 넣었을 때 색깔이 붉게 변하는 용액은 염기성 용액입니다.
- pH 시험지나 pH 측정기를 이용하면 용액의 성질이 산성인지 염기성인지를 알 수 있을 뿐만 아니라, 그 성질의 세기까지 측정할 수 있습니다. pH 시험지에 용액을 조금 묻혔을 때 나타나는 색깔을 기준 색깔과 비교하면, 산성 용액과 염기성 용액의 세기를 숫자로 나타낼 수 있습니다. pH 측정기에는 산성이나 염기성의 세기를 나타내는 숫자가 직접 나타납니다. 숫자가 7보다 적으면 산성 용액이고, 7보다 크면 염기성 용액입니다. 숫자가 작아질수록 산의 성질이 점점 강해지고, 반대로 숫자가 커질수록 염기의 성질이 점점 강해집니다.

1. 질문하기

질문하기는 내용영역의 학습 주제와 관련하여 학습자가 반드시 알아야 할 것이 무엇인가에 대하여 생각해 보는 과정이다. 학습자들은 내용영역과 관련하여 학습목표를 제시받을 것이다. 일반적으로 교사에 의하여 칠판이나 모니터로 제시되는 차시 학습목표는 학습자들이 해당 차시에 학습해야 하는 과제이며 활동의 주제이기도 하다. 우선적으로 학습자들은 자신이 무엇을 공부해야 하는지 확인할 수 있을 것이다. 학습 주제와 관련하여 교사의 안내를 받거나 선행 학습 또는 과제학습을 떠올릴 수 있을 것이다.

실험과 관찰을 위주로 하는 과학 시간에는 주어진 목표와 주제를 중심으로 사물이나 현상에 대한 관찰과 실험을 진행하면서 자신이 무엇에 대하여 학습하는지 알 수 있을 것이다. 이러한 일반적인 과학 수업 시간의 흐름에 비추어볼 때, 개념중심의 읽기 활동은 찾아보기 힘들다. 일단 학생들은 관찰이나 실험에 몰입한 나머지 해당 교과에 드러난 텍스트에 관심을 갖지 않을 것이다. 즉, '용액의 성질'과 관련하여 '산성', '염기성' 등의 용어에 대하여 읽기 대상으로서의 언어적 관심이 아니라 실험이나 관찰 대상으로서의 물질에 관심을 갖는다. 즉, 학생들은 과학 수업을 통하여 산성과 염기성 용액의 개념을 관찰과 실험을 통하여 이해하는 것이지 언어적인 정보를 통하여 개념을 형성하고 이해하는 것은 아니다.

과학적 지식의 습득은 실험과 관찰을 통한 직접 경험을 통하여 형성된다고 볼 수 있다. 그렇지만 우리가 여기서 관심을 갖는 것은 언어적 지식이나 정보의 습득이다. 즉, 실험이나 관찰이 수행될 수 없는 경우의 지식과 정보를 어떻게 효과적으로 습득할 수 있는가이다. 같은 학년의 내용 중 '4. 화산과 암석'이나, '7. 태양의 가족' 등은 화산 활동으로 인한 암석의 형성 그리고 태양계의 행성에 관한 것들이다. 이러한 내용을 학습하기 위하여 여러 가지 시각 자료를 동원하여 간접 경험하게 하지만 실제 교실 현장에서는—
가정학습이나 과제학습 또는 학원 등의 학교 밖 교육에서는 그보다 더 하
다—텍스트의 내용에 의존하는 경향이 적지 않다. 앞서 제시한 '2. 용액의
성질'과 관련된 텍스트를 보면 '산성', '염기성' 등이 핵심 개념이지만 핵심
개념을 이해하기 위해서는 핵심 개념을 지지하는 다른 개념들에 대한 이해
가 수반되어야 한다. '페놀프탈레인 용액'이나 '리트머스 종이', 'pH 시험
지', 'pH 측정기' 등이 바로 그렇다. 학습자들이 텍스트 상에서 산성 용액과
염기성 용액의 개념을 효과적으로 이해하고, 용액의 성질에 대한 지식을 습
득하기 위해서는 학습 주제와 관련된 핵심 개념뿐 아니라 핵심 개념을 지
지하는 다른 개념이 무엇인지 질문해 보아야 한다.

　질문하기의 주요 활동은 텍스트의 주제와 관련된 핵심 개념과 핵심 개념
을 지지하는 개념이 무엇인지 생각하고 찾아보는 것이다. 질문하기 과정에
서 텍스트를 읽는 전략으로 SQ3R을 활용할 수 있다. 질문하기 과정에서 핵
심 개념과 핵심 개념을 지지하는 다른 개념들이 무엇인지 알아보기 위하여
다음과 같은 방법을 수행한다.

- Survey(훑어 읽기) : 해당 텍스트를 빨리 읽어 나가면서 텍스트의 대강의
  내용을 확인한다.
- Question(질문하기) : 학습 주제가 무엇이며, 해당 차시에서 학습자가 도달
  해야 하는 목표가 무엇인지 다시 한번 확인한다. 질문하기 과정에서의
  질문은 SQ3R을 수행하는 과정 내내 지속되어야 한다.
- Read(본문 읽기) : 질문을 근거로 하여 주어진 텍스트 전체를 읽어 나간다.
  훑어 읽기와 달리 본문의 내용을 확인하면서 읽는다. 텍스트를 읽는 목
  적이 무엇인지 질문하기 단계에서 확인하였고, 지속적으로 자신의 텍스
  트를 읽는 목적이 무엇인지 알고 있기 때문에 학습 주제와 관련된 핵심
  어가 무엇인지 파악할 수 있다. 학습 주제와 관련된 핵심어는 핵심 개념
  과 관련이 있거나 핵심 개념일 수 있다. 이러한 핵심어에 집중하면서 주
  제와 관련된 핵심어라고 생각되는 어휘에 밑줄을 그어가면서 읽는다.

- Recite(꼼꼼하게 읽기) : 어휘 중심의 읽기를 한 후에는 학습 주제와 관련된 텍스트의 내용이 무엇이며, 텍스트를 통하여 무엇을 학습하는지를 확인하는 읽기 과정이다. 앞서 학습 주제와 관련된 핵심어 또는 주제어, 핵심 개념과 관련된 어휘들을 다시 한번 확인하면서 핵심 개념을 지지하는 문장에 밑줄을 그어가면서 읽는다. 이때 앞의 과정에서 밑줄을 그었던 핵심어에 오류가 있을 경우 수정을 할 수 있을 것이다.
- Review(점검하기) : 학습 주제와 관련 있는 핵심 개념어와 핵심 개념어를 지지하는 다른 개념어들 그리고 개념어를 둘러싸고 있는 문장들이 무엇인지 밑줄을 그어 명시적으로 확인한 후에는 그것들이 본시 학습 주제와 관련이 있는 것인지에 대한 점검이 요구된다. 해당 차시 학습목표는 학습 주제와 관련이 있으며, 주어진 텍스트는 해당 차시의 학습목표를 달성하기 위한 재료이고 재료로써의 텍스트는 학습 주제와 관련된 내용을 담고 있다. 내용교과의 학습 주제는 교과서에 드러난 텍스트에 명시적으로 진술되어 있다. 점검하기는 개념중심 읽기 과정의 가장 첫 단계인 '질문하기' 활동이 유효하게 수행되었는가에 대한 자기 점검이며, 최초의 오류로 인한 전체 과정의 오류를 방지하기 위한 활동이다. 따라서 교사와 학습자는 '탐색하기' 활동을 하기 전에 '질문하기'에서 이루어진 활동들이 정상적으로 이루어졌는지 상호 점검하는 작업이 필요하다.

'질문하기' 과정은 다음 과정으로 나아가기 위한 초석이 되는 활동이다. 따라서 학습 주제를 벗어나지 않도록 유념해야 한다. 능숙한 학습자는 SQ3R의 모든 과정을 수행하지 않고서도 핵심 개념을 담고 있는 어휘들을 선별할 수 있다. 유능한 학습자들의 읽기는 SQ3R의 다섯 단계를 거치지 않고서도 핵심 개념이 무엇인지 확인할 수 있다. 즉, 유능한 학습자들은 주어진 시간보다 훨씬 더 빨리 자신들이 해야 할 일들을 수행해낸다. 그들은 SQ3R의 과정을 SQ2R로 또는 SQR의 과정으로 단계를 줄여나갈 수 있다. 결국 주어진 시간에 따라 유능한 학습자는 보다 짧은 시간에 효율적으로 작업을 수행하지만 미숙한 학습자들은 모든 단계를 거치지 못하거나, 모든 단계를 거치고서도 자신에게 주어진 활동을 정상적으로 수행하지 못하는 경우가 있다. 그러므로 조별 협동학습을 통하여 능숙한 학습자들이 미숙한 학습자들의 '질문하기' 과정을 점검하고 오류를 수정해 주는 상호교섭적 활동을 통하여 다음 단계인 '탐색하기' 활동이 정상적으로 수행되도록 하여야 한다.

2. 탐색하기

질문하기에서 확인한 핵심 개념어, 핵심 개념을 지지하는 다른 개념들은 그것이 하나의 개념을 형성하기 위한 사실적인 근거를 갖고 있다. 사실적 근거는 기본적으로 개념어들이 갖고 있는 사전적인 의미를 뜻한다. 사전적 의미를 확인하는 것은 단순히 단어로서의 개념어를 파악하는 것이기도 하지만 개념어로서의 사전적 의미는 내용 텍스트의 전체적인 의미를 파악하는 가장 기본적인 작업이기도 하다. 내용교과 읽기의 문제 요인을 분석하는 연구에서 이미 언급하였듯이, 수학에서 분수와 약수의 수식을 계산하는 것은 가능하지만 수식을 문장으로 나타내어 문제를 해결하라고 했을 때의 학습자의 성취도 저하는 바로 해당 교과 학습의 주제와 관련이 있는 핵심 개념어에 대한 사전적인 이해가 부족한 때문이기도 하다.

앞에 주어진 예문에서처럼 용액의 성질을 알아보기 위하여 산성 용액과 염기성 용액의 성질을 확인하는 실험과 관찰이 진행되는 수업 장면에서 '리트머스 시험지'나 '페놀프탈레인 용액'은 '산성 용액'이나 '염기성 용액'이라는 핵심 개념을 지지한다. 하지만 이러한 용어들은 실험도구 또는 실험에 필요한 재료로서 인식될 뿐이지 언어적으로 어떤 사전적 의미를 갖고 있는지 알려고 하지 않는다. 만일 어떤 학습자가 리트머스 시험지와 페놀프탈레인 용액이 왜 변하는지에 대한 의문을 품게 되고 리트머스와 페놀프탈레인의 과학적인 사전적 의미를 알게 된다면, 실험과 관찰 학습을 통한 과학적 지식을 보다 의미 있는 정보로 저장할 수 있을 것이다.

이러한 실험[2]은 아주 간단하다. 동일한 학년에서 세 개의 집단을 구분하고 가) 집단은 일반적인 과학 수업을 진행한다. 일반적인 과학 수업이란 해당 차시의 학습 주제와 목표 도달을 가능하게 하는 교사용 지도서에 근거한 수업을 진행하는 것이다. 나) 집단은 텍스트 중심의 수업을 진행한다. 즉, 어떠한 실험과 관찰도 없이 언어적인 수업을 진행하는 것이다. 이 수업은 내용교과의 개념적 읽기의 극단적 수업 모델이다. 교과서에 주어진 텍스트(그림이나 실험 결과 등의 데이터를 포함하는 모든 텍스트)를 중심으로 학습 주제와 관련된 핵심 개념과 핵심 개념을 지지하는 개념어들을 찾아 개념어들이 갖고 있는 각각의 의미를 다양한 자료를 통하여 탐색하고 그것들이 서로

2)
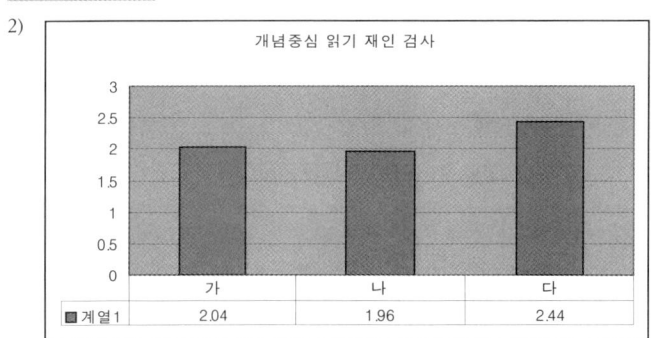

세 집단의 사전 평가는 별도로 시행하지 않았다. 서울 시내 I 초등학교 5학년 학생들을 대상으로 1학기 과학 성취평가 결과의 평균 점수가 오차범위 내에 있는 세 학급을 선정하여 실행하였기 때문이다. 원래 이 과학 단원은 5학년 2학기이지만 실험 집단의 사전 또는 선행 학습 가능성을 염두에 두고 해당 교사의 협조 하에 조기 학습을 진행한 후에 실험하였다. 실험 대상 학급 평균 인원은 28명이며, 특수학급 아동과 학습 부진아동은 실험에서 제외하였다. 문항별 1점을 부여하고 학급 평균 점수를 확인하는 정도의 단순한 검사를 하였다. 실험과 관찰을 위주로 한 일반적 과학 수업을 진행한 가) 집단의 재인 평균 점수는 2.04, 실험과 관찰을 배제한 텍스트 중심의 읽기 수업으로 진행한 나) 집단의 재인 평균 점수는 1.96, 실험과 관찰 수업 그리고 개념중심 읽기 수업 모형을 적용한 다) 집단의 재인 평균 점수는 2.44로 나타났다. 일반적인 실험 관찰 수업에 텍스트의 내용을 중시하는 개념중심 읽기 수업 모형이 적용된 학급의 수업 내용 재인평가 평균 점수가 월등히 높다는 것을 보여준다. 이러한 실험은 보다 체계적이고 명시적인 실험 설계를 통하여 다시 실행되어야 하겠지만 이러한 실험을 통하여 내용교과 읽기 문제해결을 위한 개념중심의 읽기 학습 효과에 대한 가정을 할 수 있었다는 점에서는 가치를 부여할 수 있을 것이다.

어떤 관계가 있는지를 파악하는 완전히 언어적인 수업을 진행하는 것이다. 다) 집단은 가와 나를 혼합한 형태의 수업을 진행하도록 한다. 이 경우 가) 집단과 나) 집단의 수업에 할애된 시간을 모두 활용할 수는 없을 것이다. 따라서 두 집단에게 부여된 시간을 조정하여 같은 시간을 이용하여 수업을 진행한다. 실험과 관찰을 수행하기 전에 해당 학습 주제와 관련된 개념어들에 대한 사전적[3] 의미를 파악한 후에 실험과 관찰을 통한 일반적인 과학 수업을 진행하는 것이다.

이 실험은 차후의 통계학적인 양적 실험 연구를 위한 사전 실험의 성격을 갖고 있었다. 그러나 이 연구의 결과는 예상과 달리 매우 흥미로운 결과를 보였다. 이 실험에서 집단을 셋으로 구분하여 세 집단에게 수업 직후의 사후 평가를 실행하였다. 다음과 같은 간단한 문제를 제시하여 해당 학습과 관련된 과학적 지식의 재인평가 문항을 풀게 하였다.

• 다음 (　　　) 안에 알맞은 말을 쓰시오.

　푸른 리트머스 종이의 색깔을 ㉠ (붉게) 변화시키고, 페놀프탈레인 용액을 넣었을 때 색깔이 ㉡ (변하지 않는) 용액은 산성 용액입니다. 붉은 리트머스 종이의 색깔을 ㉢ (푸르게) 변화시키고, 페놀프탈레인 용액을 넣었을 때 색깔이 ㉣ (붉게 변하는) 용액은 염기성 용액입니다.
　　　　　<※ 학습자에게 주어진 평가지에는 (　　　) 안이 비어 있음>

위의 문제가 과학적 지식의 효과적 습득에 대한 타당성을 확보하지는 않았으나, 해당 차시의 학습 주제와 학습목표를 근거로 한다면 학습자들은 해당 차시 학습 후에는 최소한 산성 용액과 염기성 용액의 성질을 기억하고 있어야 한다. 물론 학습자들에게 직접 실험을 해보게 하면서 과학적인 지식을 습득하였는지 평가할 수 있을 것이다. 그러나 우리나라의 교육 현실상

---

3) 여기서의 '사전적'이란 다양한 자료를 동원하는 것을 의미한다. 단순히 국어사전을 활용하는 것으로부터 백과사전이나 인터넷 사전 등 개념어의 의미를 파악하는 데에 도움을 얻을 수 있는 모든 사전적 자료 등을 의미한다.

직접 실험을 통하여 평가를 실행하는 경우는 그리 흔한 일이 아니기 때문에 실험 관련 교사들의 협조와 동의를 얻어서 일차적인 현장 신뢰성을 근거로 작성하였다. 통계적인 신뢰성 수치를 제공할 수는 없으나 세 집단의 학습 활동 후의 해당 차시에 대한 과학적 지식의 재인평가 결과를 분석하여 보면 내용교과에서의 개념어에 대한 탐색 과정의 중요성을 확인할 수 있다. 즉, 수업 직후 평가, 1주 후 평가, 2주 후 평가에서 학습자의 재인평가 평균 점수는 다)·집단이 가장 높았으며, 나) 집단도 실험과 관찰을 위주로 한 집단에 비하여 평가 평균 점수가 높게 나타났다. 물론 해당 수업을 진행한 교사와 학습자들의 단기, 장기 기억 능력 그리고 실험 수업이 내용교과 수업을 대표하는 것은 아니다. 그렇지만 이러한 가시적인 결과를 토대로 더 구체적이고 명시적인 실험 연구를 진행하여 객관성과 신뢰성을 확보할 수 있을 것이다.

탐색 과정은 개념적 읽기 모형의 가장 핵심 과정이다. 다양한 방법과 전략을 동원하여 학습자들의 탐색 활동을 지원할 수 있다. 학교의 정규 수업 시간을 통해서 탐색 활동을 수행할 수도 있지만 더 주도적이고 자율적인 탐색 활동을 수행할 수 있도록 지원하는 것이 장기적으로 효과적인 교수·학습 전략이 될 것이다.

탐색 과정은 다시 하위의 몇 개 과정으로 수행된다. '범주화→탐색→요약'의 과정은 탐색 과정에서 교사와 학습자가 수행하는 하위 과정이다. 탐색의 과정을 보다 효과적으로 수행하기 위해서는 무엇보다 개념들을 분류하는 것이 선행되어야 한다. 각각의 개념들은 동일한 학습 주제와 목표 안에서 유기적으로 존재하지만 그것들은 개념적 특성으로 인하여 독립적이기도 하다. 즉, 하나의 개념이 또 다른 개념과 유기적인 관계를 갖으면서 제3의 개념 또는 제4의 학습 주제와 연결되어 새로운 개념을 형성할 수 있다. 따라서 개념의 분류와 범주화는 탐색 과정의 효율적인 작업을 위하여 반드시 선행되어야 할 수행 과정이다.

범주화된 개념들은 그 개념들의 사실적 근거로부터 사전적인 의미를 파악할 수 있어야 하고, 과학적인 지식 구조의 틀 안에서 어떤 의미를 갖고 있어야 하며, 핵심 개념의 확립을 위하여 어떤 역할을 할 수 있는지 명시되어야 한다. 탐색 과정의 '탐색'은 개념중심 읽기 모형의 핵심 과정 중의 핵이라고 할 수 있다. '탐색'은 다양한 전략과 방법이 요구될 뿐 아니라 학습자의 수준과 능력을 고려하는 것은 물론 교육적 맥락에 적합한 자기주도적 동기와 습관을 형성하도록 도와야 한다.

범주화를 기초로 한 다양한 전략의 동원으로 산출된 탐색 자료들은 잘 정제되어 보존되어야 한다. 보존의 수단은 기본적으로 기억 장치가 될 수 있다. 인간의 뇌는 가장 훌륭한 기억 장치이지만 분명 한계가 있다. 인간 외적 장치를 활용한 탐색 자료의 보존에 신경을 써야 한다. 요약은 바로 탐색 자료의 보존을 돕기 위한 활동이다. 다양한 전략과 방법을 동원하여 산출된 탐색 자료들을 효과적으로 기억하기 위해서는 그것들을 효과적으로 압축하는 것이 중요하다. 요약은 바로 정보를 효과적으로 기억하고 저장하기 위하여 학습자가 수행하는 가장 직접적인 방법이다.

범주화의 전략으로는 개념도 작성이 효과적이다. 해당 차시의 학습 주제와 관련이 있는 핵심 개념으로부터 핵심 개념을 지지하는 다른 개념들의 구조를 그림으로 나타냄으로써 개념들을 분류하고 범주화하여 각각의 개념들이 담아내고 있는 의미들을 파악할 수 있게 한다. 개념도 작성은 텍스트를 근거로 하는 자료 중심의 개념도, 학습 주제와 관련하여 자신이 알고 있는 것들을 포함하여 작성하는 배경지식 중심의 개념도가 있다. 자료 중심의 개념도 작성은 텍스트에 드러나 있는 개념들 중에서 핵심 개념을 중심으로 핵심 개념을 지지하는 다른 하위 개념들의 구조를 가지로 나타내는 것이다. 배경지식 중심의 개념도는 학습 주제와 관련된 자신의 이전 지식과 경험, 관찰, 실험 등의 기억을 작동하여 보다 광범위한 개념의 구조를 가지로 보여준다. 배경지식 중심의 개념도에 비하여 자료 중심 개념도는 명시적이고 구체적이며, 수렴적인 사고를 자극함으로써 제한된 시간에 객관적인 정보를 수집하고 분류, 비교, 분석하는 데에 효과적이다. 그에 비하여 배경지식 중심 개념도는 학습 주제에 대한 확산적인 사고를 자극함으로써 다양한 과학적 지식을 동원하여 해당 교과 학습의 원 개념을 보편적으로 이해하고 수용하는 데에 바람직하다.

탐색 과정에서의 '탐색'은 앞서 언급한대로 개념중심 읽기 과정의 핵심적 과정 중의 핵심이라고 할 수 있다. 개념중심으로 내용교과의 텍스트를 읽고 이해하기 위해서는 내용교과의 개념적 지식을 담아내고 있는 어휘 즉, 개념어와 어휘에 관한 지식, 개념적 지식에 대한 이해가 선행되어야 한다. 따라서 탐색 활동은 개념어와 개념적 지식에 관한 사전적 탐색이라는 측면에서 학습자의 자발적인 동기와 흥미가 요구되어야 하며, 자기주도적인 학습 활동을 통하여 습관화되어야 한다.

MIE(Media In Education)는 탐색과 요약을 통합한 학습자의 자기주도적인 학습 방법이다. NIE(Newspaper In Education)의 텍스트 대상을 확장한 것으로 언어적 소통이 가능한 모든 대상 텍스트로부터의 탐색 및 요약 활동을 학습자 스스로 수행할 수 있도록 한다. MIE 학습 방법은 다음과 같다.

- 텍스트 탐색 : 내용교과와 관련이 있는 텍스트를 탐색하는 과정이다. 교과 학습 시간에는 주어진 내용교과의 텍스트를 대상으로 학습 주제와 관련이 있는 개념을 찾고 내용을 이해하지만 과제학습이나 교과 학습 활동 이외의 수도적인 개념중심 읽기 활동을 위해서는 학습자 스스로 텍스트를 탐색하는 과정부터 시작하여야 한다. 주로 신문, 인터넷, 잡지, 백과사전, 수리과학이나 사회문화 서적 등을 참고하여 대상 텍스트를 선정한다. 텍스트의 선정은 교과 학습과 관련된 내용을 선행 학습으로 탐색하는 과정이기도 하지만 이미 학습한 내용교과의 학습 주제와 관련이 있는 다른 텍스트를 탐색하는 것도 매우 유익한 활동이다. 탐색한 텍스트는 복사나 인쇄 등의 방법으로 스크랩한다.

- **개념어 찾기** : 텍스트 탐색을 통하여 선정된 텍스트에서 개념어를 찾는 과정이다. 이 과정은 개념중심 읽기 모형의 첫째 단계인 '질문하기' 과정의 활동과 동일하다. 스스로 찾은 텍스트를 '질문하기' 과정의 활동 방법으로 개념어를 찾는다.

- **개념어의 사전적 의미** : 개념어의 사전적 의미를 알아가는 과정이 바로 탐색의 중심 활동이다. 앞서 언급하였듯이 사전은 우리가 일반적으로 사용하는 언어 사전뿐만 아니라 백과사전과 인터넷 사전 등의 필요한 개념에 대한 지식을 제공받을 수 있는 모든 텍스트를 지칭한다. 현대적 개념의 사전은 이미 종이로부터 모니터로 이전한 지 오래이다. 도서관에서 정보를 얻는 것보다 무선 인터넷을 활용한 정보의 습득이야말로 최근의 학습자들에게 익숙한 사전 찾기의 방법이다. 그렇지만 처음부터 인터넷 등의 기계적 정보에 의존하기보다는 국어사전과 같은 기초적인 사전 찾기에서 백과사전으로, 백과사전에서 인터넷 사전의 활용으로 나아가야 할 것이다. 정보의 팽창으로 인한 질적 신뢰성을 확보할 수 없는 정보들을 구분하고 정련하는 것도 매우 중요한 탐색 활동 중의 하나이다.

- **개념어 문장 쓰기** : 개념어에 대한 사전적 의미를 파악하는 것과 동시에 개념을 형성하는 어휘들이 다시 어떻게 쓰일 수 있는지 확인해야 한다. 음은 같지만 뜻이 다른 경우가 많고 사전적으로 동일한 의미를 갖고 있지만 내용교과의 지식구조와 정보의 특성에 따라서 동일한 개념의 쓰임이 다를 수 있기 때문에 텍스트에서 쓰인 것과 같은 의미로 쓰이는 문장을 만들어 보아야 한다. 용액의 성질을 나타내는 생활의 물질 가운데 식초는 용액의 성질에 대한 개념을 지지하기 위한 또 다른 개념으로 존재하지만 조리과목에서는 음식의 맛을 결정하거나 변화시키는 재료의 개념으로 쓰이기 때문에 해당 텍스트와 학습 주제에 부합하는 문장을 기술해 봄으로써 개념의 올바른 이해와 쓰임을 재확인할 수 있다.

- **관련 텍스트 요약하기** : 텍스트의 개념어와 개념어가 들어간 문장의 올바른 표현을 바탕으로 최초의 텍스트를 요약하는 활동을 하여야 한다. 텍스트를 요약하는 활동은 그 텍스트의 내용을 얼마나 정확하게 이해하고 있는가를 결정하는 객관적 근거 자료이다. 텍스트를 요약하기 위해서는 그 텍스트가 담고 있는 지식과 정보를 올바르게 이해하고 있어야 한다. 텍

스트의 지식과 정보를 올바로 이해하기 위해서는 텍스트의 주제와 관련된 개념들을 이해하고 있어야 한다. 개념들에 대한 이해와 개념들의 쓰임을 정확하게 확인한 후에 원 텍스트를 요약할 수 있다면 주어진 텍스트의 지식과 정보를 효과적으로 습득하였다고 보아야 할 것이다. 요약하기는 학습자의 개념중심 읽기의 이해 수준을 평가할 수 있는 근거자료가 되기도 한다. 요약은 주어진 정보를 가장 효과적으로 기억하는 방법이다. 텍스트의 양이 해당 텍스트에 담긴 지식과 정보의 양을 결정하는 것은 아니다. 어떤 텍스트이건 간에 그 텍스트에는 핵심 개념을 중심으로 하는 지식과 정보가 담겨져 있다. 각각의 개념들에 대한 이해를 바탕으로 텍스트의 지식과 정보를 압축하여 저장할 수 있는 방법은 바로 요약이며, 요약을 통하여 학습 결과에 대한 기억과 재인을 보다 용이하게 수행할 수 있을 것이다.

- **텍스트 재구성** : MIE 학습 활동의 완성 단계이다. 해당 텍스트 또는 교과 학습 주제와 관련된 개념어와 개념적 지식 그리고 학습 주제에 대한 개념을 습득한 학습자들은 텍스트 구성자로서의 역할을 수행할 수 있다. 교과서뿐 아니라 내용교과의 지식이나 정보를 전달할 수 있는 텍스트를 창의적으로 구성할 수 있을 것이다. 텍스트를 재구성하기 위해서는 앞의 과정에서 탐색한 개념들과 탐색하는 과정에서 새롭게 발견한 자료들이 동원되어야 한다. 원 텍스트와 동일하거나 비슷한 내용의 텍스트는 무의미하다. 원 텍스트로 산출된 개념들을 다른 과학적 또는 수학적 개념들과 연결하여 새로운 내용 텍스트를 구성할 수 있다는 것은 개념중심 읽기 학습이 학습자의 초인지적 사고를 촉발하여 창의적인 글을 구성할 수 있게 한다는 것이다. 텍스트의 재구성은 개념중심 읽기 활동이 단순히 지식을 기억하기 위한 단편적 모형이나 전략의 활용이 아니라 학습자의 창조적인 사고 능력을 기르고 표현할 수 있게 하는 고차원적인 교육이라는 것을 의미한다.

3. 적용하기

학습 내용은 이해되고 이해된 것은 기억되어야 한다. 지식은 기억이며, 기억은 산출 능력을 통하여 활용되고 재구성된다. 적용은 지식의 산출이며, 기억의 표상이다. 내용교과의 지식과 정보는 실제로 적용되어 활용되는 정도에 따라 가치가 부여된다. 지식이 기억의 형태로 잔존하는 것은 무의미하다. 기억은 다양한 실생활의 문제를 해결하는 수단으로, 방법으로, 전략으로 드러나야 한다. 개념중심 읽기 모형의 '적용하기'는 내용교과의 지식과 정보가 어떻게 우리의 문제를 해결할 수 있을지 확인하는 과정이다.

용액의 성질에 대한 개념적 읽기 수업 모형이 적용된 학습을 수행한 후에 학습자는 해당 수업을 통해서 얻은 지식과 정보가 무엇이며, 그러한 지식과 정보를 통해서 알게 된 것은 무엇이고, 더 알고 싶은 것은 무엇이며, 이것이 우리의 삶에 어떤 변화를 가져다 줄 수 있고 어떤 문제를 해결해 줄 수 있을 것인지 생각해 보아야 한다. 적용하기를 통해서 학습자는 내용교과의 지식과 정보를 비판적으로 수용하고 삶의 문제에 대한 창의적 해결 방안을 강구할 수 있게 된다.

산성과 염기성 용액의 성질을 단순히 리트머스 시험지와 페놀프탈레인 용액의 변화로 인식하는 것이 아니라, 리트머스와 페놀프탈레인을 변화시키게 된 원인과 물질의 변화가 우리의 삶에서 발생하는 문제들을 어떻게 해결할 것인지에 대한 창의적 아이디어를 산출해야 한다. 실생활에서 쓰이는 식초나 암모니아수의 냄새 또는 각종 음료수나 과일 등의 맛과 주방이나 세탁용 세제 등의 성분과 쓰임을 알아보는 것이 바로 그런 활동 중의 하나이다. 적용하기는 어떤 면에서 실험이나 관찰에 의존하는 것이 훨씬 더 효과적일 수 있다. 그러나 실험이나 관찰을 하기에 앞서 앞의 과정에서 산출된 지식들을 정리하고 그것을 우리의 삶의 질적 개선에 어떻게 적용할지를 고민하는 것이 좋을 것이다.

교육이라는 것은 '지금, 여기서, 당장' 무엇을 해결하려는 것이 아니라 다가올 삶의 질을 향상시키기 위한 문제해결적 대안을 제시하는 것이기도 하다. 내용교과의 지식과 정보는 삶의 질을 향상시키기 위한 수단이나 장치로 존재해야 한다. 따라서 미래를 계획하기 위한 가장 합리적인 대안은 그것을 언어적으로 정리하는 것이다. K-W-L-A는 내용교과 읽기 전략인 'K-W-L'(Daniels, Zemelman & Steineke, 2007, p.101)[4]의 방법에 적용하기(Apply)를 추가한 것이다.

- 아는 것 : 내용교과 학습 주제와 관련하여 학습자가 이미 알고 있는 것이 무엇인지에 대한 자기 점검이다. 산성 용액과 염기성 용액을 구분하는 데에 필요한 실험 재료로서의 리트머스 시험지나 페놀프탈레인은 '용액의 성질'과 관련된 중요한 지지 개념들이다. 특히 초등학교 학생들에게 이러한 용어는 전문가적인 지식과 동일한 내용의 개념적 지식을 요구하기 때문에 그것을 알고 있기란 쉽지 않다. 만일 두 가지 실험 재료에 대한 사전 지식이 없다면 이러한 개념들을 이해하지 못한 상태에서 학습이 이루어지거나 주개념을 지지하는 개념들은 무의미해 질 것이다. 즉, 하나의 주개념을 지지하는 다른 개념들이 주개념과 맺고 있는 관계들로 인하여 학습 주제와 내용을 구성하고 있음에도 불구하고 주개념에 대한 집중 경향으로 인하여 지지 개념들은 실험 재료나 단어에 불과하게 된다. 개념적 읽기에서의 배경지식 즉, 스키마는 내용교과의 학습 주제에 대한 학습자의 기본적인 동기와 흥미를 유발하는 자극체이기도 하다. 아는 것은 내재된 지식이기도 하지만 알려고 하는 것에 대한 기본적 지식으로서 본시 학습 이전에 학습자가 주도적으로 수행해야 하는 필수 과정이기도

---

4) 'K-W-L'은 내용교과 문식성과 관련하여 학습자들이 수행하는 방법이다. 'What do you know?−What do you want to know?−What have you learned?'로 학습 주제와 관련하여 이미 알고 있는 것은 무엇이고, 알려고 하는 것은 무엇이며, 학습 산출물은 무엇인지를 정리하는 것이다. 일반적으로 다음과 같은 표를 활용한다.

What do you know?	What do you want to know?	What have you learned?

하다. 과제학습이나 자율학습 또는 사전 학습의 상기를 통하여 자신이 본시 학습과 관련하여 알고 있는 것을 도출해내야 한다. 따라서 교사는 학생들에게 차시 학습을 예고하고 학생들은 차시 학습에 대비하는 배경 지식 형성 과정을 수행해야 할 것이다.

• **알려는 것** : 내용교과 학습 주제와 관련된 개념들이 어떤 것이 있으며, 핵심 개념과 핵심 개념을 지지하는 다른 개념들을 일목요연하게 정리하여야 한다. 앞의 다른 과정에서 수행하는 방법들과 중복되는 활동이기도 하다. 개념중심 읽기 과정에서 가장 중요하고, 가장 많이 수행해야 하는 활동이 탐색 과정이며, 탐색 과정을 효과적으로 수행하기 위해서는 자신이 무엇을 알려고 하는지에 대한 정보를 정확하게 이해하고 있어야 한다. 내용교과의 텍스트는 문학적 텍스트와 달리 객관적인 자료와 근거에 의하여 진술된 내용들로 구성되어 있다. 따라서 텍스트의 내용을 바르게 이해하기 위해서는 텍스트의 내용을 구성하는 개념들이 무엇인지 파악해야 한다. 개념들은 단어이거나 어휘이기 때문에 어떤 것들은 중심 개념과의 연관성이 적은 것들이 있거나, 상관성이 없는 경우도 적지 않다. 교과서 텍스트의 경우에는 정련된 내용으로 구성되어 있지만 상업 출판물이나 검증되지 않은 매체의 텍스트들은 오개념을 유발하는 어휘들이 포함될 수 있다. 따라서 알려고 하는 것이 정확히 무엇인지 파악하는 것은 이후의 탐색 활동이 잘 이루어졌는지 그렇지 않은지를 판가름 하며, 불필요한 노력을 줄일 수 있게 한다. 개념도 작성은 그런 면에서 효과적인 수단이다. 용액의 성질을 알기 위하여 산성, 염기성 등의 핵심 개념과 핵심 개념을 지지하는 리트머스, 페놀프탈레인 등을 정확히 파악해야 하며, 이러한 개념들과 관련된 실생활의 모습이나 사물 등이 포함될 수 있을 것이다.

• **알게 된 것** : 학습 주제와 관련된 또는 목표에 설정된 내용들을 학습자가 이해하고 있는지 알고 싶다면, 학습자들이 수행한 결과로서의 지식 산출물을 확인해야 할 것이다. 알게 된 것은 학습자가 해당 학습 주제와 관련된 사실들이다. 학습자들은 다양한 자료를 수집하고 조사하여 자신에게 유용한 텍스트의 정보를 정확하게 이해할 수 있는 지식들을 탐색한다. 탐색 대상으로서의 지식은 학습 주제를 구성하는 개념들에 대한 지

식이며, 개념들에 대한 지식으로서의 앎의 과정을 올바르게 수행하였는
지를 보여주는 것이다. 용액의 성질을 알기 위하여 산성, 염기성 용액에
대하여 알게 되었을 것이다. 산성, 염기성 용액의 성질을 알기 위하여 리
트머스, 페놀프탈레인 등의 개념에 대하여 알았을 것이며, 리트머스 시
험지와 페놀프탈레인 용액이 변하는 원리에 대하여 알았을 것이다. 개념
중심 읽기의 핵심은 내용교과의 지식과 정보를 언어적으로 이해하는 데
에 목적이 있다. 실험이나 관찰을 통하여 경험하는 것 이외에 실험이나
관찰 과정에서 학습자가 알고 있어야 하는 언어적 지식과 정보에 대한
효과적인 습득 그리고 언어적 지식과 정보가 내용교과의 학업 성취에 기
여한다는 전제에 근거한다. 내용교과의 학업 성취를 알아보기 위한 평가
의 모든 과정이 실험, 관찰, 조사 및 답사, 연산, 측도, 조리 등의 형태로
이루어진다면 더 이상 할 말은 없을 것이다. 일상생활의 모든 장면과 내
용교과는 맥을 같이 하지만 학습의 장에서는 언어적 지식과 정보를 어떻
게 수용하고 반응하는가에 따라 학습자의 지식수준이 판단된다.[5] 따라
서 알게 된 것이 무엇인지 언어적으로 표현하는 것은 내용교과의 학습
주제, 목표 등이 학습자들에게 올바르게 수행되었는지를 알아보는 기준
이 되기도 하며, 학습자 자신의 지식 축적에도 도움이 된다.

• **적용할 수 있는 것** : 알게 된 개념들에 대한 지식은 해당 교과의 학습 주제
와 관련된 것이지만, 그것을 해당 수업 시간의 것으로 끝을 내기보다는
더욱 확장된 지식으로의 전이가 필요하다. 용액의 성질과 관련된 산성,
염기성, 페놀프탈레인, 리트머스 등의 개념들은 그 탐색의 과정 자체가
쉽지 않을뿐더러 다양한 자료를 수집하고 정리하는 과정을 통하여 알게
된 것이다. 과학적인 실험과 관찰은 행위를 통한 지식으로 저장되어 그
와 관련된 행위에서 다시 재인될 수 있지만, 언어적 지식과 정보는 행위
를 포함하여, 언어적인 요구 조건 하에서도 얼마든지 재인될 수 있다는
장점이 있다.[6] 과학이나 사회, 수학이나 실과 등의 내용교과는 일상생활

---

5) 내용교과의 수행평가는 주로 실험, 관찰, 계산, 실습, 조사 등의 학습자 직접 수행으로 실
행되기도 하지만 고학년으로 갈수록 지필평가에 의존하는 경향이 강하다. 과학과의 실험
보고서, 사회과의 조사보고서, 실과의 실습보고서 등으로 수행평가를 실시하는 것을 보면
내용교과의 학업 성취도 판별이 거의 대부분 언어적으로 이루어지고 있다는 것을 알 수
있다.

과 밀접한 관계가 있을 뿐만 아니라 실용교과의 성격을 갖고 있기 때문에 언어적 지식의 습득보다는 직접 경험을 통한 생활 지식으로서의 습득을 중요시한다. 그러나 고학년으로 갈수록 내용교과의 지식과 정보는 질적, 양적 팽창으로 인하여 모든 것을 다 경험적으로 이해하기에는 무리가 있다. 따라서 텍스트를 통한 간접 경험, 다양한 미디어 자료를 통한 이해를 바탕으로 해야 한다. 내용교과의 언어적 지식과 정보의 습득은 그것이 직접 경험에 의한 것이 아닐지라도 학습자의 상위 학년 진학이나 보다 전문가적인 지식을 습득하기 위하여 반드시 요구되는 것이며, 개념적 읽기의 언어적 정보는 그것을 지원한다.

적용하기 과정은 언어적 지식 즉, 개념에 대한 언어적 정보들을 어떻게 다른 것들과 연결하여 유용하게 활용할 것인지에 대한 학습 활동이다. 수학과의 확률 단원을 학습 한 후에 친구 세 명이 가위 바위 보를 해서 이길 수 있는 확률을 예측한다거나, 축구 경기의 승률을 통하여 우리나라 대표 팀의 올림픽 출전 가능성을 타진해 본다든지 하는 것이 바로 그것이다. 이와 같은 일상생활의 실용적 적용 이외에 학습 활동과 관련하여 새로운 개념과 비교하거나 대입하여 적용활동을 수행할 수도 있을 것이다. 산성 용액의 성질을 이용한 과학적 현상이나 탐구 과정에 대하여 알아보고, 그것이 다른 성질의 용액과 어떻게 작용하는지를 생각해 보는 것이다. 적용하기는 학습자 중심의 주도적 활동이며, 학습자가 알게 된 것을 바탕으로 창조적인 사고력을 작동하는 활동이다.

---

6) 앞의 재인평가 실험은 이것을 증명한다. 즉, 해당 차시 학업 성취도평가를 학습자들이 동일한 과정을 반복하도록 하는 실험관찰평가와, 말과 글로 표현하게 하는 언어적 평가로 구분하였을 때, 개념중심 읽기를 병행한 실험관찰 집단은 실험관찰 만을 위주로 수업을 진행한 집단에 비하여 실험관찰평가 수행은 물론 언어적 평가 수행에서도 앞선다는 것을 확인할 수 있다. 즉, 실험과 관찰이라는 과학과의 본래 수업 진행 방식에 개념중심 읽기 수업을 병행하였을 경우 이 집단의 학습자들은 실험과 관찰을 본래의 과정대로 수행하는 것은 물론 실험관찰 과정을 통하여 알게 된 사실들을 말이나 글로 표현해냄으로써 지필평가 점수를 높게 받을 수 있었다. 또한 개념중심 읽기를 통한 내용교과 학습의 결과로 기억된 개념들은 학습자들의 내용 스키마로 형성되어 필요한 경우 유용하게 산출될 것이다. 이와 관련된 실험적 연구는 보다 구체적이고 명시적으로 실행되어 보고될 필요가 있다.

4. 소통하기

개념중심 읽기의 학습자 활동은 개별적이기보다는 협동적이어야 한다. 개개인의 능력을 중시하면서 상호 소통하는 관계 속에서 지식의 교류와 습득이 이루어져야 한다. 비고츠키의 사회구성주의에 입각한 비계(Scaffolding)학습은 상호 소통의 가장 유익한 학습 방법이다. 능숙한 학습자와 미숙한 학습자간의 유기적 협동 관계를 통하여 능숙한 학습자는 자기점검의 기회를, 미숙한 학습자는 보다 나은 학습 정보를 공유할 수 있게 된다.[7] 소통의 방법은 문자언어나 구두언어로 이루어진다. 일반적인 내용교과 수업 상황에서의 보고서를 활용한 문자언어 소통은 다소 일방적이라는 생각을 지울 수 없다. 학습자들은 교사를 평가자로 생각한 나머지 정답에 의존하는 경향을 보이고, 학습자간의 소통은 그들 간의 경쟁을 유발함으로써 불가능한 경우가 발생한다. 따라서 교사와 학습자 간의 소통보다는 학습자 상호간의 소통

---

7) 본 연구의 탐색 과정을 학습자들이 효과적으로 수행할 수 있도록 하기 위하여 사전 찾기 방법을 알게 하는 것은 매우 중요하다. 국어사전이나 백과사전 또는 인터넷이나 전자 사전 등을 통하여 개념에 대한 탐색을 하여야 하기 때문이다. 초등학교 3학년부터 국어 교과서에 사전 찾기에 대한 방법이 나온다. 본 연구를 진행하면서 구성주의적 비계학습의 효과를 인식한 계기가 된 것은 바로 학습자간 비계학습을 통한 사전 찾기 수행의 관찰이었다. 초등학교 2학년 아동들을 대상으로 내용교과의 낱말의 뜻을 찾는 연습을 하기로 하였다. 교사는 사전 찾는 방법을 직접교수법으로 진행하기 위하여 사전을 준비할 것을 일주일 전에 예고하였다. 해당 수업 시간이 되었을 때 연구자는 다른 업무로 인하여 아동들을 방치하게 되었다. 학생들은 4명에서 6명의 능숙한 학습자와 미숙한 학습자가 혼합된 형태의 모둠을 형성하고 있었다. 한 시간의 수업 시간이 교사의 방치로 인하여 지나갔다. 다음 시간에 정상적인 수업을 진행하려고 할 때에 학급의 50% 이상 아동이 사전에서 낱말을 찾을 수 있었다. 능숙한 학습자들이 일주일 전에 사전을 갖고 찾는 연습을 미리 하였던 것이고, 한 시간의 방치된 시간 동안 능숙한 학습자가 평범한 학습자들에게 사전 찾기 방법을 전이한 것이다. 연구자는 다음 시간에 곧바로 비계학습 활동으로 적용하였다. 그러자 단 한 번의 교사의 지시나 안내 없이 90%의 학생이 사전을 찾을 수 있게 되었고 3차시 때엔 모든 학습자가 사전에서 원하는 낱말을 찾아 뜻을 알아낼 수 있었다. 이러한 관찰 결과는 학습자간의 상호 소통이 학습에 얼마나 많은 영향을 미치는지를 알려주는 것이다. 능숙한 학습자들은 미숙한 학습자들에게 자신의 앎을 전이하면서 자기를 점검하고 평가하는 초인지적 학습 태도를 보였으며, 보다 상위의 기능―사전에 나오지 않는 복합어의 뜻을 찾는 것 등―을 발현할 수 있게 되었다.

을 우선적으로 수행하는 것이 효과적이며, 문자언어 소통에 우선하여 구두언어 소통을 강화할 필요가 있다. 'R-S-W(Reading – Speaking – Writing)'는 기존의 문자언어 중심의 내용교과 언어활동에 대한 대안적 모형이다. 보고서든, 미디어를 이용한 프레젠테이션이든 간에 구두언어 활동이 개입되도록 하여야 한다. 일반적인 교실 상황에서의 문자언어 중심 소통은 자칫 학습자들의 읽기 활동을 방해하거나 읽기에 대한 흥미를 잃게 한다. 거의 대부분의 내용교과 학습 활동의 학습자 산출물은 문자언어의 형태로 남는다. 이것조차도 학습자 간에 읽기 소통마저 없는 교사 평가 자료로서의 결과물에 불과하여 결국엔 휴지통으로 가게 되는 경우가 허다하다. 이러한 식의 학습 활동은 학습자들의 흥미를 소실하게 하여 자기주도적인 학습 활동을 방해한다. 무엇보다 문자언어로서의 소통이나 결과물은 최종의 단계 또는 꼭 필요한 경우가 아니면 권장하지 말아야 한다. 문자언어로 표현된 결과물을 산출하기 전에 충분한 구두언어적 소통이 이루어져야 한다. 해당 학습 주제나 단원의 최종 단계에서 또는 협동학습 과정에서 조별 활동 작업으로 수행하는 것을 생각해 보아야 할 것이다. 학습자 개개인에게 요구되는 보고서 형태의 결과물은 학습자의 입을 봉하게 하여 적극적인 표현을 막아 사고의 활성화를 기대하기 어렵다. 따라서 R-S-W 모형을 다양한 형태로 변형한 소통 학습을 실행하여야 한다. 즉, R-S, S-W, S-R, W-R, W-S-R 등의 형태로 변형하여, 항상 구두언어적 소통이 존재하는 상호 소통적 학습 활동이 수행되어야 한다. R-W 또는 W-R의 읽기와 쓰기가 양립적으로 존재하는 학습 활동의 경우에는 쓰기가 읽기 활동을 방해하고 읽기 활동을 수행하는 학습자 동기와 흥미를 상쇄하게 하는 결과를 낳는다.

거의 모든 교수 · 학습 모형이 그렇듯이 개념중심 읽기 모형 또한 유기적이고 순환적이다. 각각의 과정은 독립적이면서 이전 단계 또는 다음 단계와 연결되어 있으며, 각각의 단계는 또 다른 학습 전략이나 방법들로 인하여 단위 학습 시간 내에서의 다양한 활동을 가능하게 한다. 거쓰리의 모형에 비하여 실제 교실 장면에 적합하도록 과정을 축소하여 효과적으로 수행할 수 있게 하였으며, 우리 교육 현실에 알맞은 언어 중심의 내용교과 학습에 적합한 전략과 방법을 적용한 모형을 제안하였다. 이것을 그림으로 나타내면 다음과 같다.

[개념중심 읽기의 순환 모형]

앞서 논의하였듯이 각각의 과정은 독립적이면서도 상호 유기적인 관계를 갖고 있다. 어떤 과정은 해당 차시에 모든 과정을 수행할 수 없다. 이 모형은 탐색하기에 초점을 두고 있기 때문에 탐색에 도움이 되는 다른 과정들을 유기적으로 연결하여 수업을 진행하는 것이 효과적이다. 각각의 과정에 속한 전략들은 해당 과정에서만 유익한 것이 아니라 다른 과정에서도 부분적으로 또는 전적으로 유용하게 활용될 수 있다. 따라서 한 과정에서 하나의 전략을 적용하는 것이 아니라 수업의 주제와 목표에 적합한 전략을 택해서 적용하는 것이 효과적이다. 수학, 과학, 사회, 실과 등의 내용영역의 학습 주제와 활동은 각각의 지식 구조와 특성이 있기 때문에 해당 영역의 지식과 내용 구조 그리고 교수·학습 방법과 관련하여 적용하여야 한다.

위의 순환 모형은 기본적으로 개념중심 읽기 과정을 수행할 수 있는 형태이다. 개념중심 읽기 교수·학습 지도의 초기 단계에서는 단선 과정을 수행하기를 권장한다. 개념중심 읽기 교수·학습이 학습자들에게 익숙해질 때까지 일련의 과정을 순차적으로 수행하도록 지도하는 것이 효과적이다. 학습자들은 내용영역의 학습 활동을 할 때에 자신이 무엇에 대하여 관심을 갖고 질문을 하여야 하며, 그 질문에 대한 탐색을 어떻게 진행하여야 할지를 정확하게 파악하고 있지 못하다. 일단 탐색의 과정이 수행되면 적용과 소통은 비교적 수월하게 진행된다. 처음부터 순환 모형 과정에 의한 교수·학습을 진행할 경우, 미숙한 학습자들은 자신의 역할과 학습 활동 내용에 대하여 구체적인 인지를 하지 못한다. 능숙한 학습자들의 경우에는 질문과 탐색을 통합하거나, 적용과 소통 과정을 통합하여, 탐색의 과정을 연역적으로 수행하기도 한다. 보다 창의적이고 구성적인 학습을 수행하는 내용영역의 학습 활동에서는 무엇을 탐색할 것인지, 어떤 것에 대한 의문점을 품고 그 의문에 대한 답을 어떻게 찾을 것인지를 결정하기 위하여 소통의 과정을 먼저 수행하는 경우도 있다. 따라서 능숙하거나 훈련된 학습자들에게는 순환 모형이 효과적이지만, 초기 학습자 또는 미숙한 학습자들은 단선 모형의 과정을 거친 후에 순환 모형의 과정으로 이행하는 것이 효과적이다.

제 4 장

학습을 위한 내용영역 읽기 교수·학습의 실제

언어를 매개로 하지 않고서 인간의 지식을 저장하거나 소통할 수 있는 방법을 찾기란 쉽지 않을 것이다. 종이건 기계이건 간에 문자언어는 지식을 저장하고 소통할 수 있는 가장 막강한 매체이다. 지식과 정보의 양이 증가할수록 언어를 통한 소통의 중요성은 그 어느 때보다 강조된다. 인간의 두뇌에 대한 연구가 보다 과학적으로 발달하면서 언어의 사용과 지식의 저장은 학습의 새로운 패러다임으로 자리 잡게 되었다. 지식은 어떤 형태로든 저장되어야 하며, 저장된 지식은 소통에 의하여 가치를 발산한다.

언어적 소통의 중요성이 지식의 증가와 맥을 같이 하는 것은 지식의 양적 팽창은 물론 보다 전문화, 세분화되어 가는 추세와 관련이 있다. 전문지식은 물론 학교에서 학생들이 배우는 모든 지식들도 변화하는 시대와 맥을 같이 한다. 따라서 학생들은 새롭게 변화하고 증가하는 전문적인 지식의 습득에 대처하여야 한다. 지식은 개념의 집합이다. 아주 작은 개념으로부터 거대 담론의 개념에 이르기까지 지식은 개념들의 유기적인 집합으로 이루어진 기억 또는 저장의 실체이다. 개념들은 언어의 아주 작은 단위로 나타낼 수 있는 것에서부터 길고, 장황하게 설명하여야만 하는 것까지 매우 다양하다. 어떤 개념은 국어사전의 의미만으로 습득이 가능하기도 하지만 어떤 개념은 인터넷이나 도서관의 장서를 섭렵해야만 알게 되는 것이 있다. 단순한 기억만으로 인지가 가능한 개념과 메타 인지가 요구되는 개념이 있다.

읽는 행위의 모든 것이 지식의 습득 즉, 개념의 집합을 형성하기 위한 목적을 갖고 있지는 않을 것이다. 어떤 글 읽기는 개념보다 인성이나 인격 또는 정신 도야와 같은 보다 상위의 목적에 가치를 둘 것이다. 텍스트의 지식을 습득하려는 필요성을 갖고 있지 않을 경우에는 독자의 별다른 읽기 전략이나 방법이 없이도 자연스럽게 내용을 숙지하고 감동을 얻을 수 있다. 일상의 경험을 통하여 자연스럽게 지식이 습득되는 경우도 적지 않지만, 어떤 특별한 목적이나 필요성에 의하여 지식을 습득하는 경우 학습자는 지식의 습득을 위하여 읽기 전략을 동원한다. 양질의 개념을 지식의 덩어리로 구성하기 위해서 보다 나은 전략을 동원하는 것은 학습자의 메타적 전략이며, 교사는 학습자로 하여금 메타 전략의 동원과 창의적인 문제해결 능력을 향상시키기 위하여 노력하여야 할 것이다.

1. 질문하기의 실제

내용영역 읽기에서 학습자들이 가장 먼저 인지하여야 할 사항은 자신이 왜 글을 읽어야 하는가에 대한 자문이다. 내용영역의 글을 읽는 상황은 주어진 목적이 분명하기 때문에 그것이 무엇인지를 확실히 인지하지 못하면 학습자들이 글을 읽는 상황에서 무엇을 알려고 하는지, 알고자 하는 것을 어떻게 알 수 있는지, 알게 된 것을 어떻게 활용하여야 하는지를 인식하지 못하고 우왕좌왕하게 된다. 내용영역 읽기에서 학습자들이 겪는 가장 기본적이고 근본적인 문제이며, 현장의 교사들이 인식하는 가장 큰 문제는 학습자들이 내용영역의 글을 읽을 때에 목적과 의도를 분명하게 알고 있지 못하여 글 읽기의 방향을 잡지 못한다는 것이다. 읽기의 방향을 알지 못한다는 것은 읽기의 목적이 무엇인지를 알고 있지 못한다는 것이다. 따라서 질문하기의 과정에서는 읽기의 목적과 의도가 무엇인지 정확하게 인지하는 연습을 하여야 한다. 내용영역의 글 읽기에서 읽기의 목적과 의도는 주어진 문제가 무엇인지를 파악하는 것이다. 읽기의 목적과 의도는 나에게 주어진 문제가 무엇이고, 주어진 문제를 해결하기 위하여 어떤 답을 얻을 수 있는지 인지하는 것이다. 예를 들어 초등학교 2학년 과학과 관련된 그림자 길이의 변화와 관련된 내용의 글을 읽을 때에 학습자들은 관련 자료의 주제나 등장인물, 배경이나 사건 등에 관심을 갖기 이전에 왜 이 글을 읽는가에 대한 질문을 하여야 한다. 그림자의 길이의 변화와 관련이 있는 글을 읽으려고 한다면 학습자는 그림자의 길이 변화가 왜 일어나는지 알아보기 위하여 글을 읽으려고 하는 것이다. 만일 이러한 질문을 하지 않고 글을 읽는다면 글의 주제나 개념에 집중하기보다는 배경이나 사건 등의 여러 가지 텍스트 요인에 정신이 분산되어 글을 읽은 후에도 무엇을 알려고 하였는지 혼란을 겪게 된다.

2학년 학생들에게 질문하기 과정은 그리 쉬운 활동이 아니다. 아직 초기 읽기 단계를 벗어나지 않은 아동들이 있을 뿐만 아니라 교과서 이외의 글들은 교과서 내용보다 양적, 질적인 면에서 난이도가 높은 경우가 많기 때문에 자신이 알고자 하는 것이 무엇인지 스스로 자문하고 인식하는 것은 쉬운 일이 아니다. 초등학교 2학년 학생들의 3월은 아직 교과서 수준의 질문과 답에서 벗어나지 못한 상태이다. 즉, 교과서의 단순한 질문에 대한 답을 구하는 수준의 읽기를 수행하는 것으로 만족하기 때문에 보다 길고 어려운 내용의 텍스트를 접하게 되면 글의 내용을 파악하기는커녕 무엇을 알기 위하여 글을 읽는지 조차 알지 못한다. 결국 질문하기 과정을 제대로 수행하지 못하면 다른 과정 또한 수행할 수 없다는 것을 의미한다. 질문하기를 통해서 자신에게 주어진 문제가 무엇인지를 인식하여야 그 문제를 해결하기 위한 탐색을 수행할 수 있는 것이다. 질문이 없다면 탐색도 없다. 무엇을 탐색하여야 하는지 알지 못한다는 것은 자신에게 주어진 문제가 무엇인지 인지하지 못한다는 것이다.

질문하기 과정의 SQ3R은 내용영역 읽기의 일반적인 방법이지만 질문하기에서는 글을 반복하여 읽으면서 자신에게 주어진 문제를 찾는 데에 집중하는 활동이다. 질문하기 과정에서의 읽기 활동은 ① 질문 인식을 위한 읽기와 ② 질문 만들기를 위한 읽기, 두 가지로 나누어서 활동할 수 있다. 질문 인식을 위한 읽기는 이미 자신에게 어떤 문제가 주어져 있고 그 문제를 해결하기 위하여 글을 읽는 경우이며, 질문 만들기를 위한 읽기는 주어진 문제가 없는 상태에서 주어진 글을 대상으로 그 글과 관련된 문제를 만드는 학습자 주도적인 구성적 읽기 활동이다. 질문 인식을 위한 읽기는 거의 모든 내용영역의 읽기 과정에서 중요하게 사용된다. 반면에 질문 만들기를 위한 읽기는 학습자가 스스로 문제를 만들고, 그 문제를 해결하기 위한 방법을 탐색하기 위한 읽기이기 때문에 메타적인 읽기라고 할 수 있다.

질문 인식을 위한 읽기를 할 때에는 학습자에게 이미 주어진 문제가 있기 때문에 글을 읽을 때에 주어진 문제를 지속적으로 확인하면서 글에서 필요한 정보를 수집하고 탐색하는 데에 집중할 수 있다. 반면 질문 만들기를 위한 읽기를 할 때에는 글에서 문제를 만들어내야 하기 때문에 지속적으로 문제를 구상하여야 한다. 글의 내용과 관련이 있는 문제를 만들어야 하기 때문에 보다 정확하고 구체적으로 내용을 파악하여야 하는 것은 물론이고, 글을 바탕으로 자신이 이해한 내용과 자신이 이미 알고 있는 것들을 통합하여 창의적인 문제를 생산해내야 한다.

질문하기의 첫 단계는 글을 읽을 때에 글을 읽는 목적이 무엇인지 인식하게 하는 것이다. 즉, 문제가 무엇인지 알고 글을 읽게 한다. 학생들은 거의 매 시간 교과서의 글을 읽는다. 교과에 따라 텍스트의 양의 차이가 있기는 하지만 모든 교과의 교재에는 읽을거리가 있고, 읽을거리들은 반드시 주어진 문제와 관련이 있다. 따라서 학습자들에게 교재의 주어진 글을 읽으라고 할 때에는 반드시 그 글이 어떤 문제와 관련이 있는지를 인식하게 하여야 한다. 교재의 모든 글은 해당 단원의 학습목표와 관련된 내용이고 어떤 문제와 관련이 있는 것이지만 주어진 글의 전후에 문제를 즉시 부여하지 않은 경우에는 자신이 읽은 글의 내용이 어떤 문제와 관련이 있는지 알지 못하기 때문에 읽기의 효과를 상실하게 된다.

질문하기의 두 번째 단계는 질문을 만들어가는 읽기이다. 이 경우에는 교재의 글을 읽기보다는 내용영역의 글을 별도로 준비하여 읽게 하는 것이 좋다. 교과와 관련된 이야기 글이나 백과사전, 잡지, 인터넷, 신문, 관련 도서 등의 글을 읽는 것이 좋다. 질문 만들기를 위한 읽기는 학습자의 주도적인 읽기이며, 주어진 문제의 해결을 위한 읽기가 아니라 문제를 만들기 위한 읽기이기 때문에 글의 내용을 파악하는 것은 물론이요, 읽은 글에서 의미 있는 문제를 만들어내기 위하여 다양한 사고 활동을 하게 된다. 이때 학습자들은 자신이 이미 알고 있는 내용을 동원하기도 하고 글에 드러나 있는 내용을 파악하는 것은 물론 글에 숨겨져 있는 내용들까지도 파악하려는 의지를 갖게 된다. 따라서 질문을 만들기 위한 읽기는 구성적이며 창조적인 활동이다.

평범한 학습자들은 질문이 무엇인지를 인식하는 데에 초점을 둔 읽기를 수행하도록 한다. 능숙한 학습자들은 질문 만들기에 초점을 둔 읽기를 수행하도록 하며, 미숙한 학습자들은 교재의 내용을 참고하여 교재에 제시되어 있는 문제를 모방하여 질문을 찾도록 지도한다. 대상 텍스트는 교과서와 관련 교재 그리고 신문을 중점적으로 활용한다. 미숙한 학습자들은 당일 학습한 내용영역 또는 교과와 관련하여 교과서에 제시된 문제를 찾는 것으로 시작한다. 이미 교과서에 제시된 문제를 찾는 것이 어떤 의미를 갖는지 의심하지 않을 수 없을 것이다. 그러나 미숙한 학습자들에게는 이것조차 쉬운 일은 아니다. 소수의 미숙한 학습자들은 자신에게 주어진 문제가 무엇인지

조차 인식하지 못한다. 따라서 교과서의 문제를 중심으로 개념중심 읽기 과정을 수행하도록 안내하는 것이 우선적인 문제이다. 질문이 무엇인지 알면 다음 과정을 수행할 수 있기 때문이다. 만일 질문하기에서 문제를 파악하지 못하면 그 다음 단계로 나아갈 수 없기 때문에 초기의 미숙한 학습자들에게는 교과서에 제시된 문제를 그대로 옮겨 적도록 하는 것도 좋은 방법이다. 평범한 학습자들의 경우에도 초기에는 교과서에 제시된 문제를 그대로 옮겨 적는 것을 시작으로 하여야 한다. 일단 문제가 주어져야 다음 과정을 수행할 수 있는 것은 미숙한 학습자나 평범한 학습자나 마찬가지이다. 따라서 일주 정도는 교재에 제시된 문제를 바탕으로 질문하기 과정을 수행하도록 해야 할 것이다. 단, 자신이 찾은 문제가 어떤 내용과 관련이 있는지를 연결시킬 수 있어야 한다. 예를 들어 '하루 중 그림자의 길이가 다른 까닭은 무엇인가요?'라는 문제를 인식하였을 때 그 질문과 관련이 있는 교재의 내용이 무엇인지 연결시킬 수 있어야 한다. 문제와 관련 내용을 연결시키기 위하여 교과서의 내용을 그대로 동원할 수 있으며, 보다 나은 경우 교과서 이외의 교재를 동원하여 관련 내용이 무엇인지 확인할 수 있을 것이다.

능숙한 학습자들은 교과서 이외의 다양한 텍스트를 이용하여 질문을 만들 수 있다. 다양한 미디어 매체를 활용한 질문 만들기는 학생들이 단순히 질문을 만들기 위하여 글을 읽는 것이 아니라 자신이 무엇을 읽고 있는지를 수시로 점검하고, 자신의 질문에 따른 읽기의 목적을 구체적으로 의식할 수 있다는 데에 의미가 있다. 문제가 제시되지 않은 글을 대상으로 질문 만들기를 위한 읽기를 할 때에는 글의 내용을 정확하게 파악하는 것은 물론 글에 담겨 있는 지식과 정보가 무엇인지 알아야 하며, 그러한 지식과 정보가 어떤 문제를 만들어낼 수 있는지 분석하고 평가하여야 한다. 질문을 만들기 위하여 학생들은 다양한 시각에서 글을 읽어 나가며, 글을 읽으면서 자신이 이미 알고 있는 배경지식을 동원하여 새로운 문제를 도출할 수 있게 된다.

1) 수준별 어휘 지도(The four-level framework)

개념중심 읽기에서 개념어는 학습자들의 텍스트 이해를 효과적으로 수행하기 위한 필수 요인이다. 개념어에 대한 의미를 파악한 후에 텍스트 전반에 관한 이해를 도모할 수가 있다. 개념어에 대한 이해는 학습자들의 수준과 능력에 따라 차이가 있다. 어휘지식이 풍부한 학습자와 그렇지 않은 학습자간의 차이가 있고, 텍스트의 난이도에 따라 개념어의 수준이 다르다. 초등학교 1학년 학생들에게 보름달은 친숙한 단어이지만 페놀프탈레인 용액은 그렇지 않다. 어떤 수준의 어휘 지식과 능력을 갖고 있는가에 따라, 어떤 수준의 텍스트를 접하고 있는가에 따라 이해의 정도가 다르다. 학생의 수준과 텍스트의 난이도에 따라 학습자들이 알고 있는 어휘와 그렇지 않은 어휘가 있다. 꼭 알아야 하는 어휘가 있고, 정확하게 의미를 파악하지 않아도 문맥을 통하여 이해할 수 있는 어휘들이 있다. 학생과 교사는 이러한 어휘들에 대한 구분과 이해를 선행하여야 한다.

능숙한 읽기 학습자들은 글을 읽으면서 단어의 의미에 대하여 정확하게 알아야만 하는 것과 문맥을 통하여 자연스럽게 의미가 해석되는 단어가 무엇인지 구분할 수 있다. 반면 미숙한 읽기 학습자들은 자신에게 주어진 텍스트를 이해하는 과정에서 어떤 단어들이 자신의 텍스트 이해에 어려움을 초래하는지에 대하여 정확하게 알지 못한다. 일반적으로 미숙한 학습자들의 대부분은 어휘에 대한 배경지식의 부족으로 인하여 글의 의미를 제대로 파악하지 못하는 경우가 많다. 따라서 교사는 학생들의 텍스트 이해를 돕기 위하여 주어진 텍스트에서 학습자들이 반드시 의미를 알고 있어야 해석이 가능한 어휘와 그렇지 않은 어휘들을 구분하여 지도할 필요가 있다. 여기 제시된 4단계 수준의 어휘 구분과 지도는 그런 의미에서 개념중심 읽기의 가장 기본이 되는 읽기 방법이라고 할 수 있다.

(1) 제1수준의 어휘(Critical "before" words)

제1수준은 주어진 텍스트를 이해하는 데에 필수적으로 요구되는 어휘의 의미에 대하여 아는 것이다. 글을 이해하기 위하여 반드시 학습자들이 알아야 하며, 글을 읽기 전에 교사와 학생이 반드시 의미를 공유해야 한다. 의미를 학생들이 이해하기 위해서는 학생 스스로의 개념어 찾기 활동도 중요하지만 교사의 안내와 시범을 통한 의미의 이해도 요구된다. 따라서 교사는 학생들에게 주어진 텍스트를 읽기 전에 개념어에 대한 지도를 15분에서 20분 정도 실시하는 것이 좋다. 따라서 개념어에 대한 지도를 하기에 앞서 교사는 텍스트를 미리 읽은 후에 학생들이 반드시 알아야 할 개념어들이 무엇이며, 반드시 알아야 할 개념어들임에도 불구하고 학생들이 잘 알고 있지 못할 것이라고 예상되는 개념어들에 대한 선별 및 개념어에 대한 어휘 지도 자료를 사전에 준비해야 한다.

예를 들어 "산성 용액과 염기성 용액을 구분하기 위하여 지시약을 사용할 수 있다."라는 문장에서 '지시약'의 개념은 학습자들이 반드시 알아야만 하는 중요한 제1수준의 어휘이다. "대통령이 경제 정책의 책임을 물어 경제 부처의 개각을 단행하였다."라는 문장에서도 '개각'이라는 단어는 이 문장을 이해하는 데에 결정적인 역할을 하므로 반드시 사전에 학습자들에게 그 의미를 파악하도록 지도하여야 한다. 여기서의 의미는 단순히 사전적인 의미만을 가리키는 것이 아니라 해당 어휘가 갖고 있는 특징과 유형 또는 다양한 사례와 여러 가지 문장에서의 쓰임 등을 예로 들어서 설명해 주어야 한다. '지시약'의 종류와 쓰임 '개각'의 성격과 설제 운영 사례 등에 대하여 자세하게 안내하여 주어야 한다.

(2) 제2수준의 어휘("Foot-in-the-door" words)

제2수준의 어휘들은 제1수준의 어휘와 마찬가지로 글 속에서는 매우 중요한 역할을 하지만 실제로 학습과 관련된 내용과 직접적인 연관이 없는 것들을 가리킨다. 이러한 어휘들은 기본적인 의미 정도만 파악하는 수준에서 이해하면 된다. 단원 학습목표와 직접적인 관련이 없는 어휘들에 집중하는 것은 불필요하게 시간을 낭비하는 것이다. 우리가 글을 이해할 때에 가장 중요한 것은 어떤 어휘들이 해당 학습 내용과 직접적인 관련이 있는지, 그 글의 의미를 파악하는 데에 결정적인 역할을 하는 어휘들은 무엇인지, 그러한 어휘들이 중요하다는 것에 나뿐만 아니라 다른 사람들도 같은 생각을 하고 있는지 판단하는 것이 중요하다. 능숙한 학습자들은 주어진 텍스트를 이해하기 위하여 자신의 어휘 지식을 동원하지만 어떤 경우 자신이 정확하게 알고 있지 않은 어휘에 대하여 그냥 지나치는 경우도 있다. 이러한 경우는 그 어휘가 해당 텍스트를 이해하는 데에 결정적인 영향을 미치지 않거나 해당 교과 학습목표와 관계가 없기 때문이기도 하다.

예를 들어 "삼각형의 특징을 알기 위해서는 피타고라스의 정리를 알아야 한다."라는 수학 교과 학습 텍스트의 경우 '삼각형'이나 '피타고라스의 정리'는 수학적인 정의나 명제로서의 핵심적인 어휘이지만 '피타고라스'는 이 수업과 직접적인 연관이 없다. 만일 한 학생이 "피타고라스가 뭐에요?"라는 질문을 하였을 경우 교사가 '피타고라스'에 대하여 설명을 하려고 한다면, 그 수업은 수학 시간이 아니라 역사 시간이 되어버릴 것이다. 이러한 경우에는 과제학습이나 역사 과목 시간과 관련하여 따로 지도하는 것이 좋다. 이와 같이 학생들에게는 친숙하지 않은 낯선 개념의 단어들이기는 하지만 해당 교과 학습과 직접적인 관련이 없는 어휘들이 제2수준의 것들이며, 이러한 어휘들을 가르치기 위하여 많은 시간을 할애할 필요는 없다. 필요한 경우 간단한 설명만 해주는 것이 좋다. 즉, "피타고라스는 바로 '피타고라스의 정리'를 발견한 사람의 이름이란다." 정도면 충분할 것이다.

이러한 제2수준의 어휘들은 때로 학생들을 혼란스럽게 만든다. 어떤 경우 제2수준의 어휘들로 인하여 학생들은 주어진 문제를 해결하는 데에 어려움을 겪으며, 어떤 제1수준의 어휘와 제2수준의 어휘를 분간하지 못하여 텍스트 이해에 많은 시간을 낭비하기 쉽다. 따라서 교사는 제1수준의 어휘를 사전에 정리하여 지도하는 것과 동시에 제2수준의 어휘에 대하여 따로 인지하고 있어야 한다. 당연히 학습자들의 질문에 대하여 간단한 설명을 할 것인지 구체적이고 명시적인 지도를 할 것인지에 대하여 준비하고 있어야 한다.

(3) 제3수준의 어휘(Critical "after" words)

제3수준의 어휘들은 주어진 텍스트를 이해하는 데에 중요한 역할을 하지 않는 것들이다. 글을 읽기 전에 지도할 필요가 없으며, 글을 읽은 후에도 학생들이 특별이 궁금해 하지 않는 한 별도의 지도가 요구되지 않는다. 제3수준의 어휘들은 텍스트 맥락 안에서 이미 설명이 되어 있는 경우이며, 구체적인 설명을 하지 않아도 학생들이 이미 경험적으로 이해하고 있는 어휘들이다.

예를 들어 초등학교 6학년의 "하루 중 그림자의 길이가 달라지는 것은 지구가 태양의 주위를 공전하면서 자전하기 때문이다."라는 과학 교과의 문장에서 '그림자', '지구', '태양' 등의 단어가 제3수준의 어휘에 해당된다. 물론 유치원 어린이에게 이 단어들은 낯선 단어일수도 있다. 하지만 초등학교 6학년 학생들에게 이 어휘들에 대하여 설명하고 지도한다는 것은 의미가 없다. 게다가 어떤 학생도 "선생님! '지구'가 뭐에요?"라는 질문을 하지는 않을 것이다. 따라서 텍스트를 구성하는 많은 어휘들 중에서 제3수준의 어휘들은 하나 하나가 문장의 구성 성분으로서는 중요하지만 텍스트를 이해하는 데에 별도의 지도와 안내가 필요하지 않다. 또 어떤 어휘들은 이미 텍스트의 맥락을 통하여 의미를 파악할 수 있다. "너와집이란 굵은 소나무를 도끼로 잘라 널판을 만들고 이것을 연결하여 지붕에 얹어 놓은 집의 형태를 말한다. 주로 강원도 산간 지역의 전통적인 가옥의 형태이다."라는 문장에서 '너와집'이란 이 텍스트에서 매우 중요한 개념을 차지하고 있지만, 이미 텍스트 안에서 '너와집'에 대하여 설명하고 있기 때문에 군이 별도의 지도를 하지 않아도 되는 것이다. 또한 유사한 어휘의 표현에 대한 것들도 마찬가지이다. "나비는 날개의 크기와 특성에 따라서 날아다니는 모습이 각양각색이다. 어떤 나비는 너울너울 날갯짓을 하고, 어떤 나비는 나풀나풀 날갯짓을 한다."라는 문장에서 '너울너울'과 '나풀나풀'은 나비의 날갯짓을 흉내 내는 유사한 표현이므로 이 또한 특별한 설명을 하지 않아도 될 것이다.

(4) 제4수준의 어휘(words not to teach)

제4수준의 어휘들은 일반적인 언어 학습자들에게는 해당되지 않는 수준의 어휘를 가리킨다. 우리들이 일상생활에서 사용하는 수준의 어휘들을 말한다. 특별히 교과 내용과 관련이 없을 뿐만 아니라 어떤 설명도 필요하지 않은 일상생활의 언어들이 바로 이 수준의 어휘들이다. 특별히 언어 학습 능력이 떨어지거나 정상적인 언어활동이 어려운 학습자들을 위한 지도를 제외하고는 일반적인 언어 학습 공간에서 제4수준의 어휘를 다룰 필요는 없다. 예를 들어 "인사를 바르게 하기 위해서는 두 손을 모으고, 가볍게 허리를 숙이는 것이 좋다."라는 문장의 모든 어휘들은 학생들이 일상생활에서 경험적으로 사용하는 언어에 해당한다. 윤리 교과에서는 매우 중요하게 다루어져야 할 내용이지만 각각의 어휘들이 학생들에게 별도의 해석을 요구하는 것들이 아니기 때문에 어휘에 대한 사전 또는 사후 지도가 필요하지 않다. 그러나 제4수준의 이휘가 때로는 매우 중요한 언어 학습 대상이 되기도 한다. 특수학급 교사들의 경우가 그렇다. 기본적인 일상생활 습관 형성을 중요시 하는 정신지체아동들에 대한 언어 학습에서의 제4수준의 어휘는 매우 중요하다. 오히려 제1또는 제2수준의 어휘들을 구분하는 것보다 제4수준의 어휘들을 구분하여 학생들에게 가르치는 것이 더욱 중요하다.

(5) 어휘 수준 탐색을 위한 교사의 연구

대부분의 교사들은 학생들을 가르치기 전에 자신의 교과에 대한 사전 수업 연구를 한다. 교사들의 수업 연구는 교수·학습목표를 명학하게 인식하고 학생들에게 어떤 지식과 정보를 제공하여 줄 것인지를 파악하기 위하여 반드시 수행하여야 할 의무 사항이다. 수학이나 과학을 가르치는 교사들의 경우(사회나 역사의 경우도 그렇지만)에는 사전 수업 연구에서 자신의 교과 내용과 관련된 중요한 어휘들에 대한 선택과 조직에 대하여 중요하게 생각하지 않는 경우가 있다. 수학이나 과학의 경우에는 교과 특성에 따른 지식의 구조가 다르다고 생각하기 때문에 해당 교과에서의 언어적 학습에 대한 중요성을 덜 인식한다고 여겨진다. 그러나 학습을 위한 읽기 교육에 관한 실험적 연구의 결과는 수학이나 과학 교과에서의 개념어 지도가 학습자들의 학업 성취에 얼마나 많은 영향을 미치는지 보여준다. 따라서 내용교과를 가르치는 교사들은 자신의 교과 지식을 가르치는 데에 언어적 학습을 병행하여야 한다. 다음의 과정은 내용교과 교사들이 자신이 의도한 지식을 가르치기 전에 교과 텍스트의 내용과 관련된 어휘의 선택과 조직화에 관한 안내이다.

과 정	연구 내용
어휘 지도 목표 설정	• 해당 교과 수업 목표를 확인하고, 수업 시간 중 학습자들에게 주어지는 텍스트 또는 교재의 내용이 무엇인지 미리 읽는다. 만일 교재 이외의 중요 개념어가 있다면, 교사의 교재나 지도 계획서에 미리 표기하여 둔다.
선택	• 교수목표와 관련하여 어떤 어휘들을 지도할 것인지 선택한다. 어휘의 선택은 제1수준에서 제3수준까지 해당된다. 제3수준의 어휘는 특별한 경우를 제외하고는 지도 계획에 포함시키지 않는 것을 원칙으로 한다. • 제1수준과 제2수준의 어휘를 명확하게 구분하여야 한다. 각각의 어휘는 학습자들의 내용영역 읽기 이해에 매우 결정적인 영향을 미친다는 것을 감안하여 교사의 사전 연구가 반드시 요구된다. 필요한 경우 별도의 어휘 지도 계획서를 만들어 두는 것이 좋다. 다음과 같은 간단한 수준별 어휘 지도 분류표를 작성한다면 해당 교과 학습에 매우 효과적으로 사용될 것이다. 〈어휘 수준 분류표〉 <table><tr><td>교과</td><td></td><td>단원</td><td></td><td>차시</td><td></td></tr><tr><td>학습목표</td><td colspan="5"></td></tr><tr><td>수준 \ 분류</td><td colspan="2">사전적 의미</td><td>개념</td><td colspan="2">쓰임의 예</td></tr><tr><td>제1수준</td><td colspan="5"></td></tr><tr><td>제2수준</td><td colspan="5"></td></tr><tr><td>제3수준</td><td colspan="5"></td></tr></table>

조직	• 제1수준의 어휘들이 교과의 학습목표 또는 내용과 어떤 관련이 있는지 파악해야 한다. 제1수준의 어휘들은 교과의 내용을 구성하고, 해당 교과의 지식을 담고 있기 때문에 학습과 관련된 텍스트 이해에 결정적인 역할을 한다. 뿐만 아니라 학습자들의 교과 지식 평가에 영향을 미치는 개념어들로 구성되어 있기 때문에 이러한 어휘를 교과 내용이나 목표와 관련하여 조직하는 작업은 평가 문항 출제에 도움이 된다. • 교과 목표, 내용, 지식, 개념과 관련이 있는 제1수준의 어휘들에 대한 의미, 개념, 용례 등을 명시적으로 분류하여 구체적으로 설명해 놓아야 한다. 이는 본시 학습에 들어가기 전에 학습자들이 반드시 인지하고 있어야 하는 사항이며, 또한 학생의 질문에 효과적으로 대응하기 위한 준비이기도 하다. '선택' 과정의 〈어휘 수준 분류표〉에 기록하는 것과 동시에 수업 계획안에도 명시해 놓아야 한다.
개념화	• 제1수준과 제2수준의 어휘에 대한 개념화 과정은 어휘, 개념, 지식의 구조를 동일시하는 것이다. 어휘는 개념이고, 개념은 그 교과 내용의 지식이다. 즉, 어휘 학습을 통하여 개념을 형성하고, 해당 교과 목표와 관련된 지식을 습득하도록 하게 한다. 어휘의 개념화는 학생들로 하여금 실험이나 경험 또는 연산이나 실행 등의 학습과 병행하여 교과 지식을 효과적으로 습득하게 한다. • 교사는 어휘의 개념화를 위하여 해당 어휘가 앞서 연구한 조직화의 과정에서 분류한 의미, 개념, 용례를 근거로 실제 적용 사례와 근거를 구체적이고 명시적으로 설명할 수 있어야 한다. 개념화는 곧 교과 내용의 지식화이며, 학생들이 반드시 기억하여야 할 내용의 구성인 것이다. 예를 들어 '산성 용액과 염기성 용액을 구별하기 위하여 지시약을 사용할 수 있다.'는 내용에서의 '지시약'이라는 제1수준의 어휘를 개념화할 때, '지시약의 종류는 페놀프탈레브 용액'을 일대일로 대응시킬 수 있다. 여기에 지시약의 특성과 쓰임에 대한 설명을 부가해야 한다.
어휘 지도 진략 구안	• 어휘를 어떻게 지도할 것인지에 전략은 해당 교과 수업 시간 중의 교과 지도 전략과 맥을 같이하고 있어야 한다. 교과 수업 시작 전에 어휘를 지도할 것인지, 교과 내용과 관련된 텍스트가 주어진 상태에서 할 것인지. 텍스트를 읽기 전, 중, 후 언제가 적절한지를 계획한다. • 단순히 어휘의 의미를 암기시키는 것보다는, 교과 학습에서 사용되는 의미 이외에 해당 교과 전반에 이떻게 작용하는지에 대한 개괄직인 이해글 도모하는 것이 효과직이나. 수학이나, 과학의 경우 핵심 개념어들은 일상생활의 쓰임을 목적으로 하기 때문에 한 번 습득한 개념적 지식은 평생 유용하게 쓰이기 때문이다. • 일반적으로 SQ3R이나 K-W-L, DR-TA 등의 전략을 활용하지만 때에 따라서는 어휘를 통하여 핵심 개념과 지식을 효과적으로 습득하기 위한 다양한 전략을 동원하여 적용할 수 있을 것이다. • 어휘 지도를 위한 각각의 어휘 선택과 조직 그리고 개념화의 과정을 학생들이 직접 수행하는 것이 보다 효과적인 경우가 많다. 실제로 학습자들이 협동학습을 통하여 교과 지식과 관련이 있는 어휘들을 분류하고 조직하는 활동을 통하여 학업 성취도 향상을 꾀할 수 있다. 다만 내용교과 학습목표를 달성하기 위하여 주어진 시간이 제한적이고, 학생들의 시행착오에 소요되는 시간적, 경제적 조건을 감안하여, 교사의 선행 지도가 효과적이라고 판단될 경우와 그렇지 않을 경우의 조건을 잘 따져보아야 할 것이다.

2) TRW(Timed Reading & Writing)

내용영역 읽기가 다 그런 것은 아니지만 많은 경우 제한된 시간 안에 읽기를 수행해야 하는 경우가 많다. 따라서 주어진 질문이 무엇인지 생각하면서 읽는 것은 시간이 그리 여유롭지 않다. 따라서 읽기를 수행할 경우 제한된 시간 안에 읽기를 하도록 안내하는 것이 좋다. 문제를 해결하기 위하여 질문이 무엇인지 확인하는 것은 더욱 시간적인 여유가 많지 않다. 따라서 질문을 파악하기 위한 읽기보다는 질문을 만들기 위한 읽기에서 시간을 제한하여 두고 읽기를 수행하는 연습을 하는 것이 효과적이다. 이러한 시간제한 읽기의 반복 연습은 학습자들에게 긴장감을 주어 보다 집중할 수 있게 하며, 읽기 단계를 축약하게 하여 보다 신속하고 정확하게 내용을 파악할 수 있도록 한다.

TRW는 지속적인 훈련을 통하여 익숙해진다. 읽기와 쓰기의 효과적인 전략을 소개하면서 '훈련'을 강조한다는 것이 의외라고 생각될 수 있지만 때로는 학습자의 인지 과정을 고려한 행동주의적인 반복 훈련이 매우 좋은 결과를 나타낼 수 있다. 학습과 관련된 읽기는 거의가 제한적인 조건이 대부분이다. 따라서 학습자들은 자신에게 주어진 조건 안에서 가장 효과적인 읽기를 수행하여야 한다. 특히, 학습자들이 읽기 평가 상황에 처했을 경우에는 더욱 그렇다. 한국뿐만 아니라 전세계의 모든 나라에서는 어떤 교과에서건 읽기와 관련된 평가를 시행하지 않는 곳이 없다. 이러한 평가 상황은 항상 시간이 제한적으로 주어지며, 동일한 시간 내에 얼마나 효과적으로 읽기를 수행하는가에 따라 학습자의 성취도가 결정된다. 이러한 상황을 인위적으로 조절하여 반복 훈련하는 것은 학습자들이 주어진 조건 내에서 자신의 읽기 능력을 최대한 발휘할 수 있게 한다.

많은 학습자들이 평가 상황에서 시간의 부족으로 인하여 문제를 해결하지 못하는 경우를 종종 볼 수 있다. 두 학생의 독해 능력은 같으나 시간을 조금씩 줄여나갈 경우 두 학생의 독해 능력의 차이를 보이는 것은 바로 인지적 능력의 차이라기보다는 제한된 조건에서의 읽기 능력의 차이라고 보아야 한다. 즉 10분에 1000자의 텍스트를 똑같이 독해할 수 있는 두 학생이 시간은 5분 또는 3분으로 제한했을 경우에는 문제를 해결하는 양적 또는 질적 범위의 차이를 보이게 된다. 이러한 차이를 극복하는 방법은 의외로 간단하다. 많이 읽는 것도 중요하지만 읽는 속도를 높여나가는 훈련을 통하여 습득할 수 있다. 따라서 글자의 수가 일정한 신문의 칼럼을 활용하여 타이머를 앞에 두고 텍스트를 읽어 나가는 훈련을 반복하면 자신도 모르는 사이에 글을 빨리 읽는 것은 물론 텍스트의 내용을 보다 잘 이해할 수 있다는 것을 깨닫게 될 것이다.

3) SQ3R

'Survey → Question → Reading → Recite → Review'의 과정으로 순환되는 SQ3R은 질문하기에서 반드시 학습자들이 수행하여야 할 읽기 방법이다. 능숙한 읽기 학습자들의 읽기 행동 특성을 분석하여 고안된 SQ3R은 정서적인 읽기보다는 학습을 위한 읽기에 유용하며, TRW와 병행하여 제한된 조건에서의 읽기 전략으로 매우 효과적이다. 어떤 면에서 SQ3R은 행동주의적인 반복 훈련 효과를 고려한 인상이 강하지만, 미숙한 학습자에서 능숙한 학습자로 나아가기 위한 인지적 읽기 전략으로 매우 효과적이다.

실제 교육 현장에 적용한 결과, SQ3R 읽기를 수행한 학습자들은 SQ3R의 모든 단계를 모두 거치는 것으로부터 점진적으로 그 단계를 축약하여 나아간다는 것을 확인할 수 있게 되었다. 즉, SQ3R를 수행할 때에는 'Survey → Question → Reading → Recite → Review'의 모든 단계를 거치다가, 이 방법에 익숙해지는 능숙한 학습자들의 경우에는 검토하기(Review) 과정이 꼼꼼하게 읽기(Recite)의 과정으로 'Survey → Question → Reading → Recite(Review)'와 같이 동시에 수행되고, 이어서 Recite와 Review의 과정이 다시 본문 읽기(Reading)의 과정으로 'Survey → Question → Reading(Recite · Review)'의 상태로 통합되는 현상을 보인다. 결국 'SQ3R → SQ2R → SQR'의 형태로 수행되어진다.

	세부 전략
Survey	• 제목 중심으로 훑어 읽기 : 주로 신문 기사 등을 탐색할 때나 백과사전 등의 짧은 내용을 제한된 조건 하에서 읽을 때 • 주제어 중심으로 훑어 읽기 : 주어진 텍스트의 개념어가 무엇인지 파악하는 수준의 읽기, 제1수준의 어휘를 중심으로 본문의 내용 파악에 결정적인 영향을 주는 단어나 구 또는 문장 등을 기억하는 읽기 • 주어진 문제와 관련 있는 지식과 정보를 빠른 속도로 파악하여 대략적인 내용을 파악하여야 한다. 이때 제1수준의 어휘 즉, 개념어에 대한 표시는 매우 중요하다. 이후 다시 읽기 과정에서 이러한 개념어들이 본문의 내용 즉, 지식과 정보와 어떤 관련이 있는지를 확인해야 하기 때문이다.
Question	• 주어진 문제가 무엇인지 파악하여야 한다. 또는 자신이 왜 이 글을 읽어야 하는지 알고 있어야 한다. 읽기의 목적과 의도가 분명해야 자신이 얻고자 하는 지식과 정보를 효과적으로 습득할 수 있다. 질문이 명시적으로 주어지는 평가 상황의 경우에는 앞의 Survey 단계에 앞서 질문이 무엇인지 먼저 파악하는 것이 좋다. 대개의 교과 텍스트 읽기는 훑어 읽기 전에 질문이 무엇인지 먼저 확인하고, 훑어 읽기를 한 후에 다시 한번 질문을 정확하게 파악하는 것이 좋다.
Reading	• 질문을 파악하고, 주제어나 개념어를 중심으로 훑어 읽기를 한 후에 본문을 읽는다. 본문 읽기는 훑어 읽기에 비하여 조금 더 세심한 읽기를 수행한다. 어휘 하나 하나에 집중하고, 문장과 문장의 연결 그리고 단락 안에 주어진 지식이나 정보를 파악하는 수준에서 읽기를 수행하여야 한다. 훑어 읽기가 어휘, 개념어 중심의 읽기였다면 본문 읽기는 문장 중심의 읽기 또는 단락 중심의 읽기가 될 것이다. 개념과 지식 및 정보가 담겨 있는 문장들은 무엇이며, 이 문장들이 서로 어떤 관련이 있는지를 파악하면서 읽어 나가야 한다. 이때 훑어 읽기에서 파악한 제1수준어휘 또는 개념어들이 정확하게 파악된 것인지를 확인하여야 할 것이다. 본문의 내용과 일치하지 않는다고 판단되는 개념어들은 별도로 표시해 두어야 한다.
Recite	• 훑어 읽기에서 개념어를 파악하고, 본문 읽기에서 지식과 정보가 무엇인지를 파악하였다면 꼼꼼하게 읽기에서는 주어진 문제 또는 글을 읽는 독자의 의도와 목적에 부합하는 것이 무엇인지를 파악하고 확인해야 할 것이다. 평가 상황에서의 읽기는 문제의 해답을 찾는 과정이 될 것이며, 학습 상황에서의 텍스트 읽기라면 해당 교과 학습목표와 관련된 지식이 될 것이다. • 꼼꼼하게 읽는다는 것은 글을 이해하고 해석하는 수준에 비교과 분석의 과정이 포함되는 것을 말한다. 주어진 텍스트가 두 개 이상일 경우 꼼꼼하게 읽는 과정은 주어진 문제를 해결하는 데에 결정적이다. 각각의 텍스트가 포함하는 개념이 무엇인지, 그 개념들을 설명하는 문장이나 단락은 무엇인지, 각각의 개념, 문장, 단락은 상호 어떤 관계를 갖고 있는지 알아야 한다.

Review	• 주어진 질문이나 목적에 근거한 개념, 즉 지식과 정보를 파악하고 주어진 문제의 정답을 찾았다고 판단되면, 그것이 실제로 정확하게 일치하는지 확인해봐야 할 것이다. 많은 학습자들이 문제해결적 읽기를 수행하면서 자신에게 주어진 문제와 자신이 찾은 문제의 답이 일치하는지에 대한 검토를 하지 않음으로써 손해를 보는 경우가 많다. 이는 시간적인 제약으로 인한 것이라기보다는 학습자들의 읽기 습관의 오류로 보아야 할 것이다. 특히 평가적 읽기에서의 검토하기는 더욱 그렇다. • 능숙한 학습자들의 경우에는 앞서 설명하였듯이 이러한 검토하는 읽기나 꼼꼼하게 읽기 등의 과정이 본문 읽기를 통하여 한 번에 수행된다. 어떤 학습자들은 세 번 네 번을 읽어도 주어진 문제를 해결하지 못하는 반면 어떤 학습자들은 단 한 번의 읽기만으로도 문제를 해결하는 경우를 볼 수 있다. 이것은 인지적인 능력의 차이도 있지만 올바른 읽기 습관을 갖지 못한 원인이 대부분이다. 정서적인 읽기와 학습을 위한 읽기 방법의 차이를 명확하게 이해하고, 해당 텍스트의 내용을 잘 이해할 수 있는 읽기 전략과 방법을 적용하는 것이 그래서 중요하다.

4) IQs(Inquiry Questions)

IQs는 학습자 스스로 질문을 탐색하고 구성하는 읽기 활동이다. 어떤 경우 학습자에게 문제가 주어지지 않기도 한다. 즉, 학습자 스스로 교과와 관련된 텍스트를 읽은 후에 그 텍스트로부터 어떤 문제들을 추출할 수 있는지를 자기주도적으로 탐색해보는 것이다. 학습을 위한 읽기의 과정이 독자 중심의 읽기에 초점을 두고 있기 때문에 IQs 활동은 질문하기의 과정에서 학습자들에게 한 번 쯤은 반드시 수행하도록 안내하여야 한다.

IQs의 과정은 Bloom(2001)의 '교육목표분류학' 개정판의 체계에 근거를 둔다. 즉, 교육목표분류학 개정판의 인지 과정인 '기억→이해→적용→분석→평가→창의'에 근거하여 질문을 탐색하고 구성할 수 있게 한다. 이러한 인지 과정은 학습자들의 수준에 맞는 질문을 구성할 수 있는 단계로서의 기준이 되는 것은 물론 읽기 평가와 관련하여 평가 항목을 구분하고 세목화할 수 있게 한다. 이러한 분류체계에 의거하여 학습자들의 수준에 맞는 질문을 생성하고 구성하도록 하면 자신에게 주어진 문제를 해결하는 데에도 많은 도움이 된다.

[IQs의 지도 단계]

과 정	지도 내용
내용 확인	• 학습목표가 무엇인지 확인한 후에 주어진 텍스트를 읽으면서 개략적인 내용을 파악한다. 내용을 확인하기 위하여 학습자들은 자신에게 주어진 학습목표에 근거하여 텍스트의 내용을 개념어 또는 개념문장 중심으로 파악하고 있어야 한다. • SQ3R 읽기를 통하여 학습자들은 보다 효과적으로 내용을 파악할 수 있으며, 협동학습이 가능한 경우 학습자간의 상호작용을 통하여 명확한 학습목표와 내용을 공유할 수 있을 것이다. • 학습목표는 교사에 의하여 설명될 수 있으나, 학습 내용과 관련된 교재는 학습자 스스로 내용을 파악하도록 해야 한다. 내용을 미리 안내하는 경우 학습자들의 질문탐색이나 생성에 대한 동기가 저하될 수 있다. 또한 내용을 제대로 이해하지 못한 경우의 질문 탐색의 오류를 스스로 점검하고 수정 및 보완할 수 있도록 하여야 한다.
개념 확인	• 학습 활동에서 주어진 목표와 텍스트에 담긴 개념 즉, 지식과 정보가 무엇인지 이해하여야 한다. 개념을 정확하게 확인하지 않은 상태에서 질문을 탐구하고 생성할 수 없다. 왜냐하면 본시 학습과 관련이 없는 질문은 학습자 자신은 물론, 본인이 탐구한 질문이 유효하게 작용하지 않기 때문이다. 따라서 핵심적인 개념을 정확하게 알도록 안내하여야 한다. • 수준별 어휘 학습이 가능하다면 제1수준이나 제2수준의 어휘를 대상으로 지식과 정보를 조직하고 분류하는 선행 작업이 효과적이다.
질문 탐구	• 학생들이 스스로 질문을 만들기 위해서는 학습목표에 도달하기 위한 학습 내용을 대상으로 자신들의 수준에 적합한 탐구 과제가 무엇인지 생각해 보도록 한다. 학생들은 개별적으로 문제를 탐구할 수 있으나, 협동학습을 통하여 보다 좋은 질문을 탐구할 수 있다. 개인의 질문 탐구 내용을 집단에 상정하여 토의한 후에 자신의 질문은 물론 집단 내에서 도출한 질문들에 대하여 정리할 수 있게 한다. • 질문 탐구 활동은 개인의 사고 활동을 집단 간 상호작용을 통하여 정련하는 과정이다. 질문 탐구를 통하여 학습목표와 내용을 확인하고 자신이 탐구해야 할 주제가 무엇인지 정확하게 인지하게 된다. 협동학습은 능숙한 학습자와 미숙한 학습자를 연계하여 자신의 수준에 맞는 질문을 도출할 수 있도록 한다.
질문 생성	• '기억→이해→적용→분석→평가→창의'의 인지 과정에 근거하여 자신과 독자의 수준을 고려한 질문을 생성한다. 반드시 학습자들의 인지 수준이 어느 정도인지를 교사는 정확하게 파악하고 있어야 하며, 학습자들의 인지 수준에 적합한 질문을 생성하도록 안내하여야 한다. • 질문은 가급적 간단하고 명료해야 하며, 교과의 학습목표와 일치하는 내용을 근거로 하여야 한다. 교과 학습 활동에서 주어진 텍스트로부터 질문을 생성하는 것이 좋으며, 부득이한 경우 텍스트를 별도로 제공할 수 있게 한다.
문항 작성	• 문항 작성은 학생들이 생성한 질문을 일종의 평가지 형태로 구성하는 것을 말한다. 문항은 학습자들이 탐구하고 생성한 질문들이 일목요연하게 정리되어 있어야 하며, 스스로 생성한 질문들은 학생들 스스로 해결해야 하는 과제로 부과된다. 즉, 학생들이 해결해야 하는 문제를 교사로부터 전달받는 것이 아니라 학생 자신으로부터 인출한다. 학생들은 자신의 수준에 맞는 문제를 탐구하고 생성하였기 때문에 자신이 해결할 수 있는 수준과 범위의 문항을 작성할 수 있을 것이다. • 문항 작성의 경우에는 다음의 〈IQs의 실행 방법〉에 제시된 각각의 인지 과정에 따라야 한다. 가능한 경우 학습자들은 자신이 작성한 문항에 대하여 인지 과정의 어떤 단계에 해당하는지 명기하도록 한다. 이러한 경우 자신의 수준에 맞는 인지 과정이 어떤 단계인지 스스로 파악

문항 작성	할 수 있으며, 지속적인 활동의 결과로 보다 향상된 인지 과정의 문제를 도출하였을 때 전과 후의 문제를 비교하며 자신을 평가하고 점검할 수 있는 기회를 마련해 준다. • 학습자들이 스스로 작성한 문항은 자기 자신에게 주어지는 경우와 수준이 비슷한 다른 학생에게 주어지는 경우가 있다. 학습자들은 자신들이 생성한 질문이 다른 학습자들의 해결 문제로 주어진다는 것에 대하여 자부심을 갖게 되며, 이러한 문제를 상호작용으로 공유한 학습자들은 학습자 간의 유대감과 상호소통의 측면에 대한 기대를 바탕으로 보다 효과적인 문제해결 자세를 보이게 된다.

[IQs 실행 방법]

인지 과정	인지 유형	질문 생성을 위한 진술 어휘	IQs의 예
기억 하다	학습을 통하여 알게된 사실적이고 명제적인 지식의 회상과 재인	반복하여 말하다, 기록하다, 정의하다, 이름 짓다, 진술하다, 인출하다.	• 삼각형의 내각의 합은 얼마인가? • 용액의 성질을 구분할 수 있는 지시약으로는 어떤 것들이 있는가? • 선사시대 무덤의 모양을 그려보자.
이해 하다	사실적이고 명제적인 지식을 이해하고 해석하여 설명할 수 있다.	예언하다, 요약하다, 결론짓다, 환언하다, 설명하다, 예증하다, 명료화하다.	• 이성계의 위화도 회군의 배경을 설명하여 보자. • 염기성 용액의 특징은 무엇인가? • 환경오염의 예를 들어보자.
적용 하다	주어진 조건과 맥락으로부터 자신이 알고 있는 지식을 적용하거나 변용할 수 있다.	적용하다, 해결하다, 시험하다, 논증하다, 집행하다, 실행하다, 시행하다.	• 분수 1/4을 소수로 바꿔보자. • 산소발생장치가 실생활에서 활용되는 경우에 대하여 말해보자. • 메모리 반도체의 실생활 이용 사례에 대하여 알아보자.
분석 하다	주어진 문제나 조건에 대하여 자신이 알고 있는 지식을 동원하여 탐색할 수 있다.	분석하다, 분류하다, 범주화하다, 설명하다, 구별하다, 조직하다, 기속하다, 발견하다, 통합하다.	• 신자유무역주의가 개발도상국가의 국민에게 끼친 악영향은 무엇인가? • 그림자의 길이와 계절의 변화를 태양과 지구와의 관계로 알아보자.
평가 하다	기준이나 준거를 기초로 하여 판단하는 것. 어떤 현상이나 문제들에 대한 점검과 비평.	판단하다, 평가하다, 옹호하다, 비평하다, 비판하다, 점검하다, 수정하다, 보완하다, 모니터하다.	• '흥부와 놀부'를 읽고 현대사회에 사는 입장에서 두 사람의 생존 방식을 대입하여 우리들의 삶의 질을 개선할 수 있는 방법을 모색하여 보자. • 경제발전과 환경보호의 측면에서 간척사업에 대한 개인과 국가의 입장을 말하여 보자.
창안 하다	지식을 재구성하여 새롭거나 대안적인 효능을 생성, 산출, 구성 또는 대안적 제시	창의, 창안, 창조하다, 재구성하다, 설계하다, 구성하다, 제안하다, 대안을 제시하다.	• 고유가 시대의 위기를 극복할 수 있는 국가적 대안은 무엇인가? • 공룡의 멸종에 대한 빙하시대의 이론을 달리 설명할 수 있는가? • 크레파스나 물감을 사용하지 않고 빛의 색을 종이에 입힐 수 있는 방법은 무엇인가?

5) 상호 질문(ReQuest)

상호 질문하기는 교사와 학생이 교대로 질문을 주고받는 활동이다. 주어진 텍스트를 학생과 교사가 같이 소리 내어 읽거나 속으로 조용히 읽으면서 문장이나 문단 단위로부터 도출될 수 있는 문제들이 무엇인가 즉시 생각한 후에 표현한다. 상호 질문은 미리 준비되어 있지 않은 질문을 즉시 생각해서 드러내야 하기 때문에 교사는 물론 학습자의 순간적인 이해력과 판단력 그리고 사고력의 집중이 요구된다. 일반적으로 소규모 학급에서 실시할 수 있는 질문 탐구 방법으로 텍스트의 이해는 물론 텍스트로부터 어떤 문제를 발견할 수 있는지 즉시 확인할 수 있다.

상보적 교수법의 한 형태로 수업이 이루어지며, 학생들은 교사의 시범적 질문을 경험하면서 자신들이 어떤 질문을 도출해야 할지 터득하게 된다. 상호 교대 질문은 질문을 탐구하기 위한 방법으로서의 상호작용이다. 굳이 질문에 대한 답을 요구하지 않아도 학생들은 질문 탐구를 통하여 학습 내용을 확인할 수 있게 된다. 질문에는 텍스트의 내용을 포함하는 기본적인 지식과 정보가 포함되어 있으며, 질문 도출을 하는 과정에서 학습자들은 자연스럽게 학습의 동기를 유발하게 된다.

학습목표를 확인한 후에 학생과 교사는 주어진 텍스트를 읽는다. 이때 질문 도출을 위한 텍스트 읽기의 양은 교사가 정해주는 것이 효과적이다. 대개의 경우 한 단락을 단위로 하여 해당 단락의 양을 읽을 수 있는 시간을 확보한 후에 질문을 유도하는 것이 좋다. 묵독을 할 경우에는 교사나 학생 서로가 글을 완전히 읽었는지 확인하기 힘들기 때문에 교사나 학생 모두 작은 소리를 내어 주어진 단락을 읽었는지 확인할 필요가 있다. 학생들의 경우에는 한꺼번에 소리 내어 읽는 것보다는 대표학생 또는 번호순 등의 순서로 읽도록 하는 것이 좋다.

질문은 교사의 시범으로부터 시작된다. 물론 학생이 질문을 먼저 도출할

수도 있지만, 완전히 숙달된 학습자들의 경우가 아닐 경우에는 어떤 질문을
해야 할지에 대하여 곤혹스러워한다. 따라서 최초의 질문은 교사가 먼저 하
는 것이 좋다. 학생의 질문 또한 모든 학생들이 일제히 한꺼번에 하는 것이
아니라 다양한 방법으로 순서를 정하여 질문을 도출하도록 해야 한다.

상호 질문은 즉시적인 사고를 촉발하기 위한 것이라는 점에서 때로는 학
습 내용과 일치하지 않는 질문이 유발되는 경우가 많이 발생한다. 이럴 때
에는 질문에 대한 수정을 교사가 즉시적으로 해주어야 한다. 또한 능숙한
학습자와 미숙한 학습자들의 차이를 고려하여 질문의 질과 양에 대한 배려
가 있어야 한다. 미숙한 학습자들의 경우 질문을 도출하지 못하는 경우가
있으므로 이럴 때에는 교사의 개입이 도움이 된다.

[ReQues 단계]

단계	활 동
읽기	• 주어진 텍스트를 학생과 교사가 동시에 읽는다. 묵독을 할 경우에는 교사가 학생의 입장에서 글을 읽는 시간을 감안하여 다음 단계로 넘어갈 수 있도록 안내한다. • 소리 내어 읽을 때에는 교사와 학생이 번갈아 가면서 읽거나, 학생들을 일정한 순번을 정하여 읽도록 한다. 교사가 학생을 지목하여 읽게 할 수도 있다. 학생들이 소리 내어 읽는 경우에는 학생의 음독 속도에 따라 읽는 시간이 다르다는 것을 고려해야 한다.
교사 질문	• 일정한 양의 읽기가 끝나면 교사가 먼저 읽은 부분과 관련하여 질문을 도출한다. 교사의 질문은 학생들의 답을 요구하는 것이 아니다. 읽은 부분으로부터 어떤 문제를 탐구할 수 있을 것인지에 대한 질문이기 때문이다. • 질문의 수준을 반드시 고려해야 한다. 전체 학생을 대상으로 하는 경우 학습자들의 대다수가 질문을 이해할 수 있어야 한다. 질문의 답을 요구하지는 않지만 교사의 질문을 듣는 순간 많은 학습자들이 그 질문에 대한 답을 일시적으로 떠올리기 때문이다.
학생 질문	• 교사의 질문에 이어서 학생들이 질문을 한다. 학생들의 질문 순서는 교사가 지목하는 경우와 일정한 순번을 정하여 교대로 질문하는 경우가 있다. 순번을 정하여 질문을 하도록 할 경우에는 자신의 차례가 아닌 경우 집중력이 떨어지는 단점이 있으므로 이를 고려하여야 할 것이다. 학생의 즉시적인 사고 활동을 촉진하기 위한 것이기 때문에 가급적이면 무작위로 진행하는 것이 좋다. • 능숙하지 않거나 집중하지 않은 학생의 경우에는 질문을 바로 도출하기가 쉽지 않을 것이다. 이런 경우의 학생들은 주어진 텍스트의 한 문장을 그대로 읽는 경우가 있거나 머뭇거린다. 충분한 질문의 시간을 줄 수 없지만 그렇다고 너무 빠른 속도의 질문 도출을 요구해서도 안 된다. • 처음에는 학생들의 질문 도출 속도가 느리지만 이러한 상호 질문 방식의 수업을 지속적으로 수행하다보면 즉시적인 질문 도출이 가능해진다. 질문이 즉시적으로 도출된다는 것은 학생들의 사고가 그만큼 활성화 돼있다는 것을 의미한다.
질문 평가	• 질문은 자신들이 탐구할 과제에 대한 도출이기 때문에 그 질문이 본시 학습의 목표나 내용과 부합되는지 또는 문제를 해결할 방법이 가능한지, 탐구 주제로서 적합지에 대해 판단한다.

6) DR-TA(directed reading-thinking activity)

DR-TA(Richardson, J. S. Morgan, R. F. & Fleener, C. 2006 : 311, Unrau. N. 2008 : 183~ 186)의 핵심은 교사가 개념어를 미리 학생에게 안내한다는 것이다. 일반적으로 학습을 위한 읽기 과정에서 학습자들이 텍스트에서 중요한 개념어를 탐색하는 것은 매우 중요한 활동이다. 개념어를 탐색하는 과정을 통하여 학생들은 자신들이 무엇을 알아야 하는지를 파악할 수 있으며, 학습목표와 관련된 주제와 내용을 인지할 수 있게 된다. 그러나 내용교과에서의 언어적 활동이 내용교과 수업 전체를 차지할 수는 없다. 현실적으로 수학이나 과학과의 경우 언어적 활동은 제한적이며, 텍스트가 주어지는 경우에 한하여 부분적으로 수행된다. 따라서 언어교육을 전공하지 않은 내용교과 교사들에게 있어서 언어적 수업을 위주로 자신의 교과 수업을 진행하기를 요구하는 것은 무리이다. 이런 경우 교사는 수준별 어휘 학습을 위하여 준비한 제1수준 또는 제2수준의 어휘를 미리 제시한다. 교사가 미리 제시한 개념어들을 통하여 학습자들이 개념어 선별과 탐색 과정에서의 시행착오나 시간적 낭비를 줄일 수 있는 것이다.

DR-TA가 학습자들의 주도적 활동을 저해하는 것은 아니다. 학습자들이 시행착오를 겪는 동안의 시간적 소모를 감안한다면 내용교과 수업에서 교사의 안내를 통한 개념어 인지와 정확한 개념어를 인지한 상태에서 개념어에 대한 사전적 의미나 교과 맥락적 의미 또는 관련 지식과 정보를 얼마든지 탐색하게 할 수 있으므로 제한된 수업 시간의 활용 측면에서는 효과를 볼 수 있다.

학생들은 교사가 미리 제시한 해당 교과 시간의 개념어들이 주어진 텍스트 내에서 어떤 지식과 정보를 담고 있는지를 탐색하여야 한다. 텍스트 내에서 개념어의 개념을 정확하게 파악할 수 없을 경우 학생들에게 제공할 별도의 텍스트가 마련되어 있어야 한다. 즉, 교사는 학생들에게 안내한 개

넘어들에 대한 자료를 충분히 준비하고 있어야 하며, 수업 시간의 효율적인 안배를 위하여 학생들이 개념어들에 대한 지식과 정보를 탐색하는 데에 들이는 시간을 줄이도록 노력하여야 한다. 이때 가장 중요한 것은 교사의 자료이다. 사진, 영상은 물론 다양한 텍스트 자료를 준비하여 학생들이 반드시 알아야 하는 개념어들에 대한 정보를 갖추어야 한다.

7) TOAST(test-organize-anchor-say-test)

TOAST는 Dana, C. & Rodriguez, M.(1992 : 78~84)가 제안한 방법을 토대로 학습자들의 핵심 어휘 즉, 개념어를 파악하고 이해하는 데에 도움을 주는 학습 활동이다. TOAST를 통하여 학생들은 자신이 잘 알고 있지 못하거나, 익숙하지 않은 개념어 또는 반드시 알아야 하는 것들에 대하여 스스로 점검하고 평가할 수 있다.

질문하기의 실제에서 TOAST를 활용하는 것은 학습자의 주도적 자기과제학습 활동과 맥을 같이 한다. 교사의 안내 없이 자기 스스로 자신이 알고 싶고, 알아야 하지만 알고 있지 못한 개념이 무엇인지 점검하게 한다. 비교적 능숙한 읽기 학습자들이 자신의 수준을 넘어서는 텍스트를 접했을 경우에 가능한 활동이며, 의도적으로 보다 상위의 지식과 정보를 탐색하기 위하여 질문의 단계에서 수행하는 활동이다. 비교적 많은 시간과 검색 자료를 필요로 하기 때문에 충분한 시간적인 여유와 검색 환경을 갖추어야 한다.

[TOAST의 실제]

과 정	활 동
Test	• 텍스트 안에서 자신이 알고 있지 못하는 어휘 즉, 개념어들이 무엇인지 확인한다. 어휘에 집중하면서 글을 읽고, 정확한 개념을 파악할 수 없는 것들에 밑줄을 긋거나 따라 적어둔다. • 주어진 텍스트에 대한 어휘 지식의 자기 평가이므로 보다 솔직하고 정확한 점검과 검토를 해야 한다.
Organize	• 1차 테스트를 통하여 확인된 어휘들을 분류하여야 한다. 수준별 어휘 분류 방식에 준하여, 글을 이해하는 데에 반드시 결정적인 역할을 하는 제1수준의 어휘와 그렇지 않은 어휘들을 구분하여야 한다. • 어휘를 분류하고 조직하는 것은 글 읽기의 의도와 목적에 부합하는 개념들을 선별하는 선행 작업이며, 이러한 분류를 통하여 자신이 알아야만 하지만 알고 있지 못하는 어휘들에 대한 구체적이고 명확한 개념을 조사하는 기준이 된다.
Anchor	• 분류 조직한 어휘에 대한 개념을 탐색하여 기억, 저장, 기록 등의 방법을 통하여 배경지식화한다. 가능하면 자신의 기억에 저장하는 것이 가장 좋지만, 만일을 위하여 별도의 공책에 적어두거나 파일로 저장하여 두는 것이 좋다. • 어휘의 개념을 파악하기 위하여 다양한 탐색 자료를 동원하여야 한다. 신문이나 미디어, 백과사전이나 인터넷 등 접근 가능한 모든 수단을 동원하여야 한다. 그러나 가장 객관적이고 신뢰성이 있는 어휘의 개념을 탐색하는 것이 관건이므로 다양한 자료에 공유된 정보를 활용하도록 한다.
Say	• 지식을 기억하고 습득하는 가장 효과적인 방법은 자신이 알게 된 것을 다른 사람에게 전달하는 것이다. 공개 발표는 자신의 개념적 지식을 재확인하며, 다른 사람에게 전달하는 과정을 통하여 기억을 보다 견고하게 간직할 수 있게 한다. • 교실 공간이 아닌 자기주도적 과제학습의 경우에는 다양한 소통의 공간을 활용하도록 한다. 최근에는 인터넷 홈페이지나, 카페, 블로그 등을 통하여 자신의 정보를 공유할 수 있으며, UCC를 활용하여 다른 사람들이 볼 수 있도록 저작물을 생산하는 것도 효과적이다.
Test	• 앞의 과정을 모두 거친 후에 처음 읽었던 텍스트를 다시 읽으면서 자기 평가를 다시 한다. • 새롭게 알게 된 개념을 바탕으로 텍스트를 보다 효과적으로 이해할 수 있는지를 확인하고 점검한다.

2. 탐색하기의 실제

탐색하기 과정은 이 연구의 핵심 과정에 속한다. 실제로 내용영역 읽기는 주어진 문제를 해결하는 데에 요구되는 지식과 정보를 탐색하는 데에 주목적이 있다고 보아야 한다. 탐색을 얼마나 효과적으로 하였는지에 따라 학습자들의 내용영역 읽기 수행성과가 결정된다. 개념중심 읽기에서의 '개념'이 무엇인지 파악하기 위한 활동이 바로 탐색이며, 탐색의 질은 개념의 정확한 이해를 위한 정보의 질과 맥을 같이 한다. 따라서 학습자들의 탐색 능력을 길러주는 것은 내용영역의 읽기를 포함한 개념 학습에 절대적인 영향을 미친다.

탐색하기 과정은 교사의 안내와 지도를 시작으로 하지만 학습자들이 주도적으로 수행할 수 있는 과제학습의 중요성을 인식하여야 한다. 학교에서는 학생들이 자유롭게 탐색을 수행할 수 있는 자료와 공간 및 시설의 부족을 체감한다. 따라서 학생 스스로 탐색을 수행할 수 있는 다양한 자료의 활용과 접근에 대하여 알고 있어야 하며, 탐색 그 자체보다는 탐색을 위한 하드웨어의 활용에 더욱 익숙해야 한다. 인터넷은 그중 가장 효과적인 탐색 장치이지만 처음부터 인터넷을 권하는 것은 별로 좋은 방법이 아니다. 가장 우선적으로 학습자들이 익혀야 하는 탐색 절차는 사전을 활용하는 것이다. 탐색의 기본은 정확한 언어의 사용과 이해로부터 출발한다. 무엇을 탐색할지 알기 위해서는 탐색 자료에 대한 정확한 사전 정보가 필요하다. 뿐만 아니라 질문하기를 통하여 알게 된 문제를 해결하기 위하여 어떤 정보를 얻을 것인지는 정보를 담고 있는 언어에 대한 지식이 선행되어야 한다. 따라서 사전 찾기는 탐색 과정에서 학습자가 갖추어야 할 가장 기본적이고 핵심적인 능력이다.

초등학교 2학년 학생들의 상당수는 국어사전을 활용하는 방법에 대하여 알고 있지 못하다. 뿐만 아니라 인터넷을 자유롭게 활용하거나 백과사전의 지식과 정보를 동원하는 일 또는 신문이나 잡지에서 기사와 광고를 구분하는 것 등도 제대로 알고 있지 않다. 교육과정 운영상 사전을 찾는 방법은 다음 학년에서 나오기 때문에 국어사전을 활용하는 방법을 모르고 있는 것이 당연하다. 또한 교과서의 언어가 특별히 국어사전을 동원하지 않더라도 내용을 이해할 수 있는 수준이기 때문에 학습자들이 국어사전의 필요성을 느끼지 못하는 것이다. 교과서만으로 모든 문제를 해결할 수 있다면 사전 찾기에 대하여 역설할 필요가 없을 것이다. 그러나 내용영역의 읽기는 교과서보다 훨씬 많은 양의 글을 읽어야 하는 상황이고, 교과서 수준을 넘어서는 어휘들이 즐비하기 하기 때문에 보다 정확하고 구체적인 정보를 탐색하기 위해서는 단어의 의미를 파악하는 것이 중요하다.

국어사전을 활용하는 방법은 약 4차시 정도면 충분하게 익힐 수 있다. 교사가 직접 지도하지 않아도 학습자간의 비계학습을 통하여 습득된다. 능숙한 학습자들은 간단한 예시나 시범만으로 사전 찾기를 수행할 수 있다. 다양한 수준의 학습자가 포함된 모둠학습을 통하여 학생들은 사전을 찾는 방법을 가르쳐주거나 배운다. 교사의 개별적인 지도보다 훨씬 효과적으로 학생들은 상호 교섭하면서 익힌다. 능숙한 학습자들은 미숙한 학습자들에게 방법을 전수하면서 스스로 자신이 알고 있는 것들을 보다 효과적으로 수행하거나 보다 어려운 낱말을 찾는 방법을 구안한다.

국어사전을 찾는 방법을 알게 되면 백과사전을 활용할 수 있게 된다. 국어사전에 비하여 보다 전문적인 지식과 정보가 수록된 백과사전의 활용은 학습자들의 탐색 수준을 질적으로 향상시킨다. 국어사전 찾기의 중요성은 백과사전 찾기를 수행하면서 나타난다. 초등학교 저학년 학생들의 경우 낱말 중심의 탐색을 할 경우에 동음이의어의 구분이 명확하지 않아 정확하지 않은 정보를 동원하는 경우가 있다. 국어사전을 능숙하게 활용할 수 있는 아동들은 자신에게 필요한 정보를 선택적으로 수용할 수 있는 정제 능력을 갖추게 된다. 인터넷 지식과 정보가 범람하는 시대의 사전 활용은 그래서 더욱 가치가 있고 의미가 있다.

국어사전과 백과사전을 활용하는 데에 익숙해지면 도서관의 자료를 활용하는 방법을 알아야 한다. 자신에게 주어진 문제를 해결하는 여러 가지 방법 중에서도 가장 주도적이고 적극적인 방법이 바로 도서관의 자료를 이용하는 것이다. 지금처럼 인터넷 정보 수집이 자유롭지 않던 시절에는 도서관

이야말로 가장 막강한 자료 탐색 공간이었다. 그러나 인터넷으로 인하여 정보의 공유와 검색이 자유로워지면서 학생들은 점차 도서관의 정보를 이용하는 데에 어려움을 느끼는 것은 물론 알면서도 편리성에 대한 인식 때문에 의도적으로 회피하는 경향을 보인다. 도서관은 자료를 검색하고 탐색하는 공간이 아니라 재미있는 책을 읽는 공간으로 인식하는 경향이 점점 강해지고 있다. 따라서 초등학교 저학년 학생들에게 도서관을 이용하는 방법을 정확하게 알려주고, 도서관의 자료들을 검색하는 방법을 알게 하는 것은 매우 중요한 일이다. 거의 모든 초등학교는 물론 지역사회가 자체 도서관을 보유하고 있는 현실에서 도서관의 정보를 이용할 수 있다는 것은 주어진 문제를 보다 주도적이고 적극적으로 이용할 수 있게 하는 자질과 능력을 길러준다는 데에 의미가 있다.

국어사전과 백과사전의 활용이 도서관 정보 이용에 도움이 되는 데에는 이유가 있다. 도서관에는 수많은 정보들이 보관되어 있다. 최근에는 도서뿐 아니라 인터넷 시설을 구비하여 원하는 정보를 자유롭게 탐색할 수 있게 해놓은 곳이 대부분이다. 그렇지만 여전히 도서관의 매력은 다양한 도서를 접할 수 있다는 것이다. 도서관의 정보를 탐색하기 위해서는 도서관의 정보들이 어떠한 형태로 보관되어 있는지를 정확하게 알고 있어야 한다. 도서관의 정보들을 탐색하는 것이 그리 쉬운 일은 아니다. 도서관의 정보가 국어사전이나 백과사전과 같은 자모순으로 정렬되어 있는 것은 아니지만 일정한 규칙과 배열에 따라 정보들이 보관 배치되어 있다는 것을 학습자들은 알게 된다. 컴퓨터의 도서 목록을 검색하는 방법이나 검색한 도서 목록이 어느 서고에 있는지, 또한 서고의 어떤 번호에 놓여 있는지 등의 일정한 도서 정보 탐색 규칙을 이해하는 데에 사전 찾기의 원리를 동원한다.

초등학생뿐만 아니라 일반인들조차도 도서관의 정보가 어떤 규칙으로 저장되어 있는지 정확하게 알고 있는 사람들은 그리 많지 않다. 무작정 서고를 돌아다니는 것으로 시작하는 경우가 일반적이다. 그러나 도서관의 정보가 어떤 일정한 규칙에 의하여 저장되어 있는 것을 알고, 그 규칙에 의하여 정보를 탐색하여 원하는 것을 얻을 수 있다면 보다 효과적으로 자신의 문제를 해결할 수 있을 것이다. 학교에서의 도서관 활용 교육은 그래서 무엇보다 중요하다.

신문이나 잡지를 포함한 다양한 매체를 동원한 정보의 탐색은 주로 도서관을 활용하는 것이 좋다. 교실이나 가정에서는 학생들이 동원할 수 있는 매체의 수가 제한적일 수밖에 없다. 따라서 도서관의 다양한 자료를 동원한 자료 탐색 교육은 매우 효과적이고 능률적이다. 또한 학생들이 모둠을 형성하여 매체별 자료 탐색 작업을 수행할 수 있다는 장점이 있다. 학교 도서관의 특성상 한 학급이 동시에 사용할 수 있는 공간과 시간이 확보되기 때문에 시간을 계획하여 도서관 자료 탐색 활용 교육을 실시하는 것이 좋다. 거의 모든 학교에서 도서관 활용 교육을 실시하고 있지만 체계적으로 도서관의 자료들을 탐색하는 방법을 지도하는 경우는 그리 많지 않다. 따라서 도서관이 정보를 얻을 수 있는 공간이 아니라 단순히 자신이 좋아하는 책을 골라 읽는 공간으로 남아서는 안 될 것이다.

국어사전과 백과사전을 활용하여 정보를 탐색하는 것을 익히고, 도서관의 정보를 효과적으로 탐색하며, 신문, 잡지, 전문 서적 등의 다양한 자료의 탐색이 가능해진 후에 비로소 인터넷 정보 탐색에 대하여 학습하도록 한다. 정보화 시대에 무거운 사전을 뒤적이고 먼 거리의 도서관을 찾아가서 정보를 탐색하는 것이 어리석은 행위라고 생각할 수 있을 것이다. 그러나 때로는 국어사전이나 백과사전의 정보가, 도서관의 고서에서 나온 자료들이 훨씬 더 가치 있는 정보가 될 수 있다. 초등학교 학생들에게는 흔한 일은 아니지만 특수한 영역의 전문 분야를 연구하는 학자들에게 도서관은 정보의 보고이다. 알려지지 않은 정보로 가득한 곳이 또한 도서관이다.

따라서 인터넷만으로 모든 것을 해결할 수 있다고 여기는 지금의 세대에게 먼저 종이와 도서관 문화를 알려주는 것이 선행되어야 한다. 그렇기 때문에 정보 탐색 과정에서도 인터넷을 활용한 정보 탐색을 가장 나중에 접하도록 하는 것이 좋다. 초등학교 고학년 학생일수록, 중등학교에서 대학교로 갈수록 인터넷에 의존하는 경향은 우리의 상상을 초월한다. 이미 초등학교의 모든 학교 과제 및 교과 관련 정보들은 인터넷에 공유되어 있다. 국어사전이나 백과사전은 손바닥보다 작은 기기 안에 담겨 있고, 휴대폰만으로도 세상의 모든 정보를 받아볼 수 있는 세상이 되었다. 컴퓨터에 능숙한 학생이나 그렇지 않은 학생 모두 인터넷 정보에 의존하는 경향이 강하다는 것은 더 이상 검증을 할 필요가 없을 정도로 보편적인 사실이다. 인터넷 정보를 어떻게 활용할 것인지에 대한 교육은 단순히 정보의 바다에서 필요한 정보를 원하는 만큼 가져다 활용하는 것이 아니라, 보다 정제된 정보를 탐색하여 유효적절하게 재구성하는 데에 중점을 두어야 한다. 정보의 양이 많아지면 많아질수록 어떤 정보가 진실인지 구분하기 힘들어진다. 어떤 정보들은 사실과 완전히 다르거나 의도적으로 거짓을 유포하려는 악의적 의도가 담겨 있기도 하다.

인터넷을 활용한 탐색은 재량활동 시간을 이용하거나 학교 단위의 컴퓨터 사용 시간을 이용하여 지도할 수 있다. 거의 대부분의 아동들이 컴퓨터를 소유하고 있고 인터넷이 연결되어 있다. 따라서 가정에서 컴퓨터를 활용한 탐색은 다른 어떤 방법보다도 활용도가 높다. 따라서 인터넷을 활용한 탐색 기능을 길러주는 것도 중요하지만 보다 양질의 정보를 수집할 수 있는 방법을 알게 하는 것이 더욱 중요하다. 인터넷으로부터 밀려드는 엄청난 양의 무작위 정보들은 학생들의 탐색 작업을 오히려 혼란스럽게 만들기 쉽다. 정제되지 않은 정보들을 어떻게 적용하고 활용할 수 있는지를 알게 하는 것이 훨씬 더 중요하다.

1) 낱말 찾기

국어사전을 이용하여 중요한 낱말의 뜻을 찾는다. 자모순에 의해서 낱말을 찾는 방법을 설명하고 시범을 보인 후에 미숙한 학습자와 능숙한 학습자들이 적절하게 혼합된 모둠을 형성하여 가장 쉬운 낱말 찾기부터 시작하면 된다. 능숙한 학습자들은 미숙한 학습자들의 사전 찾기를 도울 수 있도록 안내한다. 미숙한 학습자들은 능숙한 학습자들의 협조를 받아서 간단한 낱말의 뜻을 찾는 방법을 익힌다. 중요한 낱말은 무작위로 정하는 것이 아니라 학습자들에게 주어진 문제를 해결하는 데에 필요한 정보와 관련된 글에서 찾는 것을 원칙으로 한다. 처음에는 질문하기 과정에서 찾은 중요한 낱말들이 바로 그 대상이 되며, 낱말 찾기에 익숙해질수록 문제를 해결하기 위하여 탐색한 자료의 낱말들을 중심으로 수행한다.

2) 문장 쓰기

탐색하기 과정에서 찾은 낱말들은 한 가지 뜻을 갖고 있는 것도 있지만 여러 가지 뜻을 갖고 있는 낱말들도 많이 있다. 문장을 쓰게 하는 것은 주어진 문제를 해결하는 데에 유효적절한 낱말을 찾아서 그 뜻을 썼는지 확인하기 위한 활동이다. 낱말의 사전적 의미는 단순히 낱말을 풀이하는 것뿐만 아니라 그 낱말이 갖고 있는 개념을 가장 함축적으로 담고 있는 것이다. 사전의 규모가 클수록 낱말의 개념은 질적으로 양적으로 충실하며 어떤 정보보다 더 나은 가치를 갖고 있다. 따라서 낱말의 뜻을 정확하게 이해하였는지를 확인하기 위해서는 반드시 그 낱말이 들어간 문장을 써보아야 된다. 대부분의 사전에는 예시문이 들어 있다. 초기 단계에서는 예시문을 그대로 옮겨 쓰는 경우가 많다. 그러나 정확한 낱말의 뜻을 파악하고 문장에서의 쓰임을 이해한 후에는 새로운 문장을 쓰게 된다.

3) 지식 검색

최근 '지식 검색'이라는 말이 특정 포탈의 용어로부터 일반적인 앎의 처리 과정에 쓰이는 용어로 자리 잡았다. 학생들은 사전적 의미를 담고 있는 용어의 개념 이외에 보다 전문적인 지식과 정보를 필요로 하는 경우가 많다. 고학년으로 갈수록, 개념의 난이도가 높아질수록 전문적인 지식의 검색이 요구된다. 탐색 과정의 지식 검색은 대개의 경우 사전적 의미만으로 개념을 형성할 수 없는 경우이다. 전문적인 용어를 포함한 개념은 더욱 그렇다. 백과사전이나 인터넷 전자 사전은 지식 검색을 대표한다.

최근의 사전들은 특수영역 분야의 지식을 담고 있는 경우도 많이 있기 때문에 보다 전문적인 지식을 원할 경우에는 해당 분야의 사전을 활용하는 것이 훨씬 효과적이다. 그러나 학생들의 경우에는 백과사전 수준의 지식 검색만으로도 충분히 자신의 문제를 해결할 수 있는 정보를 제공받을 수 있을 것이다. 인터넷의 지식 검색은 백과사전적인 내용을 담고 있지만 검증되지 않은 정보들이 범람하기 때문에 권장할 만한 사항은 아니다.

그렇지만 최근에는 해외의 유명 백과사전 회사들이 자신들의 콘텐츠를 인터넷에 공개하는 작업을 하고 있다. 따라서 올바른 지식 검색과 검색을 통해 정제된 정보의 탐색을 위해서는 검증된 지식 검색 엔진이나 포털 또는 사이트 등을 방문하도록 안내하여 주어야 한다. 교사는 학생들이 선별된 지식과 정보를 얻을 수 있는 검색의 방법을 안내하여 주어야 한다. 많은 정보의 수집에 앞서 검증된 정보의 선택과 그렇지 않은 정보에 대한 선별 작업을 수행할 수 있는 능력을 갖추도록 지속적인 지도를 하여야 한다.

4) 요약하기

중요한 낱말의 사전적 의미 찾기, 낱말을 포함한 문장 쓰기, 백과사전이나 인터넷 등을 통한 지식의 검색 등은 모두 자신에게 주어진 문제를 해결하기 위한 지식이나 정보를 탐색하기 위한 활동이다. 정제되거나 그렇지 않은 경우라도 탐색한 정보는 자신에게 유용할 것이라는 가정을 한다. 따라서 탐색 내용을 어떤 형태로 저장할 것인지 결정하여야 한다. 학습자가 동원할 수 있는 저장 장치로는 기억, 기계, 종이 이 세 가지가 대표적인 경우일 것이다. 가장 간편하긴 하지만 모든 인간이 기억만으로 모든 정보를 안전하게 저장하여 활용하지 못하기 때문에 기계나 종이에 의존하게 된다. 육성으로 기록하는 저장이나 메모리칩을 이용한 문서 저장이 매우 유용하지만 아직까지 학교에서는 종이의 유용성을 따라가지 못하고 있다. 요약하기는 탐색한 정보를 기록하고, 저장하는 작업으로서도 유익한 활동이지만 그보다 더 의미 있는 것은 탐색한 내용을 선별 정제하여 조직화하기 때문이다. 의도적으로 요약하기 연습을 할 필요가 있다. 필요한 정보를 제한된 양으로 함축하는 일은 결코 쉬운 일이 아니다. 내용영역 읽기에서 학습자들이 봉착하는 가장 많은 문제들 중의 하나는 주어진 텍스트를 주어진 시간 안에 제한된 양으로 요약하는 것이다. 요약은 글을 정확하게 이해하고 있는지를 파악하는 가장 기본적인 평가 도구이기도 하다. 따라서 요약을 통하여 글의 내용을 정확하게 이해하는 능력을 기르고, 내용 이해를 바탕으로 여러 자료의 탐색을 보다 효과적으로 수행하여 문제를 해결하는 데에 필요한 정보를 유효적절하게 저장할 수 있게 한다.

5) 비교하기

탐색하기 과정에서 동원되는 자료들은 매우 다양하기 때문에 각각의 자료들이 갖고 있는 정보의 진위나 가치를 파악하는 작업이 이루어져야 한다. 필요한 지식과 정보가 하나의 텍스트를 통하여 산출되는 것이 아니라 신문, 잡지, 인터넷, 백과사전 등 다양한 매체로부터 나온 것이기 때문에 어떤 것이 나에게 주어진 문제를 해결하는 데에 가장 효과적으로 작용할 것인지를 파악해야 한다. 이때 각각의 자료로부터 도출된 탐색 내용들의 진위와 가치 순위를 매길 수 있는 기준과 활용 능력이 요구된다. 두 가지 이상의 자료를 활용하여 탐색을 하는 것이 이상적이며, 가능한 다양하고 많은 자료를 탐색하여 얻은 결과 중에서 가장 가치 있는 것을 활용하는 것이 문제해결의 지름길이라는 것은 누구나 다 알고 있다. 하지만 저학년 학습자들일수록 어떤 정보가 더 가치가 있고 나의 문제를 해결하는 데에 유용한 것인지를 판단하기 어렵다. 따라서 두 개 이상의 자료 또는 요약한 내용을 비교하는 연습을 하여야 한다. 자료 분석의 가장 기초 단계로서의 비교는 텍스트의 동질성과 이질성을 구분하는 것으로부터 시작한다. 공통점과 차이점이 무엇인지 구별하는 것이 가장 중요하다. 하나의 개념에 대하여 동일한 지식과 정보를 제공하는 것이 있는가 하면, 전혀 다른 시각의 지식과 정보를 제공하는 자료들도 있다. 어떤 것이 진실이고 어떤 것이 거짓인지 또는 어떤 관점에서 바라보는 개념이 나에게 주어진 문제를 해결하는 데에 효과적인지 판단할 수 있어야 한다.

6) 분류하기

탐색한 내용들은 하나의 개념을 중심으로 산출된 것이지만 그것들이 모두 하나의 동일한 목적으로 사용될 수 있는지는 학습자의 기준과 판단에 달려 있다. 어떤 자료들은 시각적이거나 또 어떤 자료들은 은유적이고 추상적일 수 있다. 어떤 것들은 과학적인 내용이고 어떤 것들은 수학이나 역사적인 내용을 담고 있을 수 있다. 어떤 것들은 유래와 성질에 관한 내용이고 어떤 것은 외형과 사용의 측면에 관한 내용일 것이다. 하나의 개념은 개념 형성의 시각과 측면에 따라 다양한 지식과 정보를 담고 있으며, 그러한 지식과 정보들로 인하여 개념은 형성되고 유형화된다. 따라서 학습자가 탐색한 지식과 정보들을 유목화하는 작업이 필요하다. 단순하고 초보적인 개념에 대한 탐색으로부터 다양하고 복잡한 개념의 탐색에 이르기까지 양질의 다양한 자료를 원할 경우, 분류 작업은 매우 중요하다. 전문적인 개념의 습득에 있어서는 분류의 힘이 더욱 강해진다. 특히 내용영역의 전문성을 요구하는 과학에서는 한 가지 개념에 대한 다양한 분류가 지식의 깊이를 결정지을 때가 많다. 비교분석하는 작업과 동시에 분류를 통한 정보의 고급화를 시도하는 것도 필요하다.

7) 비계학습

탐색 과정에서 학습자들의 구성적 능력을 가장 확실하게 관찰할 수 있는 것이 바로 비계학습이다. 특히 미숙한 학습자들의 탐색 능력을 보완하는 능숙한 학습자들의 안내와 협조는 단순히 미숙한 학습자들의 공백을 메우는 것이 아니라, 자신이 이미 알고 있는 것들을 교사보다 훨씬 효과적으로 전달할 수 있다. 의도된 것은 아니지만 능숙한 학습자들은 자신이 알고 있는 것들을 자신의 수준에 따라 교사보다 훨씬 더 미숙한 학습자들의 눈높이에 맞춘 도움을 준다. 아무리 교사가 미숙한 학습자들의 시각과 관점에서 도움을 준다고 하여도 같은 학습자들 간의 협조에 의한 전이와 비교하면 엄청난 차이를 갖는다.

능숙한 학습자들의 협조는 얼핏 미숙한 학습자들을 위한 희생으로 보일지 모른다. 그러나 자세히 관찰하여 보면 능숙한 학습자들은 미숙한 학습자들을 안내하는 과정에서 자신이 알고 있는 것들과 이전에 수행한 학습 활동을 스스로 점검하고 조정한다. 즉, 이전에 수행한 것을 그대로 복사하듯이 전달하는 것이 아니라 순간순간 보다 나은 방법, 보다 쉬운 방법이 무엇인지를 찾고 고민하면서 미숙한 학습자들을 안내한다. 결국 자기 점검과 조정을 통하여 이후 학습에서 자신의 효과적인 전략을 구안하고 수행할 수 있게 된다. 비계학습의 장점과 가치가 바로 여기에 있다. 미숙한 학습자들은 능숙한 학습자들을 통하여 자신의 눈높이에 맞는 안내와 설명을 받아 학습을 수행할 수 있게 되며, 능숙한 학습자들은 미숙한 학습자들을 안내하면서 자신의 문제에 대한 검토와 조정을 통하여 보다 효과적인 전략을 수행할 수 있게 된다. 아동과 마찬가지로 교사도 비계학습의 동료가 되어야 한다. 학생들은 자신의 수준을 잘 알고 이해해 주는 교사를 강하게 선호하기 때문에 최대한 학습자의 수준에 근접한 안내자가 되어야 한다.

3. 적용하기의 실제

질문과 탐색을 통하여 산출된 지식과 정보들은 주어진 문제를 해결하는 데에 필요한 것들이다. 적용하기는 탐색의 결과에 유용성을 입증하는 것이다. 개념중심 읽기가 내용영역의 학습에서 봉착하는 문제들을 해결하기 위한 전략이라면 탐색의 결과로 산출된 지식과 정보들은 주어진 문제를 해결하는 데에 효과적으로 사용되어야 하며, 다른 문제들을 해결할 수 있는 가능성 또한 내포하고 있어야 한다. 일대일 대응식의 단순한 해답을 찾아내는 것이 아니라 하나의 개념이 다른 개념을 지지할 수 있는 재생신적 가치를 갖고 있어야 한다. 되돌아간다면 적용하기는 탐색하기에서 산출된 지식과 정보가 올바른 것인지, 보다 가치 있는 것인지를 검토하고 되돌아보는 과정이다.

탐색의 일차적 목적이 주어진 문제를 해결하기 위한 것이라면 이차적으로는 다른 문제를 해결할 수 있는 것이어야 한다. 적용하기에서는 탐색 과정에서 산출된 지식이나 정보들을 다른 문제를 해결하는 데에 유용하게 쓸 수 있도록 지도하여야 한다. 적용하기는 학습자의 탐색 능력에 창의성의 발현을 보태었을 때 가장 빛을 발한다. 탐색을 통해 보다 새로운 생각과 상상력을 동원하여 기존의 지식을 새롭게 재구성할 수 있는 기회를 마련하고, 학습 능력을 향상시킬 수 있다.

탐색이 주어진 문제를 해결하는 데에 필요한 지식과 정보의 수집이라고 하였을 때, 산출된 지식과 정보가 어떤 문제를 해결할 수 있을지를 고민하는 것은 학습자의 창의적 역할 수행이다. 만일 과학영역의 문제를 해결하기 위한 탐색 과정에서 산출된 지식이 오로지 과학영역에서만 쓰임이 가능하다고 생각하는 것은 사고를 협소하게 제한하는 것이다. 적용하기에서의 이차적 문제해결은 영역 간 통합을 전제로 한다. 과학영역의 문제를 해결하기 위하여 산출된 지식이 수학의 문제를 해결할 수 있을 때 가치 있는 것이며, 수학의 문제를 해결하기 위하여 산출된 결과가 역사적 문제를 해결하는 데에 적용이 가능한 경우 의미 있는 것이다. 실제로 내용영역의 전문성을 추구하는 많은 분야에서 내용영역의 통합적 적용이 이루어지고 있으며, 개념중심 읽기에서의 적용하기는 바로 학습자의 미래지향적 통합교육을 추구한다.

학습자들의 적용하기는 현실적 적용에서 미래지향적 적용하기로 발전하여 간다. 현실적 적용은 지금 알게 된 사실들이 현재의 다른 현상이나 사물에서 어떤 문제를 해결할 수 있을지를 생각해 보는 것이다. 반면 미래지향적인 적용은 현재 해결되지 않은 문제들을 앞으로 해결할 수 있도록 창의적인 대안과 전망을 제시하는 것이다. 고학년으로 갈수록 창의적인 대안과 전망을 제시하는 미래지향적 적용이 가능할 것이며, 저학년에서는 현실적 적용하기로부터 미래지향적 적용하기로 나아가도록 노력하여야 한다.

1) K-W-L-A

K-W-L-A는 적용하기에서 중점적으로 지도할 수 있는 전략이다. 적용하기는 탐색한 자료들을 바탕으로 자신이 이미 알고 있는 지식과 탐색자료를 통합하여 새로운 현상이나 사물의 문제를 해결할 수 있는 방법이 무엇인지

생각하여 적용하는 활동이다. 'A(apply)' 단계 이전의 'K-W-L'은 이전 과정에서 이미 수행한 산출물과 배경지식을 동원한 결과를 바탕으로 정리할 수 있을 것이다. 따라서 이전 과정에서 수행한 것들을 정리하여 새롭게 적용할 수 있는 것이 무엇이 있는지 찾아보아야 한다. K-W-L-A는 보다 창의적인 적용하기를 수행할 수 있도록 하기 위한 정리 체계이다.

교사는 먼저 학생들이 K-W-L-A를 실행할 수 있는 표를 만들어서 제공해 주어야 한다. 학생들은 글의 주제나 제목과 관련하여 자신이 이미 알고 있는 것들이 무엇인지 생각해 보고 기록한다. 자신이 알고 있는 것을 기록한 후에는 주어진 텍스트와 관련하여 알고 싶은 것들은 무엇이 있는지 개인적으로 또는 협동하여 기록한다. 그리고 글을 읽은 후에 알게 된 것들을 기록하고 알게 된 것들이 우리들의 일상생활의 문제해결에 어떻게 적용할 수 있는지 그 대안이나 방법들을 모색하고 기록한다.

[K-W-L-A 기록표]

Know	Want to know	Learned	Apply

2) 소크라테스 세미나

소크라테스 세미나(Unrau, N. 2008 : 259~260)는 소크라테스의 문답법을 응용하여 학습자들이 발견한 지식과 정보에 대하여 토론하고 그것을 어떻게 문제해결에 적용할 것인지를 모색하는 활동이다. 교사와 학습자는 공통의 주제에 대하여 이미 알고 있는 지식과 정보를 바탕으로 새로운 지식과 정보의 산출은 물론 우리의 삶에서 개선이 가능하거나 활용이 가능한 것들과의 상호작용에 대하여 논의할 수 있다.

교사는 학생들이 자신이 알게 된 지식과 정보들을 어떻게 활용할지 새로운 아이디어를 창출하고, 자신이 실제로 처했던 일상생활의 경험을 바탕으로 문제를 해결할 수 있는 방법을 구안한다. 교사는 학생들의 질문을 유도하는 역할을 하여야 한다. 학생 상호간의 질문 유도를 할 수도 있지만 보다 원활한 진행을 위하여 교사의 중재가 요구된다. 학습자들의 수준과 인지 과정에 적합한 적용 사례들을 선별하고 학습자 개개인은 물론 집단의 의사소통이 원활하게 이루어지도록 유도하여야 한다. 개인의 적용 아이디어는 집단의 아이디어로 상정하여 보다 양질의 적용 사례를 산출할 수 있다.

[소크라테스 세미나의 실행 단계]

이미 학습한 내용과 관련이 있는 핵심 어휘나 개념들에 대하여 간략하게 설명할 수 있는 자료를 준비한다. 학생들의 기억을 돕는데 활용하기 위함이다. 지난 시간의 학습 내용을 모두 기억하지 못하는 학습자들을 위하여 약간의 정보를 제공할 수 있도록 준비하여야 한다.

질문하기와 탐색하기 과정을 통하여 알게 된 지식과 정보를 실생활에 어떻게 적용할 수 있는지에 대한 활발한 토의와 토론을 진행할 수 있는 다양한 질문들을 교사가 미리 준비하여 기록해 둔다. 이러한 질문의 기록을 준비하는 것은 학생들의 세미나가 원활하게 진행되지 않을 경우를 대비하기 위한 교사의 사전 준비 자료이다.

본격적인 세미나를 하기 전에 자신들이 알게 된 지식과 정보들을 검토하고 재인할 수 있는 시간을 준다. 이 시간 동안 교사는 학생들과 함께 소크라테스 세미나를 위한 공간을 마련하도록 한다. 교실 공간을 최대한 활용하여 모든 학생들이 한 시야에 다 들어올 수 있으며, 모두가 경청하고 집중할 수 있게 좌석을 배열하는 것이 좋다. 가급적이면 원형이나 마제형의 공간이 좋다.

학생들이 세미나에 참여하는 기본 원칙과 자세에 대하여 안내한다.
• 다른 사람의 발표를 집중하여 경청하기
• 반대 의견이나 덧붙일 의견이 있는 경우에는 사회자의 동의를 구하기
• 집단 간 토론이나 토의를 진행할 경우에는 집단의 의견을 모으기 위한 대화가 세미나 흐름을 방해하지 않도록 하기 : 집단의 의견을 사전에 마련하기
• 발표 시간을 제한하기 모든 학생들이 참여할 수 있도록 적절한 발표 시간을 인식하기−1분 내외
• 적극적인 발표를 위하여 발표자에게 포인트 주기 : 자신의 의견을 적극적으로 표현하기 위한 동기 부여를 위하여 강화 조건 부여, 집단 간 세미나를 진행할 경우에도 집단 점수 부여
• 세미나에 적극적으로 참여한 개인이나 집단에 대한 시상을 하고 격려하기 : 다음 세미나의 동기를 부여하기 위하여 반드시 필요

↓

교사의 안내로 세미나를 시작한다. 개인이나 집단이 자신들의 아이디어를 공유하면서 탐구한 지식과 정보를 실생활에 적용하기 위한 내용을 발표한다.

↓

학생들이 발표한 적용하기 사례들은 동영상 등의 저장 장치를 이용하여 기록한다. 세미나가 끝나면 학생들의 세미나 자세와 적용하기 내용 등을 평가하는 자료로 활용한다.

↓

세미나가 끝나면 가장 좋은 적용 아이디어를 선발하고, 그것을 다시 집단 평가 토의하는 과정을 거친다. 교사는 적절한 수준의 상을 수여하고 그 활용 가치에 대하여 논평한다. 세미나를 통하여 발현된 적용하기 자료들은 이후의 소통하기에서 활용될 수 있도록 한다.

3) TASK(Thesis And Synthesis Key)

언로(Unrau, N., 2008 : 264~266)는 내용영역의 읽기를 통하여 습득한 지식과 정보들을 어떻게 적용하고 활용할 것인지에 대한 분석자료의 구성을 위하여 고안된 활동이다. 주로 토의와 토론을 통하여 자료를 분석한다. TASK를 통하여 학생들은 자신들이 알게 된 새로운 지식과 정보들을 비교하고 분석하면서 자신과 타인의 것을 보다 정제하여 세련된 지식과 정보로 향상시킨다.

적용하기 단계에서의 TASK 활동은 자신들이 알게 된 개념적 지식이나 정보들이 실생활의 문제를 해결하는 데에 실제적인 도움을 줄 수 있을 것인지에 대하여 확신을 갖게 한다. 자신이 알고 있는 지식과 정보가 모두 유용한 것이며 그것들이 우리들의 삶에서 봉착하는 모든 문제를 해결하는 만능키와 같은 것이라면 별 문제가 없다. 그러나 어떤 경우 자신이 알게 된 지식이 실생활에는 쓸모가 없거나 잘못된 지식일 가능성을 배제할 수 없다. 따라서 TASK를 통하여 보다 양질의 지식과 정보를 구성하고 문제를 해결하는 데에 그것을 보다 효과적으로 적용하도록 안내하여야 한다.

[TASK의 실행 단계]

질문하기와 탐색하기 과정을 통하여 도출한 지식과 정보가 무엇인지 확인하여 보자.

↓

자신의 적용하기 자료를 발표하기 위하여 간략하게 내용을 요약한다.

↓

다른 사람의 적용하기 사례와 나의 것을 비교하기 위하여 나의 적용내용을 최대한 드러낼 수 있는 자료 등을 준비한다.

↓

나의 것과 다른 사람의 것을 비교하기 위하여 장단점을 분석한다.	
나의 적용 아이디어	다른 사람의 적용 아이디어

↓

나의 적용 아이디어 중에서 객관적이지 않거나 다른 사람의 신뢰를 얻지 못한 점은 무엇인가? 그것들을 간략하게 적어보고, 보완할 수 있는 방법이 무엇인지 생각해 본다. 필요한 경우 앞의 과정을 재순환 한다.

↓

다른 사람의 적용 아이디어가 지지를 얻는 것은 어떤 이유이며, 그것을 나의 적용 아이디어에 접목하여 다른 적용 아이디어를 생산할 수 있는지 생각해 본다.

↓

필요한 경우 앞의 과정을 순환하면서 보다 좋은 적용 아이디어를 생산하고 공유할 수 있는 기회를 마련한다.

　　교실에서 전체 학생들을 대상으로 TASK 활동을 수행하는 것과 달리 짝과 함께 둘이서 각각의 적용 아이디어를 비교하고 토의하면서 보다 좋은 적용 아이디어를 생산하는 짝활동(TASKing in Pairs)을 실행할 수도 있다. 이 활동은 또한 두 명의 학생이 각각의 적용 아이디어를 학생들 전체 앞에서 발표하는 기회를 가짐으로써 자신의 아이디어가 학생들로부터 지지와 신뢰를 얻을 수 있는지 확인하는 기회를 갖는 경쟁 활동이기도 하다.

　　두 명의 학생이 제안하는 적용 아이디어는 개인의 아이디어이거나 집단의 아이디어를 대표할 수도 있다. 개인의 아이디어인 경우에는 두 사람의 아이디어 중에서 어떤 것이 더 활용가능하고 실생활의 문제해결에 도움이 되는지를 참관하는 학생들로부터 지지표를 얻어 승패를 결정할 수 있다. 이

러한 활동은 학생들의 경쟁심을 유발하여 보다 양질의 적용 아이디어를 도
출할 수 있게 하며, 이러한 활동은 적용하기 과정에서의 경쟁적 동기 유발
은 물론 질문하기와 탐색하기 과정에서 보다 적극적이고 능동적인 활동을
유발하게 한다.

[TASKing in Pairs의 실행 단계]

서로 다른 적용 아이디어를 갖고 있는 두 명의 학생을 짝으로 구성한다. 적용 아이디어를 갖고 있는 학생은 자신의 적용 아이디어를 짝이나 참관하는 교실의 다른 학생들에게 광고하기 위한 다양한 발표 자료를 준비하고 있어야 한다. 만일 두 학생이 교실의 다른 학생들 앞에서 지지를 얻기 위한 경쟁 TASKing을 수행하는 경우에는 학생이 준비한 발표 자료를 효과적으로 발표하기 위한 학습 시스템을 준비해 놓아야 한다.

↓

만일 두 학생들 평가하기 위한 참관자(배심원 또는 심사위원)가 있을 경우에는 두 학생들의 적용 아이디어에 대한 평가 기록표를 작성하도록 안내한다. 교사는 참관자들의 평가표를 미리 준비하여 나눠주는 것이 좋다. 만일 참관자가 없이 두 학생이 상호평가하는 경우, 상대방의 적용 아이디어에 대한 장단점을 기록할 수 있는 표를 준비하여야 한다.

↓

두 명의 학생은 자신의 적용 아이디어를 상대방의 학생 또는 참관하는 학생들에게 공개 발표한다. 시청각 자료를 활용하여 많은 지지를 얻을 수 있도록 한다.

↓

두 학생의 적용 아이디어 발표가 끝나면 참관하는 학생들(배심원 또는 심사자)로부터 두 학생의 아이디어에 대한 질의응답 시간을 갖는다. 질의응답 시간을 통하여 적용 아이디어의 우수성과 장점 및 실생활에서의 문제해결 정도에 대한 신뢰를 형성할 수 있도록 한다.

↓

적용 아이디어에 대한 질외응답 시간이 지나면 참관하는 학생들은 자신이 지지하는 적용 아이디어에 대한 지지 발언을 하거나, 그렇지 않은 아이디어에 대한 반대 의견을 제안할 수 있다. 이 경우 비난을 삼가도록 해야 할 것이며 적절한 수준의 토론이 이루어질 수 있도록 교사의 통제가 요구된다.

↓

지지와 반대 발언이 끝나면 참관하는 학생들은 마지막으로 자신이 지지하는 적용 아이디어를 결정하고, 교사는 다수결을 통하여 어떤 아이디어를 우수 아이디어로 선정할 것인지 학생들에게 묻는다. 다수의 지지를 받은 아이디어가 우수 아이디어로 결정되며, 이 아이디어는 다시 다른 〈TASKing in Pairs〉에서 우수 아이디어로 선정된 아이디어와 재대결을 벌인다. 이러한 활동을 반복하여 학급에서 가장 우수한 적용 아이디어를 발견할 수 있을 것이다.

↓

최종 단계에서 교사는 학생들과 함께 〈TASKing in Pairs〉 활동 중에 드러난 언어적 오류나 감정의 개입 또는 추론이나 이론적 기반의 오류 등에 대하여 점검하고 반성하는 기회를 갖는다. 이것은 전체적인 수정 및 보완의 기회이며, 이러한 과정을 통하여 앞으로 있을 활동에서 보다 나은 질적 향상을 기대할 수 있게 된다.

4) 대상 바꾸기

탐색한 내용을 다른 것에 적용하여 어떤 문제를 해결할 수 있는 방법을 찾는 것은 이미 자신이 알고 있는 것과 탐색한 것을 통합하여 새로운 것과 어떤 관계를 맺을 수 있을지 생각해 보는 것이다. 대상을 바꾼다는 것은 무엇보다 자신이 알게 된 개념이 다른 사물이나 현상과 어떻게 관련지을 수 있을지 모색해 보는 것이다. 사물과 현상으로부터 학문과 학문의 경계를 허무는 것에 이르기까지 가능한 모든 생각을 바꾸어서 적용하려는 시도를 해본다.

생각을 바꾸는 것은 생각을 확장하거나 수렴하는 것과 달리 지금 무엇에 대하여 알게 된 것이 다른 어떤 것에는 어떤 효과를 발휘할 수 있는가에 대한 발상의 전환이다. 창의적인 아이디어를 바탕으로 기존의 사물과 현상을 완전히 새로운 사물과 현상으로 대치하는 연습을 반복적으로 수행할 필요가 있다. 발상의 전환은 타고난 능력보다는 꾸준하고 지속적인 시행착오의 경험을 통하여 발달한다.

5) 미래 예보

과학이나 수학 또는 역사가 미래에는 어떻게 변화되었을지 자신이 탐색한 지식이나 정보들을 근거로 하여 예측하는 말이나 글을 써본다. 신문 기사를 쓸 수도 있고, 기자가 되어서 방송을 하듯이 말로 표현할 수도 있을 것이다. 신문 기사나 방송은 상상의 내용이 아니라 당대의 현실과 사실을 알리는 말과 글이다. 따라서 가장 객관적인 지식과 정보를 전달하는 데에 중점을 두어야 하며 지금 알고 있는 또는 알게 된 것들을 근거로 하여 미래에는 어떤 변화가 있을지 예측하여 보는 것이다.

미래 예보는 학생들의 추론과 예측이 실생활에서 어느 정도 실현 가능성이 있는 대안적인 의견의 제안이어야 한다. 미래 예보를 위하여 학생과 교사는 다양한 멀티미디어 자료를 동원하여야 한다. 특히 미디어를 활용하는 것은 가장 효과적인 방법이다. 미디어 교육 시간이 별도로 존재하고 미디어 제작 장비를 동원할 수 있다면 학생과 교사는 충분한 시간을 확보(통합교육 과정 운영)하여 흥미진진한 미래 예보 활동을 할 수 있을 것이다. 가상의 세계를 드라마로 제작한다든지 미래에 일어날 가능성이 있는 일들에 대하여 생생한 뉴스를 전달하는 방식도 매우 흥미로운 일이다.

'미래 예보'라는 말처럼 우리들이 일상적으로 대하는 일기예보의 방식을 활용하는 것도 매우 좋은 방법이다. 학생들은 자신들의 적용 아이디어가 지금은 현실성이 없는 것이지만 미래에는 충분히 활용될 수 있을 것이라는 기대감으로 이 활동에 매진할 수 있을 것이다. 더불어 '소통하기' 과정과 연계하여 미디어 프로그램을 제작한다면 이는 교실 공간에서뿐 아니라 보다 확장된 맥락에서의 적용 아이디어 공개의 기회를 가질 수 있게 될 것이다.

4. 소통하기의 실제

내용영역 학습에서의 소통 상황은 그리 자유롭게 또는 자주 발생하지는 않는다. 제한된 시간 내에 주어진 문제를 해결하기 위한 방법을 찾는 과정에서 학습자 간 또는 교사 학습자 간의 의견 교환이나 상호협조를 위한 간단한 의사소통 상황은 있으나, 의도적으로 별도의 시간을 마련하여 다양한 언어활동을 수행하기란 그리 쉽지 않다. 따라서 개념중심 읽기 과정을 통하여 구성된 결과물들이 학습자들의 흥미 및 동기 유발, 학업 성취 향상을 위한 배경지식 등으로 작용할 수 있는 소통 상황을 마련해 주어야 한다.

소통은 개념중심 읽기 과정의 모든 상황에서 이루어져야 하는 필수적인 학습자 활동이기도 하다. 질문하기, 탐색하기, 적용하기 과정에서의 소통은 자신이 무엇을 하였는지 지금 하고 있는 것은 무엇인지 앞으로 해야 할 것은 무엇인지 알고 있는 것과 알게 된 것 그리고 알고 싶은 것 등이 무엇인지를 파악하고 점검하는 일이기도 하다. 어떤 상황에서도 소통이 단절될 수는 없다. 자신의 의견과 생각을 드러내고 평가받는 과정을 통하여 보다 양질의 지식과 정보를 제공받을 수 있다. 소통은 일방적인 것이 아니라 상호 교섭적이고 협조적이다. 능숙한 학습자들은 자신이 더 잘 알고 있는 것을 미숙한 학습자들에게 전달함으로 해서 자신의 지식과 정보를 점검하고 수정, 보완한다. 미숙한 학습자들은 자신이 알고 싶어 하는 것이 무엇이고 자신이 알지 못하는 것이 무엇인지를 드러냄으로써 능숙한 학습자로부터 도움을 받을 수 있다. 소통 상황은 개방적이고 자유로워야 한다. 내용영역 학습 상황에서의 소통이 때로는 제한적이고 단속적인 경우가 있다. 특히 평가와 관련된 상황에서의 소통은 금지될 가능성도 많다. 특히 내용영역의 범주가 교과와 관련하여 단원평가나 기말평가 등의 상황이라면 소통 상황은 상상할 수도 없는 일이다. 때문에 개념중심 읽기 과정에서의 소통하기는 학습자들이 자신의 생각과 의견을 자유롭게 교환할 수 있는 기회를 마련해주도록 배려하여야 한다.

질문하기, 탐색하기, 적용하기 과정을 통하여 주어진 문제를 효과적으로 해결할 수 있는 능력을 갖춘 학습자들은 보다 계획적인 문제를 해결하려는 시도를 할 수 있다. 개인별 또는 모둠별로 작은 프로젝트를 계획하고 그것을 다양한 방법으로 공개하는 시간을 마련할 수 있을 것이다. 소통하기 과정이 대개 학년 말에 수행된다는 것을 감안한다면 다양한 방법을 동원하여 산출물의 효과를 드러낼 수 있을 것이다.

1) R-S-W

'R-S-W' 전략은 말하기의 중요성에 대한 것이다. 읽은 후에 바로 쓰는 것으로 끝을 맺는 것은 학습자들의 모든 언어활동이 쓰기로 종결된다는 것을 의미한다. 대부분의 학생들은 학급에서의 모든 소통 상황이 쓰기의 결과물로 남는다는 것을 잘 알고 있다. 모든 읽기 후의 모든 쓰기 활동은 학생들로 하여금 읽기 동기와 흥미도 감소시키는 것과 동시에 쓰기에 대한 동기와 흥미를 감소시킨다. 고학년으로 갈수록 쓰기를 싫어하는 이유가 바로 이 때문이다. 학급에서의 모든 언어활동의 결과가 쓰기의 산출물로 남고 그것은 바로 평가로 이어지기 때문에 쓰기 활동은 학생들의 자발적이고 주도적인 수행이 아니라 수동적인 활동으로 인식된다. 결국 읽기에 영향을 미치게 되어 쓰기와 같이 읽기에 대한 동기와 흥미를 잃어버리게 된다. 따라서 가급적이면 학생들의 소통은 꼭 필요한 경우가 아니면 말로 수행하도록 안내하여야 한다. 말로 하는 것이야말로 학생들이 지금 무엇에 대하여 알고 싶어 하는지 무엇을 알게 되었고 무엇을 더 알고 싶어 하는지를 바로 파악할 수 있게 하는 소통 상황이다.

'R-S-W'는 단순한 전략이지만 매우 중요한 시사점을 갖는다. 'R-S-W'의 기본 전제를 근거로 하여 여기에 다양한 소통 방법을 적용한다면 매우 좋은 효과가 유발될 것이다. 특히 읽은 후에 쓰기 활동을 즉시 수행하는 전통적인 교실에서의 상황을 어느 정도 회피할 수 있다는 점에서 매우 의미가 있다. 교사가 인식하는 'R-S-W' 전략은 일단 읽기와 쓰기의 인접 즉, R-W 또는 W-R의 활동을 자제하게 하여 학습자들이 보다 적극적이고 자발적인 소통에 참여하게 한다는 것이다.

2) QtA(Questioning the Author)

QtA(Unrau, N. 2008 : 251~256)는 Beck 외(1997)에 의해 개발된 교수 전략이다. 말 그대로 작가와의 대화를 통하여 글을 구조와 내용을 정확하게 파악하고 자신의 생각과 의견을 교환할 수 있는 활동으로 고안된 것이다. 이러한 활동은 작가가 직접 참여하여 실행하기보다는 가상의 작가를 두고 학생들이 자유롭게 의견을 교환하는 방식을 택한다. QtA에 관한 실험 연구 결과를 보면 학생들의 이 QtA 활동을 하는 동안의 소통양상은 전통적인 교실의 2배를 훨씬 상회하며, 적극성과 능동적인 학습 참여의 측면에서는 그보다 효과가 더 좋다 것을 알 수 있다.

QtA의 과정은 '질문하기', '계획하기', '토론하기', '실행하기'로 이루어져 있다. 각각의 과정은 학습을 위한 읽기의 과정과 상통한다. 다음의 과정과 각각의 과정 활동을 참고하여 독자와 필자의 상호 소통 작용에 대하여 알아보자.

[QtA 활동]

질문하기	소통하기 단계에서 질문하기에서와 비슷한 맥락의 과정을 반복하는 것은 일단 소통의 과정이 개념중심 읽기 과정의 모든 단계를 정리하는 것이기도 하지만, 질문과 탐색 및 적용을 통한 상호소통을 원칙으로 하기 때문이다. 따라서 질문을 구성하는 과정을 통하여 적극적인 소통의 자세와 동기를 유발하도록 안내한다.	도입 질문	텍스트의 중심 생각에 초점을 맞추어 텍스트의 내용, 지식 및 정보에 대하여 간략한 설명과 함께 내용 회상을 위한 간단한 질문을 한다. 예) 필자는 무엇에 대해 말하고 있는가?
		전개 질문	학생들로부터 토의 주제를 이끌어내기 위하여 텍스트 전반의 의미를 통합적으로 재인할 수 있는 질문을 던진다. 이것은 독자로서 필자에게 보다 적극적으로 반응하기 위한 동기 유발이다. 예) 필자가 독자에게 전하려는 메시지는 무엇인가? 어떤 것들이 도움이 되는 지식과 정보인가?
		비평 질문	필자의 논제와 논리 전개 및 내용에 담긴 지식과 정보가 학습자의 학습 상황에 효과적인가? 필자에 대한 비판적 독자로서의 비평적 질문을 도출한다.

계획하기	계획하기 단계는 마치 연극이나 드라마를 공연하기 전의 리허설과 같은 과정이다. 교사는 학생들이 상호소통 활동에 적극적으로 참여할 수 있도록 치밀한 계획을 하여야 한다. 교실이라는 무대를 적극 활용하여 학생들이 필자와의 소통 상황에서 어떻게 대처하고 적응해 가는지를 예측하고 준비하여야 한다.	내용 및 문제 확인	텍스트의 개념중심 읽기를 통하여 도출된 지식과 정보들을 확인하고 이것을 바탕으로 필자와의 대화를 위한 준비를 한다. 질문하기에서 도출된 문제들을 확인한다.
		텍스트 나누기	지식과 정보 또는 질문 내용과 관련이 있는 텍스트를 구분한다. 필자와의 대화를 효과적으로 수행하기 위해서는 필자가 질문의 요지를 정확하게 이해할 수 있도록 독자의 질문이 텍스트의 어느 부분과 관련이 있는지 제시하여야 한다.
		질문 정리	질문하기 단계에서 도출된 것들을 일목요연하게 정리하여 필자와의 대화에서 적절한 상황에 발문할 수 있도록 기록하여 둔다.
토의 및 토론 하기	교사와 학생 필자와 독자의 입장이 되어서 텍스트를 통하여 도출된 지식과 정보 그리고 적용 아이디어를 기초로 하여 상호 토의 및 토론을 한다. 교사와 학생은 필자와 독자의 편으로 나누어서 상호 토의 및 토론을 진행할 수 있다. 교사가 필자의 입장이 되어서 학생들의 질문에 대응할 수 있으며, 학생 중 한 명이 필자의 입장이 될 수도 있다. 또는 학생을 반으로 나누어서 필자 편과 독자 편으로 나누어서 진행할 수도 있다.	기록 하기	교사와 학생은 토의 토론에 참여하는 참가자들에 대한 평가 기록을 하여야 한다. 참여도를 바탕으로 가산점을 부여할 수 있으며, 이러한 점수 부여는 적극적인 참여와 동기를 유발한다.
		입장 바꾸기	학생들은 자신이 늘 독자의 입장에 있는 것이 아니라 때로는 필자의 입장이 될 수 있다는 것을 염두에 두어야 한다. 따라서 토의 토론 과정에서 독자가 되기도 하고 필자가 되기도 하는 입장의 전환이 필요하다.
		되 묻 기	질문을 받은 학생은 그것을 질문한 학생에게 다시 물어볼 수 있다. 이러한 활동은 질문을 하기 전에 자신이 그것에 대하여 어느 정도의 지식과 정보를 갖추도록 하며, 질문에 대한 답을 기억하고 재인할 수 있는 기회를 제공한다.
		모 델 링	교실 전체의 토의 토론이 때로는 일관적이지 않거나 소란스럽기만 하거나, 언쟁의 상황으로 진행될 수도 있다. 이런 경우 능숙한 학습자들을 선별하거나 교사가 모범이 되어 토의 토론 상황을 리허설 하는 것이 좋다.
		주석 달기	텍스트의 이해를 위해서 내용구성에 꼭 필요한 것이 본문에서 누락되지 않았는지 확인한다. 만일 텍스트에 더 들어갈 내용이 있다면 그것을 별도로 표기한다.
		요점 발표 및 요약	필자와의 대화를 통하여 이해한 내용들이 무엇인지 학생들로 하여금 요약을 하거나 요점을 발표하도록 한다. 이러한 활동은 학생들이 필자의 의도를 정확하게 파악하고 그것을 재확인한다는 측면에서 의미가 있다.
평가 하기	QtA의 강점은 텍스트로부터 오류를 발견하고 그 오류에 대한 수정, 보완 및 보다 나은 지식과 정보를 창출하도록 유도하는 데에 있다. 따라서 앞의 단계에서 발견된 문제들을 집중적으로 분석하여 학습자들 스스로 문제를 발견하고 그 문제를 해결하도록 하여야 한다. 이 활동을 통하여 새로운 아이디어가 창출되며, 새로운 아이디어를 바탕으로 텍스트를 재구성할 수 있을 것이다.	오류 분석	토의 토론 과정을 통해서 발견된 문제들을 분석하여 원 텍스트의 오류가 무엇인지 확인한다. 텍스트의 이론적, 논리적, 실증석 오류는 반드시 근거가 있어야 하며 오류 분석을 통하여 텍스트의 수정 및 보완이 가능하다.
		수정 보완	텍스트의 오류 분석을 수정, 보완하기 위하여 다양한 자료를 동원해야 한다. 특히 오류를 대치하기 위한 지식과 정보가 또 다른 오류를 유발하지 않도록 객관적 신뢰성을 확보하여야 하며, 신뢰성 확보를 위하여 반드시 참고문헌이나 자료를 명기하여야 한다.
		창의 창안	오류 분석과 수정, 보완을 통하여 원 텍스트를 대치할 수 있는 새로운 텍스트의 재구성을 실행한다. 텍스트로의 재구성은 물론 원 텍스트의 지식과 정보를 대치할 수 있는 내용의 저작물이나 구체물을 완성하는 것도 좋다.

3) EI(Editor Interview)

EI가 QtA와 다른 점은 QtA가 하나의 텍스트에 대한 한 명의 필자와 소통하는 것인데 비하여 EI 활동은 여러 개의 텍스트에 대한 소통이라는 것이다. 즉, 신문이나 잡지의 경우에는 글을 쓴 사람들이 다수이기 때문에 모든 필자를 상대로 소통 상황을 구성하기가 쉽지 않다. 이러한 경우 다수의 필자가 쓴 다수의 텍스트를 편집한 편집자를 대상으로 인터뷰 상황을 구성하여 상호 소통을 하게 한다. QtA와 마찬가지로 질문, 계획, 토의 토론 및 평가의 과정은 동일하다. 다만 방송의 인터뷰와 같이 실제 방송 상황을 재연하는 것이 학생들의 흥미와 동기를 유발하는 데에 효과적이다. 미디어 교육과 연계하여 실제 방송 프로그램을 제작하여 인터넷에 공개할 수도 있을 것이다.

편집자 인터뷰를 준비할 때에 편집자의 역할을 여러 명의 학생이 준비하도록 한다. 한 명의 편집자보다는 편집위원회를 구성하여 인터뷰에 응하게 하면 양질의 답을 얻을 수 있을 것이다. 또한 인터뷰를 준비하는 학생들도 양질의 질문을 도출하기 위한 준비를 철저히 해야 한다. 편집자나 인터뷰를 하는 기자의 역할을 서로 번갈아가며 할 수 있는 환경을 구성하여 양쪽의 입장을 모두 경험하게 하여야 한다.

[EI의 단계]

EI 활동에 적합한 텍스트를 선정한다. 주로 사회나 윤리 과목과 관련된 실생활의 이슈를 부각시키는 글을 선택하는 것이 좋다. 많은 경우 신문의 기사나 논설을 중심으로 선택할 수도 있으며, 교과 교육 내용 중에서 학생들의 관심을 끌 수 있는 내용을 선정하는 것이 좋다.

↓

질문→탐색→적용의 과정을 통하여 알게 된 지식과 정보를 일목요연하게 정리하고 있어야 하며, 논리적인 질문을 도출하여 수준 높은 인터뷰와 답변을 할 수 있어야 한다.

↓

실제 인터뷰 상황을 재연한다. 교실을 방송국으로 구성하고 사회자 또는 기자가 있어야 하며, 주변의 방송 기기들을 실제로 작동하여 기록, 저장할 수 있도록 준비한다. 이 활동을 하기 위하여 교사는 편집자 인터뷰와 관련이 있는 방송 프로그램을 학생들에게 보여줄 필요가 있다.

↓

대표 편집자와 기자가 대화를 나누는 동안 학생들은 방송국의 시청자가 되어서 양쪽의 논리에 대하여 평가 기록을 하여야 한다. 이 평가는 QtA와 마찬가지로 기자와 편집자의 대화 상황을 평가하는 기록이며, 승점을 많이 확보하는 쪽에게 상을 수여하도록 한다. 소통 상황의 모든 결과에 대한 승패의 가름은 학생들의 경쟁심을 유발하고, 소통 상황에 적극적으로 참여하는 동기를 부여한다.

↓

인터뷰 상황을 촬영한 것을 다시 보면서, 논리적 오류나 상호 소통의 개선점에 대하여 점검의 시간을 갖는다. 교사는 학생들의 소통 상황 전반에 대한 평가 내용을 준비하여야 하며, 그 전에 방청객으로 참관한 학생들의 평가를 들어보는 시간을 갖는다.

4) 일분 스피치

제한된 시간 내에 어떤 문제를 어떻게 해결하였는지 그것을 어떻게 적용할 수 있으며 다른 것에 창의적으로 적용할 수 있는 방법은 무엇인지 제한된 시간 안에 발표하는 '일분 스피치(one minute speech)' 활동을 하는 것이 좋다. 일분 스피치는 꾸준한 연습을 통하여 자연스러운 발표 능력을 익히게 한다. 특히 내용영역의 학습과 관련하여 개념에 대한 이해를 말로 표현하는 것이기 때문에 보다 구체적이고 명시적인 발표 능력이 요구된다. 명시적이고 구체적인 발표 능력은 자신이 무엇을 알고 있는지를 주어진 시간 내에 정리하여 즉시 발표하는 것이기 때문에 성인들에게도 어려운 일이다. 발표 시간을 제한하는 것이 어떤 면에서는 학습자의 발상을 제한할 수 있다는 단점이 있지만 자유로운 상상력을 요구하는 것이 아니라 개념에 대한 자신의 이해를 표현하는 것이기 때문에 어느 정도의 훈련을 거듭하여 능력을 갖추는 것이 효과적이다. 최근 대학이나 일반 직장에서 글로 쓰는 것과 함께 자신이 아는 것을 말로 표현하도록 하는 것을 평가의 도구로 활용하는 것은 이와 같은 맥락에서이다.

5. 과정 및 기간별 지도의 실제

앞에서 논의한 개념중심 읽기의 과정 및 방법을 기간별로 구분하여 지도할 경우에는 8주 씩 총 32주, 1년간의 지도 기간을 둔다. 각 과정이 8주의 기간으로 구성되었으나 학년별, 학습자의 능력에 따라 재조정이 가능하다. 특히 소규모 학급의 경우에는 이보다 훨씬 단기간에 지도가 이루어질 수 있을 것이다. 특히, 능숙한 학습자들의 경우에는 주어진 기간보다 훨씬 빨리 개념중심 읽기 과정을 수행한다. 따라서 개별화 교육을 통하여 발전적 지도가 가능할 것이다.

또한 내용영역의 범주에서 논의하였던 것과 같이 어떤 내용영역의 범주에서 교육 활동이 이루어지는가에 따라서 각각의 과정에 주어진 기간은 얼마든지 탄력적으로 운영될 수 있다. 질문하기 과정에 비중을 둘 수도 있으며 탐색하기에 비중을 더 두고 운영 기간을 늘 수 있다. 때로는 소통하기의 중요성을 인식하고 많은 기간을 학습자들의 소통 환경에 몰입할 수 있다. 개념중심 읽기의 과정은 각각의 과정이 유기적으로 연결되어 있으며 순환하는 과정이다. 하나의 과정에서 바로 그 다음의 과정으로 진행되기도 하지만 하나의 과정을 생략할 수도 있으며, 과정을 역순으로 진행할 수도 있다. 학습자들의 자율성과 개별적인 능력을 강조하기 때문에 능숙한 학습자들의 주도적인 과정 활동에 의미를 두고 지도하여야 한다. 능숙한 학습자들의 메타 인지적 전략의 활용은 개념중심 읽기의 순환 모형의 가치를 더한다.

[과정별 개념중심 읽기 지도 내용 및 방법의 기간별 실제]

과정	기간	활용 내용 및 방법	자료 및 유의점
질문하기	1주	• 내용영역 읽기 및 개념중심 읽기 오리엔테이션 : 내용영역의 읽기는 무엇이고 어떤 글을 읽을 때에 활용하는 것인지 알기, 개념중심 읽기는 어떤 목적으로 활용되는 것이며 이러한 읽기를 하기 위하여 학습자들이 해야 할 것이 무엇인지 알기, 개념학습 일기(COLD) 쓰기 안내 및 MIE 과제학습 개요 안내	개별학습 내용영역 텍스트
	2주	• 질문하기 과정 및 COLD 활용 방법 알기 : 질문하기의 전략과 방법에 대하여 안내하고 각각의 전략과 방법은 어떤 장점이 있으며 이러한 읽기가 내용영역의 학습과 어떤 관계가 있는지 내용영역의 교과 학습 시간을 통하여 체험하기, 일반적인 읽기 및 내용영역의 개념중심 읽기를 할 때에 '질문하기'의 중요성에 대하여 알기, 개념학습 일기장의 구성과 활용 방법 알기, 일기의 전체 구성이 앞으로 어떤 방식으로 전개되고 발전되는지 알려주기	확산 및 수렴적 질문의 다양한 적용 COLD 일기장
	3주	• 질문하기에서의 세 번 읽기(SQ3R)의 방법 알기[1] : SQ3R의 필요성과 각각의 단계에 대하여 알기, 내용영역의 글과 이야기 글을 대상으로 일반적인 읽기와 개념중심 읽기에서의 SQ3R 방식의 차이점 알기, SQ3R 읽기의 장점과 필요성 알기	이야기글과 내용 영역글 비교 COLD
	4주	• '훑어 읽기' 방법 익히기 : 중심 단어(핵심어, 개념어) 찾기, 중심 단어에 밑줄을 쳐가면서 읽기	핵심어 밑줄 긋기
	5주	• '내용 읽기' 방법 익히기 : 중심 문장(핵심 문장, 개념 문장) 찾기, 밑줄 친 중심 단어를 확인하면서 중심 문장이 무엇인지 밑줄을 쳐가면서 읽기	핵심문장 밑줄긋기
	6주	• '꼼꼼하게 읽기' 방법 익히기 : 중심 문단 찾기, 중심 단어와 중심 문장이 포함된 문단을 중심으로 꼼꼼하게 내용을 파악하면서 읽기	
	7주	• '되돌아보기' 방법 익히기 : 세 번 읽기를 통하여 알게 된 문제가 무엇인지 검토하고 수정 및 보완할 수 있는 방법 익히기, 중심 단어, 문장, 단락이 일치하는지 확인하기	
	8주	• SQ3R의 통합적 읽기 : 각각의 단계를 연속하여 읽기, 능숙한 학습자들은 세 단계를 두 단계로 줄여서 읽어보기, 즉, '꼼꼼하게 읽기'의 단계를 '내용읽기' 단계에 포함하여 세 번 읽기를 두 번 읽기로 줄여서 읽어보기	COLD 발전학습
탐색하기	1주	• 탐색하기 및 MIE 학습에 대한 오리엔테이션 : 탐색하기 과정에서의 전략과 방법에 대하여 알기, 탐색의 중요성과 탐색을 통한 내용영역 읽기에서의 지식과 정보의 습득에 대하여 알기, 탐색 과정에서의 MIE학습의 중요성과 과정에 대하여 알기, MIE 학습의 과제학습의 중요성과 과제학습을 위한 안내	MIE 학습장 준비

1) 저학년 아동들의 경우에는 SQ3R 방법을 최대한 우리말로 쉽게 풀어서 안내하여 주는 것이 좋다. 필자의 경우에는 이 방법을 세 번 읽기라고 알려주었다. 기본적으로 세 번을 읽는 것이 내용영역 읽기에 효과적이기 때문에 학습자들에게도 이 방법을 통하여 내용영역 읽기의 기본적인 방법을 알려주고, 이 읽기를 통하여 질문이 무엇인지 파악할 수 있도록 방법을 안내하였다. 이 읽기 방법은 질문하기 과정에서뿐 아니라 모든 개념중심 읽기의 방법으로 활용되었으며, 학생들은 모든 내용영역의 글을 읽을 때에 이 방법을 활용하였다.

탐색하기	2주	• 국어사전을 활용한 탐색하기 : 질문하기를 통하여 알게 된 중심 낱말에 대한 사전적 탐색, 문장에서 쓰이는 여러 가지 단어들이 사전적으로 어떤 의미가 있으며 사전에서 얻을 수 있는 지식이나 정보들이 무엇인지 파악하기, MIE 과제학습을 통하여 질문하기 과정과 연계한 국어사전을 활용한 탐색 방법 및 탐색 산출물에 대한 정리 방법 알기, MIE 학습장에 낱말의 뜻 쓰기	비계학습 국어사전 (초등학생용)
	3주	• 백과사전을 활용한 탐색하기 : 백과사전을 통하여 필요한 지식과 정보를 습득하는 과정과 방법에 대하여 알기, 동일한 낱말이 국어사전과 백과사전에서 어떤 정보를 어떻게 제공하고 있는지 비교하여 보기, MIE 과제학습을 활용한 백과사전 산출 정보의 정리에 대하여 알기	백과사전
	4주	• 도서관 활용한 탐색하기 : 출입과 열람 및 대출 등의 도서관을 활용한 탐색 방법 알기, 도서관의 자료들의 분류 방식에 대하여 알고 자료들을 효과적으로 활용하는 탐색 방법 알기, 교내 도서관에 대한 활용을 시작으로 지역 도서관이나 대형 도서관의 이용 방법에 대하여 알기	학교 도서관 도서 검색 도서 목록
	5주	• 신문을 활용한 탐색하기 1 : 신문을 이용한 지식과 정보의 탐색에 대하여 알기, 신문과 방송 기사 구분하기, 신문을 보는 방법에 대하여 알기, 어린이 신문을 중심으로 기사 구분하기	어린이 신문
	6주	• 신문을 활용한 탐색하기 2 : 성인 신문에서의 기사와 광고 구분하기, 신문의 섹션에 따른 지식과 정보의 탐색 알아보기, 신문의 요일별 정보의 차이에 대하여 알아보기, 요일별 신문의 지식과 정보의 유형에 대하여 알아보기, 교과서의 글과 신문 기사 글의 공통점과 차이점에 대하여 알기, MIE 과제학습을 활용한 신문기사 탐색의 결과 정리하기	어른 신문
	7주	• 인터넷 탐색하기 : 통신을 활용한 탐색 방법 익히기, 인터넷이나 방송 통신 등을 이용한 지식과 정보의 검색 방법에 대하여 알기, 인터넷의 정보에 대한 진정성을 알고 활용 가치가 있는 것 선별하기, 인터넷 사전 활용하기, 인터넷을 통한 정보의 공개 및 공유 방법 알기	컴퓨터 재량 수업
	8주	• MIE 활용하기 : 탐색을 익히기 위한 과제학습 활동으로서의 MIE 학습 활용하기, 교과, 신문, 방송 등을 활용하여 문제를 해결하기 위한 질문을 알고, 문제해결에 필요한 탐색 자료 정리하기	MIE 학습장 ppt
적용하기	1주	• 배경지식 동원하기 : 주어진 문제를 해결하는 데에 도움이 되는 배경지식을 동원하여 활용하기, 자신이 알고 있는 것과 알고 싶은 것 그리고 알게 된 것과는 어떤 관계가 있는지 생각해 보고 연관성을 찾아보기	
	2주	• K-W-L 활용하기 : 질문과 탐색을 통하여 알게 된 것이 무엇인지 정리하는 방법 알기, 알게 된 것을 어떤 것에 적용할 수 있는지 사물이나 현상을 예로 들어서 설명하여 보기	
	3주	• K-W-L-A 활용하기 : 알게 된 것을 어떤 사물이나 현상에 적용하여 새로운 문제를 해결할 수 있는 방법이 무엇인지 모색하기, 새로운 사물이나 현상을 들어 적용한 것이 무엇인지 이유를 들어 설명하기	실물사진이나 영상 활용
	4주	• 대안적 방법 찾기 : 알게 된 것들을 바탕으로 기존의 것들을 대체할 수 있는 해결 방법이 무엇인지 찾아보기	
	5주	• 미래 전망하기 : 알게 된 것들을 바탕으로 미래를 변화시킬 수 있는 가능성은 무엇이고 그럴 수 있는 이유에 대하여 설명하기	

적용하기	6주	• K-W-L-A와 MIE 연계 학습 : MIE 과제학습장을 통하여 적용하기 학습하기, MIE 학습장에 기록하는 방법 알기	
	7주	• 대안적 재구성 : 자신이 알게 된 것들을 새로운 사물이나 현상에 빗대어 방송이나 신문 기사로 작성하기, 신문기사와 방송은 현실을 반영하는 매체이므로 정직하고 객관적인 사실로 표현하기	
	8주	• 이야기 재구성 : 이야기 글의 형식을 갖추어서 자신이 알게 된 사물이나 현상에 대한 지식과 정보를 인물, 사전, 배경 등의 이야기 글 구성 형식에 맞추어 재구성하여 보기	교과통합수업
소통하기	1주	• 질문하기 과정을 말로 하기 : SQ3R의 과정을 수행한 후에 각각의 단계에서 알게 된 것을 말로 표현하기	
	2주	• 탐색 과정을 말로 하기 : 탐색한 지식과 정보들이 무엇인지 기억하여 말로 하기, 조별 활동을 통하여 자신들이 탐색한 자료들을 말로 공유하면서 좋은 자료를 선별하여 보기	
	3주	• 적용 과정을 말로 하기 : 알게 된 것을 새로운 사물이나 현상의 문제를 해결하는 데에 적용할 수 있는 방법에 대하여 발표하고 서로의 의견을 공유하기	
	4주	• 질문하기, 탐색하기, 공유하기 과정을 통합하여 말로 하기 : 세 개의 과정을 통합하여 학습자가 기억하고 있는 것들을 총체적으로 발표하기, 하나의 문제를 해결하는 데에 적용하였던 과정과 전략을 상기하면서 조원들과 의견을 공유하고 검토하고 수정 및 보완하기 위한 토론하기	
	5주	• 읽고 말하기 : 읽은 내용을 즉석에서 말하여 보기, 읽은 내용을 바탕으로 조원들과 의견을 교환하기	
	6주	• 쓰고 말하기 : 쓴 내용을 즉석에서 말하여 보기, 쓴 내용을 바탕으로 조원들과 의견을 교환하기, 말한 후에 쓴 내용을 수정 및 보완하기	
	7주	• 방송하기 : 과학 좌담회와 같은 발표회 갖기, 주어진 문제를 해결하는 과정과 해결을 통하여 산출된 지식이나 정보들을 방송의 형태로 표현하기	실물 화상기 등의 교실영상장치
	8주	• 공개 및 공유하기 : 신문이나 잡지, 방송, 인터넷 등을 활용하여 자신들이 해결한 문제들에 대한 지식과 정보를 다른 사람들이 유익하게 활용할 수 있도록 공개하는 방법을 알고 유익한 매체를 활용하여 공유하기	개인 블로그나 포털 이용

6. 자기주도적 과제학습의 실제

내용영역 읽기 학습을 위한 개념중심 읽기 지도의 과정에서 학습자는 교사의 역할에 선행하여 자신이 무엇을 수행하여야 하는지 이미 알고 있어야 한다. 교사는 학습자들이 수행하여야 할 각각의 과정에 대한 안내자의 역할을 담당하고 있다는 것을 명심하여야 한다. 방법들은 가르쳐지는 것이 아니라 안내되어야 한다. 교사의 안내를 통하여 능숙한 학습자가 선행하여 수행하고 미숙한 학습자들이 도움을 받으면서 각각의 과정을 익혀나가야 한다. 여기서 과제학습은 학습자들이 수행하는 실질적인 활동이며 문제해결을 위한 구성적 산출물이다. 앞에서 제시한 개념중심 읽기 지도의 실제 과정 역시 학습자들이 스스로 몰입할 수 있는 환경을 만들어주는 데에 주안점이 있는 것이다.

개념중심 읽기 지도는 국어 교과를 포함한 모든 교과, 재량, 특별활동 시간을 할애하여 실행할 수 있다. 개념중심 읽기 지도에 모든 차시를 할애할 수는 없다. 네 개의 과정 총 32주의 기간 동안에도 실제로 투입할 수 있는 시간은 주당 2~3시간 내외이다. 주당 활용 가능한 국어 시간 1시간과 재량 활동 시간 1시간 그리고 내용영역의 교과 시간의 일부를 포함하여 3시간 이상의 개념중심 읽기 수업 실행은 쉽지 않다. 따라서 학습자들이 스스로 수행할 수 있는 과제학습을 활용하여 학습자 중심의 개념중심 읽기를 수행하여야 한다.

과제학습이 주도적이기는 하지만 학습자들에게는 적지 않은 부담을 안겨주는 것이 사실이다. 특히 저학년에게 과제학습은 아동에게 직접적인 영향을 줄 뿐만 아니라 학부모들에게도 간접적인 영향을 미친다. 따라서 개념중심 읽기 과제학습을 실행할 경우에는 가정에도 충분한 안내를 해주어야 한다. 또한 교사의 지속적인 과제학습 지도와 검토가 병행되어야 한다. 여기 제시한 개념학습 일기(COLD)와 MIE 학습은 학습자들이 실제로 수행한 과정에서 수정, 보완하여 최종 정련된 활동 내용이다. 이 연구의 실증적 효과를 유발한 궁극적 요인도 교사의 지도보다는 과제학습의 결과로 보아야 한다. 특별히 일기와 신문을 과제학습의 표현 방식으로 수용한 이유는 저학년 학생들의 경우, 일기 쓰기는 거의 매일 이루어지는 활동이며 신문은 일상에서 가장 구하기 쉬운 지식과 정보의 매체이며 최근에는 학생들을 위한 다양한 내용영역 읽기 텍스트들이 제공되기 때문이다. 이번 실험 대상인 초등학교 2학년 학생들에게 어른들이 보는 신문을 대상으로 과제학습을 실시한 것에 대한 의문을 가질 수 있을 것이다. 그러나 1년간의 장기적인 지도 계획을 수립하고 실행할 경우 오히려 어린이 신문은 그 기사의 내용과 텍스트의 수준이 제한적이어서 보다 나은 발전을 가져올 수 없다는 판단에 따른 것이며, 그 효과는 이 실험을 통하여 입증되었다. 여기서는 개념중심 읽기 지도의 연간 과정을 바탕으로 학습자들이 주도적으로 수행할 수 있는 과제학습에 대하여 논의하기로 한다.

1) 개념학습 일기(COLD, Concept-Oriented Learning Diary)

기존의 일기 쓰기 활동의 장점과 개념중심 읽기 과정을 혼합하여 학습자 스스로 과제학습을 수행할 수 있도록 구안된 것이 바로 개념학습 일기 쓰기이다. 이 방법은 거쓰리의 개념중심 읽기 지도 이론을 바탕으로 학습자들이 학교에서 실행한 활동 내용을 가정에서 스스로 수행할 수 있도록 요일별, 내용별로 활용이 가능하도록 계획한 것이다.

(1) 개념학습 일기 주제

개념학습 일기 주제는 주로 우리들이 학교에서 공부하는 교과와 관련이 있는 것들이다. 교과서에 나와 있는 내용들을 중심으로 탐구 문제를 찾고, 찾은 문제를 창의적으로 해결할 수 있는 방법을 생각해 보는 것이다. 개념학습 일기의 종류를 다음과 같이 구분하여 나타낼 수 있다.

㉠ 언어 일기 : 국어 교과와 관련된 일기이다. 즉, '말하기 · 듣기', '읽기', '쓰기' 교과서에 나와 있는 문제들을 탐구해 보고, 그 문제들을 해결할 수 있는 방법을 여러 가지 자료를 이용하여 찾아보는 것이다.

㉡ 수리 일기 : 수학 교과와 관련된 일기이다. '계산하기', '도형', '측정하

기', '방정식' 등의 문제들에 대하여 탐구하여 보고, 수학 문제를 해결하는 방법을 교과서의 방법뿐만 아니라 내가 스스로 생각한 새로운 방법으로 문제를 해결하여 보는 것이다.

ⓒ 슬기로운 일기 : 수학, 과학, 사회 등의 저학년 교과와 관련이 있는 일기이다. 교과서에 나와 있는 문제들 중에서 더 알아보고 싶은 내용이나 잘 이해하지 못했던 문제들을 탐구하여 보고 그 해결 방법을 찾아보는 것이다. 교과서에 나와 있는 정답을 찾아 해결 방법을 쓰는 것도 좋지만 백과사전이나 인터넷 등의 여러 가지 자료를 활용하여 해결 방법을 새롭게 찾아보는 것도 매우 좋은 방법이다.

ⓔ 즐거운 일기 : 음악, 미술, 체육 등의 저학년 교과와 관련이 있는 일기이다. 학교에서 선생님과 학습하거나 활동하고 배운 내용 중에서 더 탐구하고 싶은 문제들을 찾아서 그 해결 방법을 재미나게 써보는 일기이다. 교과서를 읽고 문제를 찾기보다는 실제로 수업 시간에 선생님과 활동한 것들을 생각하면서 문제를 발견할 수 있고, 나만의 창의적인 해결 방법도 찾아볼 수 있다.

ⓜ 과학 일기 : 과학 교과와 관련된 일기이다. 과학 교과서에 나와 있는 여러 가지 과학 문제들을 탐구하여 새로운 문제를 발견하는 것이다. 과학영역에는 매우 다양한 분야의 탐구 문제들이 있다. 과학 교과서뿐만 아니라 재미있는 과학 책을 읽은 후에 문제를 탐구하는 것도 좋은 방법이다. 탐구한 문제를 해결할 때에는 백과사전이나 인터넷 등을 활용하여 여러 가지 방법을 생각할 수 있다.

ⓗ 사회·문화논술 일기 : 사회, 음악, 미술, 체육 등의 교과와 관련된 고학년 일기이다. 한 가지 교과서에 의존하지 않고 사회와 음악, 미술과 음악, 체육과 사회 등 두 가지 이상의 교과와 관련된 문제를 탐구한다. 처음에는 어렵지만 서로 관련 있는 문제들을 탐구하고 그 해결 방법을 찾다 보면 글을 읽고 쓰는 능력이 점점 향상될 것이다.

ⓐ 철학 일기 : 철학은 우리들의 일상생활과 관련된 것들이다. 철학은 우리들이 평소에 지나치기 쉬운 문제들을 조금 더 깊이 있게 생각해 보는 것이다. 철학은 모든 교과와 관련이 있다. 그러면서도 좀 더 다른 방향으로 조금 더 깊이 있게 생각하여 보는 것이다. 때로는 엉뚱하기도 하지만 새롭고 창의적으로 생각을 하다 보면 남과 다른 생각이 들게 된다. 여러 가지 책과 백과사전, 신문, 인터넷, 방송 등을 활용하여 남과 다른 생각을 할 수 있다. 새로운 문제를 탐구하고 새로운 해결 방법을 찾아보고 나만의 해결 방법을 생각할 수 있다.

ⓞ NIE 일기 : NIE(Newspaper In Education)는 신문을 활용한 일기이다. 신문은 교과서나 책이 주지 못하는 가장 새로운 내용의 지식과 정보를 제공하여 준다. 초등학생들은 어린이 신문을 보아야 하지만 신문보기를 자주하다 보면 어른들이 보는 신문에도 관심을 가질 수 있다. 특히 성인을 위한 신문에는 어린이 전용 신문에 비하여 풍부한 지식이 담겨 있다. 글의 내용이 미숙한 학습자들의 수준을 넘어서는 것도 있지만 요즘의 성인 신문은 수학이나 과학, 역사, 문화 등 사회 전반의 지식을 쉽고 재미있게 풀어서 담아낸다. 따라서 성인 전용 신문을 대상으로 하는 것이 처음에는 어려울지 몰라도 지속적으로 관심을 갖고 기사의 내용을 접하다 보면 자연스럽게 익숙해진다. 신문에 난 기사 중에서 내가 관심을 가질만한 내용을 골라 문제를 탐구하여 보는 것이다. 신문에는 생각해 볼 문제가 아주 많이 있다. 그런 문제들을 어떻게 해결할 수 있을지 곰곰이 생각하여 보고, 창의적인 아이디어를 생각하여 해결 방법을 찾을 수 있을 것이다.

ⓩ MIE 일기 : MIE(Media In Education)는 신문, 잡지, 방송, 인터넷 등을 활용한 일기이다. 현대 사회의 지식과 정보는 매우 **빠르게** 변화한다. 교과서와 도서관의 책들은 빠르게 변화하는 지식과 정보를 바로바로 모두 담아낼 수가 없다. 그래서 신문, 잡지, 방송, 인터넷 등을 통하여 세상에 알려지는 지식과 정보를 바로바로 살펴보아야 한다. MIE논술 일기는 고학년 학생들이

할 수 있는 논술 일기이다. 어린이 신문보다는 어른 신문을 살펴보고, TV의 뉴스나 다큐멘터리 또는 교양 방송을 활용하는 것이 효과적이다. 과학이나 철학 잡지를 정기적으로 보고, 학습과 관련된 유익한 인터넷 사이트를 방문하는 것 또한 중요하다. 인내심을 갖고 꾸준히 지도하면 예상외의 훌륭한 결과를 보게 될 것이다.

[학년별, 요일별 개념학습 일기 주제]

요일 \ 학년	월	화	수	목	금
1, 2학년	언어 (국어)	수리 (수학)	슬기로운 생활 (사회, 과학)	즐거운 생활 (음악, 미술, 체육)	NIE (신문)
3, 4학년	언어 (국어)	수리 (수학)	과학 (과학)	사회·문화 (사회, 예체능)	NIE (신문)
5, 6학년	언어 (국어)	수리·과학 (수학, 과학)	사회·문화 (사회, 예체능)	철학 (도덕)	MIE (신문, 방송, 인터넷)

(2) 개념학습 일기 쓰기 과정

개념학습 일기는 '㉠ 질문하기 → ㉡ 탐색하기 → ㉢ 적용하기 → ㉣ 소통하기'의 과정으로 쓴다.

㉠ 질문하기 : 학교에서 교육과정 운영 시간에 배운 내용이나 일상생활에서 직접 또는 간접 경험을 통하여 궁금증을 갖게 된 사물이나 현상 등에 대하여 해결하고 싶은 문제를 생각해 본다.

㉡ 탐색하기 : 교과 학습과 관련된 문제를 교과서나 신문, 방송, 잡지 또는 도서관 등의 모든 정보 검색 환경 속에서 자신의 질문을 해결할 수 있는 자료들을 검색하고, 검색한 자료들을 이해하고 분류 및 분석한 후에 질문에 적합한 자료들을 정제한다.

㉢ 적용하기 : 탐색하기를 통하여 정제된 자료들이 나의 질문을 해결하는 것은 물론, 다른 문제를 해결하는 데에 어떻게 활용될 수 있는지 생각해 본

다. 나의 질문은 나를 둘러 싼 모든 지식 세계 또는 경험 세계와 관련된 질문이다. 동시에 나의 질문을 해결할 수 있는 탐색 자료들은 지식 세계와 경험 세계의 문제를 해결할 수 있는 자료로 활용되어야 한다. 적용하기는 나의 질문을 해결하기 위하여 탐색한 자료들을 다른 문제들을 해결하는 데에 어떻게 활용할 수 있는지 고민하는 것이다.

ⓛ 소통하기 : 문제를 발견하고 해결하는 과정에서 생각난 의견이나 새로운 아이디어를 자유롭게 창의적으로 표현한다. 질문을 해결하는 데에 효과적인 탐색 자료들은 다른 문제들을 해결하는 데에도 유익하다. 이러한 과정들이 나와 우리에게 어떤 효과를 발현할 수 있을지 다양한 방법으로 표출한다. 말하고, 쓰고, 그리고 행동하는 등의 다양한 소통 양식을 동원하여 자신이 알게 된 것을 표현하는 것이다. 개념학습 일기의 소통 양식은 문자뿐만 아니라 그림이나 악보, 기호 등 지면을 통하여 발현할 수 있는 모든 텍스트 양식을 포함한다.

(3) 개념학습 일기 쓰기의 효과

ⓐ 질문하기 : 교과서, 신문, 잡지, 방송, 인터넷 등을 참고하여 교과 학습과 관련된 문제를 스스로 탐구하여 문제를 발견하고 만들어 내는 과정이다. 탐구력은 수리·과학적 사고력을 길러주는 가장 현대적인 학습방법이다. 수리·과학적 사고력을 바탕으로 논리적인 표현 능력을 발달시킨다. 문제를 탐구하는 과정은 독서(읽기)의 과정이기도 하다. 교과서를 읽으면서, 신문을 읽으면서, 방송을 보면서, 인터넷을 검색하면서 수많은 지식과 정보를 접하고 그것을 읽게 된다. 따라서 문제탐구의 과정을 통하여 자기도 모르게 독서능력이 향상될 뿐 아니라 문제를 탐구하는 과정을 통하여 수많은 지식과 정보를 습득하게 된다. 뿐만 아니라 자기 스스로 문제를 탐구하고 발견하고 만들어가는 과정을 반복하게 되면 스스로 학습하는 방법을 터득하고 혼자서도 교과학습을 할 수 있는 자기주도적인 학습 능력이 발달하게 된다.

결국 문제탐구 과정을 통하여 학습에 필요한 지식과 정보를 습득하는 것은 물론 수리·과학적 탐구력과 논리적 사고력을 기르고, 자기주도적 학습 능력을 발달시키게 된다.

ⓛ 탐색하기 : 스스로 탐구하고 발견한 문제를 해결하는 과정은 문제의 정답을 찾아서 그대로 쓰기보다는 문제를 해결할 수 있는 방법을 생각하여 쓰는 것이 훨씬 더 효과적이다. 어떤 문제를 해결하는 데에는 참으로 많은 방법들이 있다. 문제의 정답이 나오기까지 그러한 수많은 방법들을 생각해 보고 적용한 후에 가장 좋은 방법으로 정답을 찾아내는 것이다. 수학이나 과학은 바로 수많은 방법 중에서 가장 효과적인 방법을 정해서 답을 구하는 것이다. 하지만 여기서는 한 가지 방법보다는 여러 가지 방법을 생각해 보는 것이 좋다. 물론 교과서를 보고 발견한 문제를 해결하기 위하여 참고서를 보고 바로 정답을 쓸 수도 있다. 하지만 문제를 해결하는 과정은 답을 쓰는 과정이 아니라 방법을 생각하는 과정이다. 답이 나오기까지 어떤 방법들이 사용될 수 있는지를 생각해 보는 과정이다. 그러기 위해서는 학습자 자신이 과학자가 되어야 한다. 수학자가 되어야 한다. 철학자나 언어학자, 예술가가 되어야 한다. 과학자처럼, 수학자처럼, 예술가처럼 생각해 보면 문제를 해결하는 방법이 떠오를 것이다. 문제를 해결하는 과정을 통하여 학습자 자신이 바로 과학자, 수학자, 철학자, 예술가가 될 수 있다.

ⓒ 적용하기 : 창의적인 생각은 누구나 할 수 있는 뇌의 사고 작용이다. 창의적이라고 하는 것은 처음부터 없었던 것을 만들어내는 것이 아니라 지금까지 있어왔던 것들을 달리 생각해 보고 새로운 아이디어를 첨가하는 것이다. 완전히 새로운 것은 이 세상에 아무것도 없다. 지금까지 있었던 것들을 이렇게, 저렇게 다른 방향으로 바라보고 생각해 보는 것이다. 그런 생각의 조각들을 잘 맞추어서 모양이 다른 생각을 찾아내는 것이 바로 창의적인 생각이다. 적용하기는 발견한 문제에 대한 해결 방법을 조금 달리 생각해 보는 것이다. 그리고 새로운 아이디어를 조금 덧붙여서 보다 좋은 생각

을 표현해내는 것이다. 처음부터 아주 좋은 생각을 만들어내기는 힘이 든다. 계속해서 생각을 달리하여 보고 새로운 아이디어를 만들어내다 보면 창의적인 아이디어가 생겨나게 된다.

ⓔ 소통하기 : 일기는 지극히 개인적인 표현양식이지만 어떤 목적으로 쓰는가에 따라 공통의 관심사를 교환할 수 있는 매체가 된다. 개인의 사생활에 관한 일기를 다른 사람과 교환하여 내용을 파악한다는 것은 쉽지 않은 일이며, 공교육에서 그리 권장할만한 것도 아니다. 개념학습 일기의 소통은 자신의 관심과 질문, 탐색 자료와 적용의 가능성에 대한 정보의 공유이다. 자신이 생각한 질문들이 다른 학습자들에게는 어떻게 비추어지며, 다른 학습자들의 관심거리와 어떤 점이 다르고 같은지를 파악할 수 있게 하여 준다. 탐색 자료들이 다른 학습자들에게 유용할 수 있으며, 자신의 생각을 적용한 내용들이 얼마나 과학적이고 현실적인지를 평가받을 수도 있다. 종이 일기장을 활용한 개념학습 일기장보다 인터넷을 활용한 웹에서 소통되는 일기의 경우에는 소통하기의 막강한 효과를 느낄 수 있다. 학습자들은 소통하기에서 표현한 자신의 생각과 의견, 대안과 전망에 대하여 토론하고 의견을 주고받을 수 있다.

(4) 개념학습 일기의 내용구성

ⓖ 질문하기 : 우리가 살아가는 실제 세계의 모든 사물과 현상에 대한 호기심과 흥미를 바탕으로 한 모든 질문이 가능하지만 개념학습 일기에서는 요일별로 교사의 안내가 요구된다. 처음부터 학생의 자율적인 질문을 유도하는 것은 질문의 자율성과 창의성을 존중하기보다는 학생들이 자신의 질문 범위를 좁히지 못하여 매우 비현실적이고 습관적이며, 상습적이고 의무적인 질문으로 일관될 가능성이 많다. 따라서 학생들에게 교과 학습과 관련된 문제를 교과서, 신문, 잡지, 방송, 인터넷, 백과사전 등을 참고하도록 안내하는 것이 좋다. 자신이 어떤 문제에 대하여 호기심을 갖고 있는지 구체

적인 질문을 얻을 수 있도록 안내하여야 한다. 교과서는 그런 면에서 질문이 가장 구체적이고 명시적으로 제시되어 있다. 초보 학습자들의 경우에는 교과서의 문제를 자신의 질문으로 삼아보는 것이 좋다. 조금씩 교과서의 질문에서 교과서 밖의 질문으로 확장될 것이다. 다음은 한 학생이 수학 교과서를 참고하여 질문을 구체화한 것이다.

> 오늘은 교과서의 수학 문제를 탐구해야겠다. 어떤 물건의 길이를 알아보기 위해서는 어떤 방법을 써야 할까? 자가 있으면 물건의 길이를 잴 수 있지만 자가 없을 때에 물건의 길이나 거리 등을 잴 수 있는 방법은 무엇이 있을까?

다음은 한 학생이 신문 기사를 참고하여 질문을 구체화한 것이다.

> 오늘 신문에 이런 기사가 났다. 외국에서 원유를 실어 나르는 커다란 유조선이 우리나라의 서해 바다에서 배에 구멍이 나 바다를 기름으로 오염시켰다는 것이다. 오염된 바다를 다시 되살리려면 어떻게 해야 할지 생각해 보았다.

다음은 한 학생이 방송을 참고하여 질문을 구체화한 것이다.

> 저녁을 먹고 쉬는 시간에 EBS를 보니 과학 다큐멘터리 방송을 하고 있었다. 그 방송은 원숭이가 공부를 하는 내용이었다. 나는 그 방송을 보면서 사람과 원숭이가 어떤 점이 같고 어떤 점이 다른지 알아보아야겠다고 생각하였다.

ⓒ 탐색하기 : 교과서, 신문, 잡지, 방송, 인터넷 등을 참고하여 문제를 해결할 수 있는 방법이 무엇인지 탐구 조사하는 활동이다. 탐색 방법은 여러 가지가 있다. 첫째, 교과서에 있는 문제를 해결하기 위하여 정답을 그대로

찾아서 쓰는 방법이 있다. 둘째, 교과서 문제의 정답을 그대로 쓰기보다는 다른 교재나 백과사전, 참고서 등을 활용하여 새로운 방법을 생각하여 쓰는 것이다. 셋째, 신문, 잡지, 방송, 인터넷 등을 탐구하여 발견한 문제의 해결을 쓸 때에는 문제를 발견한 신문, 잡지, 방송, 인터넷, 백과사전 등을 다시 한번 활용하거나 내가 스스로 해결 방법을 창안하여 쓸 수도 있다.

다음은 한 학생이 교과서를 참고하여 구체화한 질문의 해결 방법이다.

> 어떤 물건의 길이를 재고 싶은데 길이를 재는 자가 없을 때에는 다른 방법을 생각해 보아야 할 것이다. 만일 책상의 길이를 재려고 한다면 나의 손을 이용해서 한 뼘, 두 뼘, 몇 뼘이 되는지 세어 본 다음에 나의 뼘 길이를 대충 생각하여 보고, 뼘의 수만큼 곱하면 길이를 알 수 있을 것이다. 우리 집 베란다의 길이를 알고 싶다면 나의 걸음걸이를 이용하면 될 것이다. 한 걸음, 두 걸음 세어 가면서 몇 걸음인지 확인한 다음, 나의 한 걸음 길이가 얼마인지 대충 생각하고 그 수만큼 곱하면 될 것이다. 그런데 나의 한 뼘, 한 걸음은 대충 몇 센티미터이지?

다음은 한 학생이 신문, 잡지, 방송, 인터넷 등을 참고하여 구체화한 질문의 해결 방법을 신문, 잡지, 방송, 인터넷, 백과사전을 다시 활용하여 쓴 것이다.

> 기름이 새어나와 오염된 바다를 치우기 위해서 동네 주민들은 물론, 경찰과 군인까지 힘을 합하는 모습이 사진에 나와 있다. 기름을 바가지로 걷어내는 사람도 있고, 하얀 종이를 기름 위에 덮어서 치우는 사람들도 있다. 바다를 오염시킨 기름을 치우기 위해서는 기름이 더 이상 퍼져 나가지 않도록 기름띠를 두르고 그 안에 있는 기름을 제거하는 것이다. 기름이 바다 위에 두껍게 쌓여 있으면 떠 있는 기름을 퍼내야 하지만 그 기름이 바다 속에 가라앉으면 바다는 더 오염이 된다. 그래서 빠른 시간에 기름을

없애야 한다.

다음은 한 학생이 신문, 잡지, 방송, 인터넷 등을 참고하여 구체화한 질문의 해결 방법을 스스로 창안하여 새롭게 쓴 것이다.

> 기름으로 바다가 한 번 오염되면 다시 되살리는 데에 아주 오랜 기간이 걸린다고 한다. 그래서 나는 바다를 오염시킨 기름을 빨리 제거하는 방법이 무엇인지 생각해 보았다. 첫째, 바다의 기름을 태우는 것은 어떨까? 기름은 불에 잘 타니까 기름에 불을 붙여 태우면 빨리 없어질 지도 모른다. 둘째, 커다란 펌프를 이용해서 바다 위에 떠 있는 기름을 빨아들이는 것이다. 셋째, 황토를 바다에 뿌리면 금방 깨끗해지지 않을까? 넷째, 기름을 분해하는 미생물을 바다에 뿌려서 미생물이 기름을 깨끗하게 분해하도록 하는 것이다. 어떤 것이 가장 좋을까?

ⓒ 적용하기 : 자신이 호기심을 갖고 질문한 내용을 해결하기 위하여 탐색한 자료들이 다른 사물이나 현상들의 문제를 해결하는 데에 어떤 도움이 될 수 있을지 생각하여 쓴다. 초등학생들에게 완전히 과학적이고 실현가능한 적용 사례를 처음부터 기대할 수는 없다. 일상생활의 문제부터 출발하는 것이 좋다. 자신이 실제로 경험하거나 사용할 수 있는 사물이나 현상들에 적용하는 것으로부터 미래의 과학이나 사회적 문제 등에 접목하여 보도록 한다. 내용영역의 학습 활동에서는 과학과의 문제들이 사회과의 문제와 어떤 관련이 있는지, 역사와 과학은 어떤 관계가 있으며 서로 어떤 도움을 주고받을 수 있는지 생각해 본다.

다음은 한 학생이 자신의 문제를 해결하는 탐색 자료를 활용하여 새롭게 생각해낸 아이디어이다.

> 어떤 물건의 길이를 재기 위해서 항상 주머니에 자를 가지고 다닐 필요

가 없이 허리띠에 길이를 잴 수 있는 자를 그려놓고 필요할 때마다 허리띠를 이용해서 물건의 길이를 잴 수 있게 하면 좋을 것이다. 옷에도 자 모양을 그려 넣으면 어떨까?

다음은 한 학생이 자신의 문제해결 방법을 창의적으로 적용한 것이다.

　　바다를 기름의 오염으로부터 보호하기 위해서는 배를 튼튼하게 만들어야 한다. 배에 구멍이 나서 기름이 바다로 새어 나오는 것을 막기 위해서 기름을 싣고 다니는 배의 탱크는 부드러운 고무나 플라스틱을 여러 겹 쌓아서 만들어보는 것도 좋을 것이다.

㉣ 소통하기 : 소통은 자신의 질문과 탐색 자료 그리고 적용 가능한 내용들에 대하여 자신의 생각과 의견을 적극적, 창의적으로 표현하는 것이다. 사적인 내용을 담아내는 일기와 달리 개념학습 일기는 학습자들의 개념학습과 관련이 있는 내용들로 구성이 되어 있기 때문에 자신의 일기가 공개되는 것에 대한 거부감이 상대적으로 적다. 따라서 자신의 질문과 탐색 자료 등을 공유하고 자신이 적용한 내용들이 다른 학습자들에게 어떻게 수용되는지에 대하여 알아볼 수 있을 것이다. 인터넷을 활용하여 학급 또는 소그룹이 동시에 이용하는 블로그나 웹상의 개념학습 일기는 보다 효과적으로 공유할 수 있다. 또한 소통하기를 통하여 자신의 개념학습 일기의 내용을 반성하고 되돌아볼 수 있으며, 교사와의 소통 공간으로도 활용될 수 있다. 학생은 소통하기 공간을 통하여 의문점이나 더 알고 싶은 것들에 대하여 표현할 수 있으며, 교사와 동료는 그에 따른 조언과 자료를 지원할 수 있을 것이다. 완전히 학습자의 자율적이고 창의적이며 적극적인 의지에 따른 소통하기 활동은 형식이나 양식에 구애받지 않고 자신의 생각과 의견을 자유롭게 표현할 수 있는 과정이어야 한다.

다음은 한 학생이 질문, 탐색, 적용의 과정을 수행한 후의 소통 내용이다.

바다를 오염시키는 기름도 원래는 땅 속에서 나온 자연 물질인데 왜 바다를 오염시키는 것일까? 원유를 실어 나르는 배를 부드럽게 만들면 단단한 물질과 배가 부딪쳤을 때에는 배가 파손될 수도 있다. 그러니 이 문제를 해결하는 더 좋은 방법이 있을 것 같다. 나와 다른 생각을 갖고 있는 다른 친구들의 의견이 궁금하다. 더 좋은 아이디어와 문제해결 방법을 알고 있는 친구들에게 도움을 청하고 싶다. 친구의 블로그에 글을 남겼다. 친구와 나의 생각이 서로 어떻게 같고 다른지 궁금해서 그랬다. 나도 친구와 같은 블로그를 갖고 있기 때문에 우리는 집에서도 대화를 주고받을 수 있다. 그래서 친구에게 나의 의견을 알려주고 친구의 생각은 어떤지 교환하기로 한 것이다. 친구는 자기가 몇 가지 자료를 더 조사한 후에 알려주겠다고 했다. 얼마 후에 친구는 자신이 찾은 자료들을 블로그에 올렸다고 했다. 사진도 있었다. 거기에 친구의 의견도 쓰여 있었다. 나는 친구가 올려놓은 사진과 의견을 보면서 나의 생각과 비교하여 보았다. 정말 재미있고 흥미 있었다. 자주 이런 기회를 가져야겠다.

(5) 개념학습 일기 쓰기의 예

개념학습 일기의 핵심은 내용영역의 학업 성취 능력 향상을 위한 자기주도적인 학습 활동이라는 데에 가치가 있다. 학교의 정규 교과 시간에 수행하는 개념중심 읽기는 내용영역의 수업 시간에 이루어진다. 내용영역 수업 시간에 이루어지는 개념중심 읽기는 주로 텍스트에 담겨 있는 지식과 정보의 습득을 위한 것이다. 개념중심 읽기의 과정은 한 차시의 내용영역 수업 시간에 모두 수행되기 힘들다. 예를 들어 질문하기의 과정이 내용영역의 학습문제와 관련이 있다고 할 때에 그 문제를 해결하기 위한 지식과 정보를 찾는 탐색하기 과정 하나만으로도 한 차시를 다 소화할 수 있다. 그렇기 때문에 학습자들이 개념중심 읽기 과정에 익숙해지기 위해서는 교과 시간 이외의 활동이 필요하다.

개념중심 읽기는 교과 시간 이외의 학습자 주도적인 과정 활동으로 수행된다. 앞서 설명한 개념학습 일기의 주제와 방법을 바탕으로 꾸준히 개념중심 읽기 활동을 수행하는 것이다. 가정학습을 통하여 수행되는 개념학습 일기는 개념중심 읽기의 과정을 고스란히 담아내고 있으며, 학습자들은 개념학습 일기 쓰기를 통하여 교과와 관련된 내용영역 전반의 학업 성취 능력 향상을 위한 개념중심 읽기 능력을 발달시킬 수 있다.

다음의 개념학습 일기는 요일별로 구성된 내용영역에 따라 실제로 학습자들이 수행할 수 있도록 제시된 예이다.

(2008)년 (3)월 (4)일 (화)요일, (8)시 (20)분 ~ (9)시 (00)분	
질문 하기	숫자 8은 4보다 크다. 그런데 언니가 공부하는 수학책을 보다가 내가 잘 이해할 수 없는 문제를 보게 되었다. 그것은 1/8이 1/4보다 작다는 것이었다. 이것은 분수라는 숫자인데, 우리가 지금까지 배운 숫자와는 모양도 다르고 크기도 다르다. 왜 1/8이 1/4보다 작은 걸까?
탐색 하기	언니가 공부하는 수학책을 더 읽어 보았지만 잘 이해가 가지 않았다. 그래서 분수가 무엇인지 국어사전에서 찾아보았다. 분수는 어떤 수를 나눌 때 쓰는 수라고 설명되어 있었다. 하지만 그래도 분수라는 것이 무엇인지 잘 알 수 없어서 인터넷 공부방에 들어가 보았다. 인터넷 공부방에 들어가니 자세하게 설명이 되어 있었다. 빵 한 개를 8개로 잘랐을 때와 4개로 잘랐을 때 그 크기를 비교한 그림이 나와 있었다. 빵 한 개를 8조각으로 나눈 크기와 4조각으로 나눈 크기를 비교하여 보니 8조각으로 나눈 크기가 4조각으로 나눈 것보다 작았다. 두 배 정도 차이가 났다. 분수가 어떤 것을 나눌 때 쓰는 숫자라는 사전의 설명을 조금은 이해할 수 있었다.
적용 하기	피자를 시키면 조각을 내어서 가져온다. 어떤 피자는 4조각으로 나누어져 가져오고 어떤 경우에는 12조각으로 나누어져 있기도 하다. 작은 피자는 4조각으로 나누고 큰 피자는 12조각으로 나누어서 가져온다. 그런데 크기를 비교하면 별로 차이가 없다. 피자의 크기가 크면 아무리 많은 조각으로 나누어도 작은 피자 조각보다 작지 않다. 왜일까? 그것은 어떤 크기의 숫자를 나누는가에 따라 분수의 크기가 달라지는 것이라고 생각된다. 엄마, 아빠, 동생, 언니, 나 다섯이 피자를 공평하게 먹을 수 있는 방법과 같다.
소통 하기	분수가 어떤 것을 나눈 수라면, 우리가 요즘 배우는 나누기와 분수는 같은 것인가? 분수에 관하여 재미있게 쓴 책이 있으면 읽어보고 싶다. 이야기처럼 쉽게 쓴 책을 우리 반 누군가가 갖고 있다면 좋겠다. 선생님은 잘 알고 계실 것이다. 수학 시간에 선생님께 질문을 꼭 해봐야겠다. 그 전에 나의 궁금증을 우리 반 홈페이지에 올려봐야겠다.

2) MIE(Media In Education) 학습

MIE는 미디어를 활용한 개념중심 읽기 지도 과정의 학습자 중심 과제학습 활동이다. 신문, 잡지, 인터넷, 방송 등 동원 가능한 모든 매체를 대상으로 개념중심 읽기 학습을 수행할 수 있다. 초등학생들의 경우에는 신문을 활용하는 것이 효과적이다. 어느 가정에서도 쉽게 구할 수 있는 매체이며, 굳이 돈을 들이지 않고서 지금 이 순간의 지식과 정보를 한 눈에 볼 수 있기 때문이다. 초등학생들의 경우에는 어린이 신문을 활용하는 것을 기본으로 하지만 장기간의 지도와 경험을 통하여 보다 발전적인 개념중심 읽기 능력의 향상을 추구한다면 성인 신문을 대상으로 하는 것이 보다 효과적이다.

[MIE 학습장의 구성과 내용]

신문 기사 〈제목, 사진, 기사 본문 내용을 포함한 크기가 공책의 한 면을 넘지 않는 것. 기사의 양이 너무 많은 경우 개념중심 읽기의 과정을 수행하기가 힘이 들고 시간이 많이 소요됨. 400자에서 2000자 정도의 기사가 적당하다. 학습자 수준별 적용이 효과적이다.〉	핵심 개념 찾기 : 낱말의 사전적 의미와 백과사전 내용을 찾아서 쓴다. 3~5개 정도의 중요한 핵심어 또는 개념어
	개념 문장 쓰기 : 핵심 개념(핵심어, 개념어)이 들어간 짧은 글을 창작하여 쓴다. 사전의 예시문을 바탕으로 기사의 내용에 부합하는 문장을 쓴다.
	개념중심 요약 : 기사의 내용을 핵심 개념을 중심으로 1/5 또는 1/10 정도의 분량으로 요약한다.
	재구성하기 : 이해한 개념을 바탕으로, 개념어(핵심어)가 들어가는 이야기를 새롭게 구성한다. 기사의 내용영역과 같은 영역의 이야기, 기사 등 다양한 형식으로 재구성한다.

(1) 핵심 개념 찾기

SQ3R의 단계에 따라서 신문을 읽는다. 기사를 선정하기 전에 신문 전체를 훑어 읽으면서 어떤 기사가 적합한지 선정하는 과정을 먼저 거친다. 요일별로 주제가 다르기 때문에 해당 요일에 적합한 기사를 선정하는 것이 매우 중요하다. 특히 공책 한 쪽에 들어갈 만한 기사를 선정해야 한다. 기사가 너무 길면 읽는 데에 너무 많은 시간이 소요되는 것은 물론 학습자에게 부담을 주기 때문에 공책 한 쪽에 그림과 제목을 포함한 기사가 들어가는 정도의 양이면 가장 적당하다. 자신이 기사를 읽으면서 어떤 주제의 어떤 내용을 선정할 것인지를 결정하는 과정은 가장 먼저 전체 신문을 훑어 읽으면서 적합한 기사를 선정하는 것이다. 기사를 선정하고 나면 기사의 양과 내용이 적합한지 다시 한번 확인한 후에 공책의 왼쪽 면에 스크랩한다. 기사를 스크랩하고 난 후에 개념중심 읽기가 시작된다.

질문하기 과정은 기사를 세 번 읽으면서 자신이 어떤 주제의 어떤 내용의 글을 읽는지 생각해 보는 것이다. 기사가 어떤 문제를 제기하고 있는지 그러한 문제가 어떤 내용으로 전달되고 있는지 생각해 보는 것이다. 기사를 읽으면서 질문하기 단계에서 학습하였던 SQ3R 읽기를 수행한다. 처음 읽으면서 주제와 내용의 핵심 낱말이 무엇인지 밑줄을 치면서 읽는다. 그 다음 두 번째 읽을 때에는 핵심 문장을 중심으로 밑줄을 치면서 내용을 파악한다. 세 번째 기사를 읽을 때에는 꼼꼼하게 읽으면서 내용을 머릿속으로 정리하고 요약하며, 기사에서 주어진 문제와 나의 생각이 서로 일치하는지 점검하면서 읽는다. 읽기가 끝이 나면 기사의 핵심어 중에서 자신이 정확하게 파악하지 못하는 낱말을 국어사전이나 백과사전에서 그 뜻과 개념을 찾아서 쓴다. 5개 내외의 핵심어를 찾아서 쓰는 것이 좋다.

(2) 개념 문장 쓰기

핵심어를 정확하게 찾아서 이해하였는지 스스로 점검하는 과정이 바로 개념 문장 쓰기이다. 문장을 쓰는 것은 해당 핵심어가 기사에서 사용된 의미와 동일한 사전적 의미인지 또는 백과사전의 개념을 정확하게 파악하였는지 점검해 보는 것이다. 국어사전에는 해당 낱말의 예시문이 들어 있는 경우가 많다. 초기에는 학습자들이 원래의 의미와 같은 뜻으로 사용되는 문

장을 쓰는 데에 어려움이 있다. 따라서 예문을 보면서 모방하는 것도 좋은
방법이다. 초기의 모방 문장은 얼마 지나지 않아서 자기주도적인 문장 쓰기
로 전환된다.

(3) 개념중심 요약

개념중심 요약은 기사의 내용을 1/5 또는 1/10 정도로 요약하는 것이다.
기사의 내용을 정확하게 파악하고 있는지, 핵심어와 개념 문장 등을 기초로
하여 주제를 파악하고 내용을 함축적으로 전달할 수 있는 능력을 기르는
것이다. 내용영역 읽기의 가장 기초적이면서도 중요한 활동 중의 하나가 바
로 글의 내용을 요약하는 것이다. 지식과 정보를 전달하는 거의 모든 글들
은 핵심 개념이 담겨 있다. 요약하기는 핵심 개념을 이해하고 그것을 다른
사람에게 전달할 수 있는 표현 능력을 갖추는 것이 필요하다. 적용하기와
소통하기 등의 다음 단계의 과정은 바로 요약하기 능력을 갖춤으로써 가능
하다. 글의 내용을 정확하게 요약하였다는 것은 글에 담겨 있는 지식과 정
보가 무엇인지 정확하게 파악하였다는 것이며, 글에 담긴 지식과 정보를 정
확하게 파악하였다는 것은, 내가 알게 된 지식과 정보를 다른 문제를 해결
하는 데에 적용하고 활용할 수 있다는 것을 의미한다. 또한 자신이 알게 된
지식과 정보를 다른 사람과 소통하여 유익하게 공유할 수 있는 것이다.

(4) 재구성

기사에서 찾은 핵심어를 사용하여 기사 내용과 유사한 영역의 또 다른
기사를 작성하거나 이야기 글을 만들어 보는 활동이다. 재구성은 개념중심
읽기 학습의 가장 상위의 과정이며, 능숙한 학습자들도 1년간의 과정을 모
두 이수한 상태에서 좋은 재구성 산출물이 나온다. 그만큼 재구성 능력은
매우 상위의 능력이며 학습자들의 초인지를 요구한다. 원래의 글에 들어 있
는 단어를 중심으로 그 단어가 들어가는 새로운 기사를 작성한다는 것은

성인에게도 쉽지 않은 일이다. 그러나 장기간의 활동은 학습자들에게 재구성 능력을 형성하게 한다.

　재구성 활동에서 원래의 기사에 있는 핵심어를 포함하게 하는 이유는 이미 알게 된 핵심어를 새로운 문제에 적용하게 함으로써 핵심어를 포함하는 개념적 지식을 정확하게 이해하고 활용할 수 있는 능력을 향상시키기 위한 것이다. MIE 과제학습은 학습자들에게 개념중심 읽기 학습의 모든 단계와 방법, 전략을 활용할 수 있도록 하려는 의도로 구안된 것이기 때문에 1년의 기간을 통한 교사의 안내와 지도 그리고 학습자들의 주도적 수행이 상호 통합적으로 작용하여 메타 인지를 발현할 수 있도록 하여야 한다. 좋은 재구성 능력은 학습자들의 메타 인지 발현의 증거이다.

제 5 장

학습을 위한 읽기 지도가 내용영역의 교수·학습에 미치는 효과

개념중심 읽기 과정은 '질문하기', '탐색하기', '적용하기', '소통하기'의 과정으로 이루어져 있다. 이 네 개의 과정은 일 년을 기준으로 각각 2개월의 중점 지도 기간을 갖는다. 질문하기는 3월과 4월, 탐색하기는 5월과 6월, 적용하기는 9월과 10월, 소통하기는 11월과 12월에 중점 지도한다. 능숙한 학습자와 미숙한 학습자 간의 차이가 있기는 하지만 이 기간을 기준으로 하여 중점 지도하는 것이 가장 일반적인 것이다. 각 과정에서는 과정 활동을 수행하게 된다. 각 과정별로 중점 지도되는 방법은 SQ3R, MIE, K-W-L, R-S-W이다. 이 방법은 각 기간별로 중점 지도되는 것이기는 하지만 통합적으로 지도되는 것이 보다 효과적이다. 하나의 과정이 각각 독립적이기보다는 상호 유기적인 관련을 갖고 있기 때문에 각각을 분리하여 지도하는 것보다, 한 가지에 중점을 두면서 다른 과정을 관련하여 수행할 수 있도록 하는 것이다. 각각의 과정에서 중점 지도되는 방법들도 하나의 과정에서 한 가지 방법을 지도하거나 수행하는 것이 아니라 중점 지도 방법을 기준으로 다른 방법들이 통합적으로 적용될 수 있도록 하는 것이다.

즉, 질문하기 과정의 3월과 4월에는 SQ3R 방법을 중점적으로 지도하지만 이것만으로 학습자들의 내용영역 읽기에 대한 동기와 관심이 집중되기는 힘들다. 뿐만 아니라 가정 자율학습 활동을 위한 내용과 방법이 요구되기 때문에 MIE 학습을 병행하는 것이 효과적이다. 이러한 과정의 통합은 그것이 동시에 이루어지는 것이 아니라 하나의 과정이 어느 정도 효과적으로 수행할 수 있는 단계에 접어들었을 때 다음 과정을 중첩하여 수행하도록 안내하는 것이다.

각각의 과정들은 과정별로 주어진 기간의 후반부와 초반부에 서로 중첩하여 적용할 수 있다. 3월과 4월에 중점적으로 지도되는 SQ3R은 이후의 과정에서도 지속적으로 수행할 수 있도록 지도하며, 5월과 6월에 중점적으로 지도되는 MIE 학습은 4월부터 안내하여 능숙한 학습자를 중심으로 과제학습으로 수행할 수 있도록 하는 것이 효과적이다. 이러한 선수학습의 장점은 학습자들이 비계학습을 하도록 유도한다. 능숙한 학습자들에게는 선수학습을 통하여 자신이 할 수 있는 능력만큼 과정을 앞서 나갈 수 있도록 안내하고, 능숙한 학습자와 미숙한 학습자 간의 상호 소통으로 미숙한 학습자들이 능숙한 학습자의 도움을 받을 수 있도록 한다. 이러한 비계학습의 효과는 내용영역 읽기 학습에서 매우 중요한 가치를 유발한다. 실제로 이 연구의 과정을 통하여 관찰한 바에 의하면 능숙한 학습자들의 선수 학습은 미숙한 학습자들의 과제 수행에 매우 유익하고 효과적인 영향을 미친다.

1. 연구의 방법

개념중심 읽기를 통한 내용영역의 읽기 지도의 실제 과정을 중심으로 실험 집단의 편성과 운영에 대하여 알아보기로 한다. 지도의 실제 과정은 앞에서 논의하였던 개념중심 읽기 과정 모형을 바탕으로 현장에서 교사들이 실제로 학생들에게 적용할 수 있는 방법에 대하여 기술하고 있으며, 연구자가 1년간 실험한 내용을 담고 있다. 지도의 실제 방법이 제한적으로 정해져 있는 것은 아니다. 연구자가 실제로 투입한 방법들은 기존에 알려진 것들이 대부분이며, 그것을 바탕으로 현장에서 적용이 가능한 방법으로 변형한 것이다. 따라서 내용영역 읽기 지도를 실행할 때에는 보다 나은 방법과 전략을 얼마든지 동원할 수 있는 유연성을 전제로 하고 있으며, 보다 나은 방법과 전략의 구안이 지속되어야 할 것이다.

1) 연구의 대상과 기간

초등학교 2학년을 전후로 학생들의 읽기는 문자를 해독하는 수준에서 글을 이해하고 해석하며 비판적으로 반응하는 단계로 나아간다. 이 시기를 전후하여 내용영역의 읽기 기능이 효과적으로 발현되어야 한다. 읽어야 하는 교재의 양이 증가하는 시기이며 보다 깊이 있는 지식이 담겨 있는 책을 즐겨 읽는 시기이기도 하다. 이 시기의 학습자들은 학교 교육을 통하여 내용영역의 지식과 정보를 습득하게 되며 내용영역의 지식과 정보를 습득하기 위하여 효과적인 읽기 기능을 동원해야 한다. 능숙한 학습자들은 내용영역의 지식을 보다 효과적으로 이해하고 습득한다. 미숙한 학습자들은 내용영역의 교수·학습에 어려움을 겪는다. 이 시기의 학습자들을 대상으로 개념 중심 읽기가 내용영역의 학업 성취에 미치는 영향을 검증하는 것은 이 시기 이후의 학습자 현상을 유추할 수 있게 하기 때문이다. 또한 학습자들의 읽기가 해독을 위한 읽기에서 학습을 위한 읽기로 전환되는 시점이기 때문이다. 이러한 실험집단의 설정은 내용영역의 학습에 대한 개념중심 읽기의 효과를 검증하는 데에 효과적일 뿐 아니라 학습 효과가 구체적이고 명시적으로 발생할 것이라는 추론을 가능하게 한다.

실험을 위한 비교집단과 통제집단은 같은 학교에 재학 중인 2학년 학생들이었으며, 이 두 집단의 동질성은 2007년 3월 실시된 국어와 수학 진단평가 결과를 근거로 하였다. 학년 초 실시하는 진단평가는 학생들의 전년도 학업 성취 수준을 알아보기 위한 일제고사의 성격을 띠고 있다. 따라서 현재의 학생들의 언어사용 기능과 내용영역의 학업 수행 능력을 판단하고 앞으로 학습할 내용에 대한 수준별 적용 및 부진 학생의 판별 자료로 활용된다. 진단평가 결과는 학생은 물론 학부모에게 공개되지 않으며 교사들이 앞으로 지도할 교육과정의 수준을 판단하고, 그에 따른 학급 및 개별화 교육과정 계획을 수립할 수 있는 근거 자료가 되기도 한다.

통상 실험집단 구성을 위하여 사전 평가를 별도로 시행하는 경우가 많으나, 학교 교육의 여건상 또한 학교 현장을 대상으로 하는 실험 연구의 성격상 진단평가 자료는 보다 객관적인 근거를 확보한다고 볼 수 있다. 따라서 진단평가 결과를 분석함으로써 학습자들의 동질성을 확보하는 것은 물론, 국어과의 성격과 내용교과 학습의 관계를 일견하는 데에도 많은 도움이 된다. 비교집단의 학생들은 이 연구를 위하여 필자가 학급을 직접 맡아서 지도하였으며 통제집단은 진단평가 결과를 근거로 평정된 동질 집단으로 구성되었다. 연구의 성격상 단기간의 투입으로 내용영역의 이해 능력이 향상되는 것이 아니기 때문에[1] 보다 체계적이고 구체적인 프로그램, 과정, 전략, 방법 등의 구안과 적용을 위하여 1년의 연구 기간을 설정하였다.

실험을 위한 두 집단의 아동 구성은 통제집단의 아동이 남자 14명 여자 13명 총 27명, 비교집단의 아동이 남자 15명 여자 12명 총 27명으로 시작하였다. 공립 초등학교의 경우에는 학기 중 전출입이 있는 관계로 아동의 숫자가 증감한다. 1년 후 실험이 종료되었을 때에는 최초 실험에 참가한 아동들의 숫자는 특수학급 아동과 학습 부진아동을 제외하고 각각 22명, 21명이었다. 중간에 전입을 한 아동들의 경우 통제집단의 아동은 문제가 없으나 비교집단의 경우에는 1년간의 실험 기간을 전제로 하였기 때문에 전입생의

---

1) 거쓰리(1996)의 경우에도 1년간의 지도를 통하여 효과를 볼 수 있다고 밝혔으며, 필자의 연구에서는 차시별 재인 효과 검증과 단원별 학업 성취 효과 검증 등을 통하여 내용영역의 읽기와 관련된 이해 능력이 단기간에 효과를 볼 수 없다는 것을 알았다. 이와 관련된 연구는 후속 논문을 통하여 발표할 것이다.

경우 사후 평가에서 제외하였다. 같은 조건을 충족하기 위하여 통제집단의 경우에도 전입생을 제외하여 학년 초기의 진단평가 결과를 바탕으로 설정한 동질성을 유지하였다.

2007학년도 1, 2학기 동안 네 개의 과정으로 구분하여 3월과 4월은 질문하기 과정, 5월과 6월은 탐색하기 과정, 9월과 10월은 적용하기 과정, 11월과 12월은 소통하기 과정 활동에 집중하였다. 각 과정 활동은 아침 등교 시간부터 1교시 정규 수업 시작 전까지의 10분, 국어 교과 시간 중 주당 1시간, 재량 활동 주당 1시간을 활용하였다. 월요일과 토요일 아침 방송 조회를 제외하면 아침 자습 시간 활용은 총 40분으로 한 차시 분량이므로 교과 시간과 재량 시간을 합하면 주당 3시간 정도의 규칙적인 시간을 할애할 수 있다. 이밖에 가정 자율 학습 시간을 최대한 활용하여 학생들의 주도적이고 자율적인 과정 활동을 수행할 수 있도록 안내하였다. 가정 자율 학습은 하루 1시간, 일주일에 4일 이상의 과정 활동을 스스로 수행하는 것을 원칙으로 하였다. 궁극적으로 학교에서의 교사 안내보다는 가정에서의 학습자 주도적인 과정 활동에 중점을 두었다. 학교에서의 활동은 주로 각 과정 활동의 결과에 대한 자기 점검과 교사 지도 그리고 아동 간 소통에 투입하였다. 자기주도적인 학습에 익숙해진 학습자들은 점차 자기 점검에 익숙해지며 교사의 안내에 보다 빠르고 효과적으로 적응한다.

2) 연구의 절차

이 연구는 2007년 3월부터 2007년 12월까지 서울시내 초등학교 2학년 학생들을 대상으로 수행되었다. 이 연구의 수행을 위하여 2006년부터 내용영역에 관한 문헌 연구 및 관련 자료들을 수집하였으며, 수리·과학적 문제해결을 중심으로 한 내용영역의 언어사용에 관한 연구를 수행하였다. 수리·과학적 문제해결을 위한 언어사용의 중요성은 현장의 교사들이 실행하는 교육과정 수업 양상과 설문을 근거로 하였으며, 이를 바탕으로 2007년 3월 실시한 진단평가를 분석하여 수학을 중심으로 한 국어과의 언어사용 기능과 내용영역의 관계에 대하여 분석하였다. 이 두 선행연구는 내용영역의 학업성취에 읽기 기능이 중요한 영향을 미친다는 가설의 타당성 검증을 가능하게 해주었다.

필자의 두 가지 선행연구를 기저로 도출된 가설의 검증을 위하여 학습자들의 내용영역 이해에 효과적인 영향을 미치는 언어 전략에 대한 이론적 탐색과 실행은 2007년 3월부터 시작되었다. 먼저 내용영역의 개념적 이해 학습을 위한 읽기 교수 전략을 구안하기 위하여 거쓰리(1996)의 'CORI'를 분석하였다. 그는 이미 자신의 연구에 대한 미국 내 초등학교에서의 현장 검증을 통하여 CORI 학습법이 내용영역 읽기(특히 과학영역)에 효과적인 영향을 준다는 것을 밝혔다. 주로 내용영역 읽기의 자발적 동기 형성과 몰입에 관련한 것들이었지만, 우리 교육의 현실에 비추어 본다면 내용영역의 학습에 효과적인 영향을 줄 수 있는 요소들을 포함하는 것이었다. 정규 교육과정과 과제학습을 통하여 학습자가 주도적으로 수행할 수 있는 방법들을 과정별로 유목화하고, 각각의 과정마다 일정한 기간을 두고 지도하면서 학습자들의 변화를 관찰하였다. 학습자들의 수행 양상을 수시로 확인하고 분석하면서 미숙한 학습자나 능숙한 학습자 모두가 주도적으로 흥미를 갖고 참여할 수 있는 방법들이 무엇인지 검토 조정하는 작업을 통하여 연구의 방법 및 과정을 구성해 나아갔다. 하나의 프로그램화된 과정이 끝남과 동시에 보다 발전된 형태의 활동을 제시함으로써 학습자들은 내용영역의 이해의 바탕이 되는 읽기 중심 개념 학습법을 주도적으로 활용한다.

개념중심 읽기가 내용영역의 학업 성취에 미치는 효과를 검증하기 위하여 검사지를 구안하였다. 검사 문항의 선정을 위하여 1년여의 실험 기간 중 현장 교사 50여 명 및 평가 전문가 5명의 설문과 3차에 걸친 수정, 보완을 통하여 검사지의 문항을 선정하게 되었다. 내용영역의 읽기에 영향을 주는 요인을 분석하고, 분석한 요인들을 열거하여 현장의 교사들에게 설문하였으며, 설문을 통하여 선정된 문항을 평가 전문가에게 의뢰하여 재검토 및 수정, 보완토록 하였다. 검사지는 현장의 평가 전문 교사 5명에게 의뢰하여 타당성을 검증하였으며 해당 검사지를 사전검사하여 학습자 적용의 적절성 여부를 확인하였다. 효과의 검증은 2008학년도 교육과정 운영이 시작되는 학기 초에 3학년 학생들 전원을 대상으로 실시하였다.2) 1년간의 지도 결과를 알아보기 위한 것이었으며 검사는 동일한 시간에 3학년 전 학급에서 각 학급의 담임교사 주관 하에 실시하였다. 검사지의 채점은 현장의 평가 전문 교사 3인에게 의뢰하였다. 평가의 신뢰성을 확보하기 위하여 3인의 평가자에게 사전 평가 교육을 실시하였다. 평가 교육은 단순히 채점에 대한 공정성을 확보하기 위한 기준을 설정하는 것뿐 아니라, 이 연구의 목적과 필요성 그리고 연구의 실행에 관한 전반적인 내용을 설명한 후에 검사지의 타당성에 대한 논의를 다시 한번 실시하였다. 이미 평가지의 타당성을 확보하였으나, 현장 평가 전문 교사의 의견을 존중하기 위하여 해당 검사 문항이 내용영역 읽기의 개념중심 읽기 능력을 평가하는 데에 적절한 항목인지에 대하여 논의하였다. 이 논의에서 부적합하다고 판단되는 문항에 대하여는 재출제 내지는 검사 문항 삭제의 가능성이 있었으나, 모든 검사문항의 타당성에 동의하였다.

검사지의 평가 기준은 연구자에 의하여 설계되었으나, 평가 전문 교사들과 재협의하여 평가 기준을 조정하였다. 최초 문항 당 10점 만점을 기준으

---

2) 실험 연구에 참여한 학생들은 2007년 3월부터 동년 12월까지 2학년에 재학 중인 학생들이었다. 이 학생들은 실험 연구 과정이 끝난 뒤 다음 학년인 3학년이 되었다. 2007학년도 실험 연구의 효과를 검증하기 위하여 2008학년도의 3학년 학생을 대상으로 검사를 실행하였다. 따라서 2007학년도의 2학년 학생들은 3학년이 되어서 새로운 반에 편성되었으며, 전학년도의 실험 집단은 새로운 학년에 속하여 분산되었다. 그렇기 때문에 통제집단과 비교집단을 따로 선별하지 않고 2008학년도의 3학년 학생 모두를 대상으로 검사를 실행하였다. 검사 실행 후에는 2007학년도의 2학년 학급 명부를 기준으로 통제집단과 비교집단 아동들의 검사 결과를 수집하여 기술통계를 실시하였다.

로 하였으나, 한 문항에 대한 점수의 오차 범위가 너무 크다는 의견이 있었기 때문에 한 문항에 대하여 3점을 만점으로 하고 0점에서 3점까지 총 4개의 급간을 두었다. 결국 평가 기준은 0점, 1점, 2점, 3점으로 하여 4개의 평가 기준을 설정하고 채점을 하게 되었다. 평가 교사들은 학생들의 검사지에 대한 채점의 공정성을 확보하기 위하여 비교집단과 통제집단을 구분할 수 없게 무작위 채점을 하였다. 또한 3인의 평가 전문 교사들이 순환 채점한 후에 학생 개별 채점에 평가자 간의 차이에 대한 재논의를 하였다. 예를 들어 A학생의 1번 문항을 평가한 '가' 교사의 점수가 1점, '나' 교사의 점수가 3점인 경우, 점수 차이가 나는 요인이 무엇이며 평가 교사의 평가 관점의 오류 여부에 대하여 재확인한 후에 수정 여부를 결정하였다. 평가 교사의 의견을 존중하기 위하여 재조정 의사가 없는 경우에는 채점 급간의 차이가 있음에도 그대로 통계에 반영하는 것으로 하였다.

　검사지의 문항은 총 10문항으로 구성되었으며, 각각의 문항은 내용영역 읽기와 관련된 개념중심 읽기 능력을 측정하는 데에 주안점을 두었다. 한 개의 문항이 개별 능력을 측정한다고 주장할 수는 없지만 현장 평가 전문 교사들의 의견과 채점을 담당한 교사들의 검증을 반영하여 통계에 적용하기로 하였다. 검사지 문항은 '이해하기', '주제파악', '배경지식의 활용', '개념어 알기', '비교하기', '요약하기', '개념 문장 알기', '재구성하기' 등으로 구성하였다. 각 문항의 개별 평가 요소는 내용영역 읽기에 요구되는 읽기 능력과 관련하여 설정하였다.

　각 문항에 대한 평가 교사 3인의 평가 점수를 합산하여 비교집단과 통제집단의 결과를 분석하였다. SPSS를 이용한 ANOVA 기술통계 분석을 하였으며, 기술통계 분석과 관련하여 사회과학 분야의 연구 전문가 2인의 조언과 검증을 의뢰하였다. 두 집단에 대한 사전검사는 2007년 3월 진단평가 결과를 근거로 동질성을 확보한 두 집단을 대상으로 실시하였다. 1년간의 실험 기간으로 인하여 예비 실험과 사전 실험은 실시하지 않았으나, 5학년 아동을 대상으로 한 개념중심 읽기의 재인 효과 검증, 단원 성취도 효과 검증 등을 실시하였다. 개념중심 읽기가 내용영역의 학업 성취에 효과적인 영향을 미친다는 가설을 입증할 만한 객관적인 자료를 확보하기 위하여 실시한 차시별 재인평가와 4~6차시를 기준으로 하는 단원별 성취도평가에서도 비교집단의 유의미한 효과가 검증되었다.

2. 연구 결과의 분석

학년 초 진단평가 자료를 근거로 하여 실험을 위한 두 집단이 편성된 직후 비교집단과 통제집단을 대상으로 사전검사를 실시하였다. 사전검사는 일 년 후 사후검사와 동일한 검사 문항으로 구성되었으며, 검사 문항은 현장교사 50명의 설문을 통한 내용영역 읽기에서 학습자들에게 요구되는 읽기 요소—현장 교사들에게는 읽기 능력이라는 용어를 병행하여 사용하였다—를 선별하여 검사 문항으로 선정하였다. 내용영역의 교수·학습과 관련된 학습 요소 또는 읽기 능력이나 독해 요인 등은 매우 다양하다. 보다 많은 항목을 검사 문항으로 선정하여 측정하는 것이 보다 세부적인 검증에 도움이 되는 것은 사실이지만, 초등학교 지학년 학생들이라는 점을 감안하여 검사의 타당성을 최대한 높이는 수준에서 검사 문항을 최소화하는 쪽으로 검사지를 구안하였다. 검사 문항은 개념중심 읽기 과정에서의 교사 및 학습자의 학습 전략, 방법 등을 통하여 형성되는 내용영역의 교수·학습 요소라는 점을 강조하였고, 이 부분에 대한 검증은 평가 전문가 5명에게 의뢰하였다. 각 문항이 내용영역과 관련이 있으며, 개념중심 읽기 지도를 통하여 형성될 수 있는 학업 성취 요인이라는 점을 인식할 수 있도록 설문 대상 현장 교사뿐 아니라 타당성 검증을 위한 평가 전문가에게 사전 안내 및 교육을 실시하였다.

핵심어, 핵심 문장, 주제파악 관련 문항은 개념중심 읽기 과정의 '질문하기' 과정을 통하여 형성되는 학업 성취 요인이며 요약하기, 공통점, 차이점, 배경지식 관련 문항은 '탐색하기' 과정을 통하여 형성되는 내용영역의 학업 성취 요인이다. 정보습득과 적용하기는 '적용하기' 과정을 통하여 형성되는 학업 성취 요인이며 재구성 문항은 '소통하기' 과정을 통한 학업 성취 요인으로 설정된 것이다.

각각의 문항들은 개념중심 읽기의 네 단계와 유기적인 관계를 갖고 있기 때문에 각각의 문항이 반드시 네 과정의 학습 요소를 대표한다고 볼 수도 없다. 다만 개념중심 읽기의 네 과정에서 중점적으로 실행되는 학습 요인을 추출하여 문항을 작성한 것이었다. 예를 들어 글의 공통점과 차이점을 분석하는 것, 배경지식을 동원하는 것 등은 '탐색하기' 과정에서 학습자가 수행하는 주요 활동이지만 '적용하기' 과정에서도 학습자가 선행하여야 하는 학습 요소이기 때문에 그것들은 다시 적용하기와 관련된 문항으로 생각할 수도 있다. 더불어 재구성을 포함한 배경지식의 활용, 분석, 요약하기 등은 소통하기 과정에서 학습자들이 선행하여 수행하는 활동이기 때문에 소통하기의 평가 문항으로도 인정될 수 있다.[3]

사전검사는 비교집단과 통제집단 두 학급을 대상으로 실시되었고 사후검사는 3학년 전 학급을 대상으로 실시하였다. 사전검사는 집단이 구분된 상태의 2개 학급이었지만, 사후검사는 두 집단이 3학년이 된 직후였기 때문에 3학년 모든 학급을 대상으로 실시한 후에 전년도 학급명부와 분반자료를 참고하여 원래의 두 집단 아동들의 검사지를 수합하여 평가하였다. 사후검사를 신학년도에 실시한 이유는 전학년도의 개념중심 읽기 지도를 한 학급인 비교집단과 그렇지 않은 통제집단에 대한 개념중심 읽기 지도 재인 효

---

3) 검사지 문항은 현장 교사의 설문과 평가 전문가들의 조언을 토대로 구성된 것이지만 여전히 논란의 여지가 남아 있다. 따라서 내용영역 학습 전반에 걸친 언어적인 수행 능력 측정 검사지를 구안할 필요가 있다. 기존의 독해력 검사지와 별개로 내용영역 학습과 관련된 요소를 언어영역별로 세분화하여야 할 것이다.

과를 배제하기 위한 것이었다. 물론 장기간의 지도와 학습 활동이 학습자들의 단기 기억에 영향을 얼마나 줄 것인지에 대한 자료를 갖고 있지는 않지만 일정 기간이 지난 후의 검사 결과를 바탕으로 개념중심 읽기 효과를 입증하는 것이 신뢰성 확보에 도움이 될 것이라고 판단하였기 때문이다.4)

사전검사에 참여한 아동은 비교집단 27명, 통제집단 27명이었으나 전출입 아동과 특수학급 및 학습 부진아동을 제외한 비교집단 22명, 통제집단 21명에 대한 사후검사 결과를 추출하였다. 사전검사 결과에서 알 수 있듯이 1년 전의 검사에서는 모든 문항에서 통제집단의 점수가 비교집단에 비하여 높게 나왔다. 통제집단과 비교집단을 선정할 당시에는 진단평가 결과를 바탕으로 동질성을 확보하고 사전검사를 실시하였으나, 실제로 사전검사를 실시하였을 때에는 비교집단과 통제집단의 유의미한 차이를 보였다. 즉, 사전검사에서는 통제집단의 점수가 비교집단의 점수보다 높게 나타났으나 이러한 사전검사 결과에 대한 사후검사는 사전검사와는 다른 결과를 보였다. 사전검사와 달리 사후검사에서는 비교집단의 점수가 통제집단의 점수에 비하여 월등히 향상되었음을 보여주고 있다. 1년간의 교육과정 이수를 통한 학습 능력의 향상을 고려하더라도 비교집단의 점수는 통제집단의 점수를 능가하였으며, 전반적으로 개념중심 읽기 지도가 내용영역의 읽기에 효과적인 영향을 미친다는 것을 입증하였다.

이 연구의 실험을 통한 효과의 검증은 내용영역의 학업 성취에 미치는 개념중심 읽기의 효과임과 동시에 내용영역 전반에 관한 개념중심 읽기의

---

4) 여기서 구체적으로 논의하지는 않지만 실험 기간 중인 학년 말에 비교집단인 2학년 학급과 5학년 한 학급을 무작위로 선정하여 유사한 검사를 실시하였다. 이 검사의 의도는 사후검사의 파일럿 테스트 성격이었다. 검사 문항의 수와 점수 문항 내용은 차이가 있었지만 개념중심 읽기 지도가 내용영역 읽기에 효과적인 영향을 주고 있는지 사전 검증하기 위한 것이었다. 이 검사의 결과를 논의할 수 없는 것은 두 집단이 2학년과 5학년으로 서로 동질성을 갖고 있지 않았으며, 객관적으로 비교가 될 수 없는 학년 수준의 차이가 너무 컸기 때문이었다. 그럼에도 불구하고 이 검사에서도 2학년 비교집단 아동들의 점수가 비교적 우위에 있음을 확인할 수 있었다. 이 검사의 평가는 개념중심 읽기에 관한 교육을 이수한 학부모 집단에 의하여 평가되었다.

효과를 추론할 수 있는 실험연구로서의 가치가 있다. 학교 교과 영역의 내용은 각 교과의 지식구조에 따른 독립적 요소로 구성되어 있지만, 교과의 내용이 언어로 구성되어 있으며, 언어를 통하여 전달되고 습득된다는 측면에서 과학영역에 대한 개념중심 읽기 효과는 다른 영역의 학업 성취에도 효과적인 영향을 미칠 수 있을 것이라는 예측을 가능하게 한다. 이런 예측을 바탕으로 수학, 사회, 역사, 문화 더 나아가 예체능의 지식 영역까지 확대하여 각각의 교과 영역에 영향을 미치는 언어사용 기능의 효과에 대한 실험 연구가 지속적으로 확대되어야 한다. 이러한 연구는 내용영역의 학업 성취 향상을 위한 것임과 동시에 국어과의 언어사용 기능의 효용성 그리고 국어교육의 정체성을 확립하는 길이기도 하다.

[개념중심 읽기가 내용영역의 학업 성취에 미치는 효과]

검사항목	사전검사				사후검사			
	비교집단		통제집단		비교집단		통제집단	
	평균	표준편차	평균	표준편차	평균	표준편차	평균	표준편차
핵심어	2.18	1.74	2.29	1.49	5.00	2.65	3.90	2.26
핵심문장	.81	1.59	1.14	1.35	5.55	3.22	4.38	2.77
주제파악	1.77	3.19	5.90	2.07	8.27	1.57	6.57	3.01
요약하기	1.09	1.77	1.14	1.90	7.09	3.07	4.19	3.14
공통점	.45	.91	1.52	1.36	6.90	2.37	4.38	2.48
차이점	.50	1.19	1.24	1.14	6.27	3.25	3.95	2.73
배경지식	.55	1.10	1.10	1.67	4.55	3.79	2.38	2.06
내용파악	2.23	2.54	3.19	1.97	6.68	2.98	5.00	3.11
적용하기	.50	1.10	.62	1.12	5.18	3.76	2.81	2.32
재구성	.18	.66	.48	1.44	4.68	4.20	2.43	2.23
합계	10.27	10.11	18.62	5.75	60.18	17.23	40.00	14.72

[개념중심 읽기가 내용영역의 학업 성취에 미치는 효과]

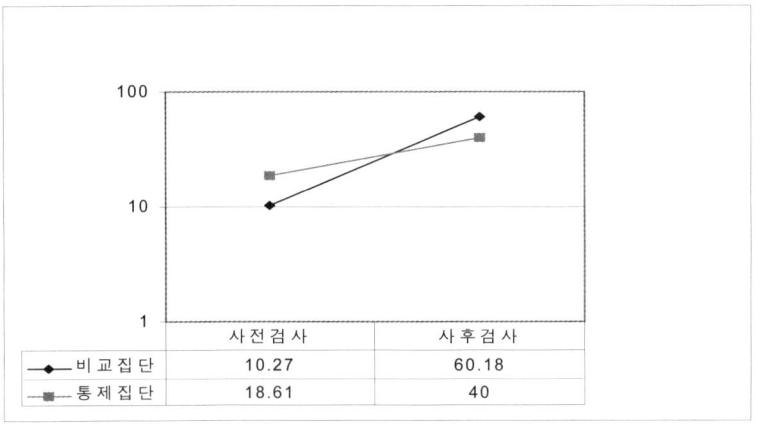

	사전검사	사후검사
◆ 비교집단	10.27	60.18
■ 통제집단	18.61	40

여기서는 검사지의 문항을 내용영역 읽기 학습 요소로 분류하여 분석하기로 한다. 내용영역 읽기 학습 요소는 검사지의 열 개 문항 이외에도 다양한 측면에서 추출할 수 있다. 내용영역의 학습에 영향을 주는 요소들과 그 하위 요소들까지 세분화하면 매우 많은 요소들이 추출될 수 있다. 그러나 여기서는 각각의 문항들을 내용영역의 학습에 영향을 미치는 읽기영역의 대표적인 학습 요소로 분류하여 분석하기로 한다.

1) 핵심어와 핵심 문장 찾기

질문하기 과정에서 SQ3R 읽기 단계 학습을 수행하였다. 학습자들이 처음으로 개념중심 읽기 활동을 할 때에 수행하는 것이 바로 내용영역 텍스트를 어떻게 읽을 것인지 그 방법과 전략을 익히는 것이다. 핵심어는 내용영역 읽기 수행의 첫 활동이다. 내용영역의 지식과 정보는 개념이다. 개념은 낱말, 어휘, 문장, 단락 등을 통하여 전달된다. 그중에서도 핵심어는 텍스트의 개념과 관계가 있다. 핵심어가 무엇인지 알고 있다는 것은 텍스트의 개넘이 무엇인지에 대한 가장 초보적인 인식이다.

현장의 교사들이 내용영역을 지도할 때에 학습자들에게 요구하는 가장 중요한 학습 요소 중의 하나가 핵심어에 대한 인지이다. 그 이유는 핵심어에 핵심 개념이 포함되어 있으며, 핵심 개념을 알기 위해서는 핵심어를 정확하게 파악하고 있어야 한다고 생각하기 때문이다. 수학이나 과학 그리고 사회 과목과 같은 용어의 의미를 중시하는 과목에서는 더욱 더 그런 요구가 강하다.

이 검사에서 핵심어 찾기는 핵심어의 사전적 의미를 파악하는 것이 아니라 텍스트의 내용과 직접 관련이 있는, 텍스트의 지식이나 정보와 관련이 있는 언어를 정확하게 파악하고 있는지를 검사하는 것이다. 텍스트 내에서 지식과 정보를 전달하는 데에 중요한 역할을 하는 낱말의 파악은 내용영역 읽기 학습의 기초적인 학습 능력의 검사뿐 아니라 개념중심 읽기 과정의 가장 기초가 되는 읽기 능력의 검사이다. 이 검사의 사전 및 사후검사 결과에서 비교집단이 통제집단에 비하여 약간의 상승효과가 있었지만 통계학적으로는 유의미한 차이를 검증하지 못하였다. 즉, 유의확률이 0.15이며(0.05보다 작을 때 통계적으로 유의미한 차이를 보임), F값은 2.11(5보다 클 때 유의미한 차이를 보임)로 통계학적으로는 유의미한 효과가 나타났다고 볼 수는 없었다.

[핵심어 찾기 문항의 검사 결과표]

사전검사				사후검사			
비교집단		통제집단		비교집단		통제집단	
평균	표준편차	평균	표준편차	평균	표준편차	평균	표준편차
2.18	1.74	2.29	1.495	5.00	2.65	3.90	2.26

[핵심어 찾기 문항의 검사 결과 그래프]

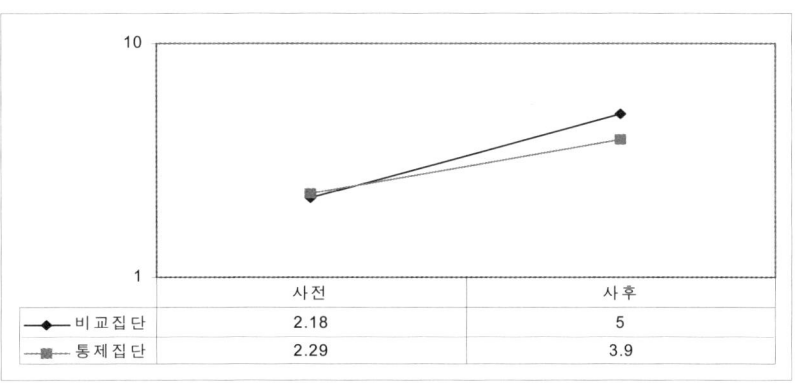

	사전	사후
비교집단	2.18	5
통제집단	2.29	3.9

이와 같은 결과는 핵심 문장 찾기에서도 나타났다. 핵심 문장은 질문하기 과정에서 학습자들이 수행한 읽기 활동의 학습 요소로 평가되었다. 핵심 문장 찾기는 핵심어를 찾은 이후 두 번째 읽기 활동에서 문장을 중심으로 내용을 파악하도록 하는 것이었다. SQ3R 읽기 활동이 기본적으로 텍스트를 세 번 읽는 것이기 때문에 낱말에서 문장으로, 문장에서 단락으로 관점을 이행하면서 읽기를 수행하도록 지도하였다. 핵심 문장 찾기 문항의 경우에서도 핵심어 찾기 문항과 같이 통계적으로 유의미한 효과를 검증하지는 못하였다. 핵심 문장 찾기에서는 유의확률이 0.22, F값이 1.63으로 나왔다. 사전검사에 비하여 비교집단과 통제집단의 점수가 월등히 향상되었지만 사후검사에서는 비교집단과 통제집단의 점수 차이가 유의미하지 않았다.

결국 내용영역 읽기에서의 낱말과 문장은 내용영역 읽기 학습에 효과적인 영향을 주지는 않는 것으로 확인되었다. 하지만 이러한 검사 결과가 핵심어 및 핵심 문장 찾기를 수행할 필요가 없다는 것을 의미하는 것은 아니다. 개념중심 읽기 과정의 질문하기 단계에서 수행한 SQ3R 읽기 방법은 내용영역의 글을 파악하기 위한 읽기 이해 능력을 기르기 위한 것이다. 내용영역의 학습을 위한 읽기 이해 능력은 내용을 정확하게 파악하는 것이고 그 내용 속에는 핵심 문장과 핵심 단어가 존재한다. 내용영역 읽기를 통하여 글에 담겨 있는 지식과 정보를 효과적으로 이해하기 위한 것이다. 때문에 과정으로서의 낱말과 문장에 대한 학습이 필요한 것이지 결과로서의 낱말과 문장이 존재하는 것은 아니다. 이 검사 결과는 바로 그것을 검증하는 좋은 통계자료로 활용될 수 있다.

최근 언어에 대한 관심이 음소에서 단어로, 단어에서 문장으로, 문장에서 단락으로, 단락에서 담화로, 담화에서 내용으로 확장되어 가는 것은 바로 이야기 텍스트이건 설명적 텍스트이건 간에 낱말과 문장에 치중한 학습은 궁극적으로 지식과 정보의 습득에 효과적인 영향을 주지 못한다는 것을 반증하는 것이다. 이 연구의 결과에서 알 수 있듯이 학습 과정에서의 낱말과 문장의 중요성은 인정하지만, 읽기의 목표 또는 학습의 목표로서 단어와 문장에 치중하는 것은 의미 있는 효과를 보지 못하였다. 핵심어와 문장에 대한 학습이 유의미한 효과를 나타내지 못했다는 것은 낱말과 문장에 치중한 언어 학습보다는 글의 이해와 의미 구성 등에 중점을 둔 언어교육을 지향하게 한다.

그렇지만 개념중심 읽기에서 핵심어와 핵심 문장을 이해하는 것은 매우 중요한 활동이다. 핵심어에 대한 이해를 기초로 하여 핵심 문장을 알 수 있으며, 핵심 문장을 알아야 주제를 파악하고 글의 내용을 파악할 수 있다. 핵심어 찾기와 핵심 문장 찾기의 사후검사 결과가 통계학적으로 유의미한 결과를 나타내지는 않았지만 핵심어와 핵심 문장이 의미의 최소 단위이며, 최소 의미 단위의 정확한 파악이 글 전체의 내용을 이해하는 데에 중요한 영향을 미친다는 것을 잊어서는 안 된다.

[핵심 문장 찾기 문항의 검사 결과표]

사전검사				사후검사			
비교집단		통제집단		비교집단		통제집단	
평균	표준편차	평균	표준편차	평균	표준편차	평균	표준편차
.89	1.59	1.14	1.35	5.55	3.22	4.38	2.77

[핵심 문장 찾기 문항의 검사 결과 그래프]

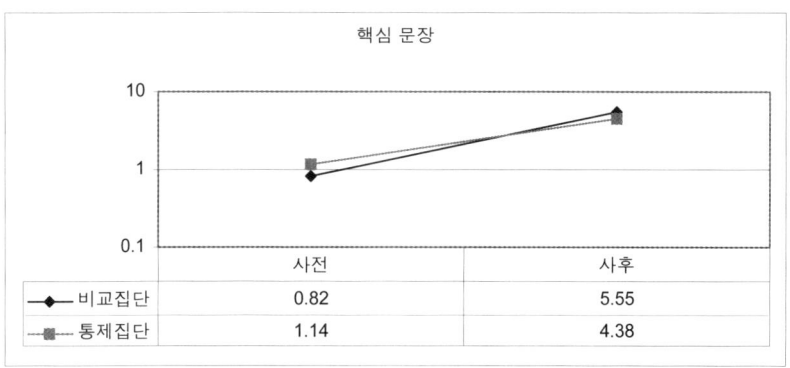

2) 주제 및 내용 파악하기

글의 주제가 무엇인지 알고 내용을 파악하는 활동은 글을 정확히게 이해하고 있는지 알아보기 위한 것이다. 검사문항의 의도는 질문하기 과정에서 수행한 학습자의 내용이해 능력을 검사하는 것이다. 주제와 내용은 텍스트를 중심으로 하나의 통일성을 갖고 있다. 주제에 의하여 내용의 방향이 결정되는 것이며 내용을 파악하면 글의 주제를 쉽게 알 수 있다. SQ3R 읽기에서 세 번 읽기를 수행한 학습자들의 목적은 글의 주제와 내용을 파악하는 것이다. 글의 주제와 내용을 파악하는 활동은 질문하기 과정뿐 아니라 탐색하기 과정을 통하여 부단하게 반복된다.

검사에서는 주어진 글에서 주제를 찾게 하는 것과 글을 통하여 알게 된 지식이나 정보가 무엇인지 확인하였다. 주제를 파악하는 문항에서 학습자들은 사전검사와 사후검사의 상당한 결과 차이를 보여주었다. 사전검사에서 통제집단은 비교집단에 비하여 주제를 파악하는 문항에서의 점수가 월등하게 높게 나왔다. 그러나 사후검사에서는 사전검사와는 달리 비교집단의 점수가 통제집단보다 월등하게 높게 나왔다. 이러한 결과는 개념중심 읽기 지도를 통한 내용영역 읽기 학습에서 주제를 파악하는 능력을 향상시키는 효과가 매우 좋다는 것을 입증한다. 주제를 파악할 수 있다는 것은 낱말이나 문장 수준의 내용 이해가 아니라 글의 전체 내용을 이해하고 지식과 정보가 무엇인지를 정확하게 파악하는 능력을 갖추었다는 것을 의미한다. 글의 전체 내용을 파악해야지 글의 주제를 알 수 있다. 특히 내용영역 텍스트의 경우에는 글의 주제가 이야기 글에 비하여 명확하게 드러난다. 그러나 글의 수준이 높아질수록, 글이 전문적인 영역으로 세분화될수록 주제를 찾기란 쉽지 않다.

주제를 파악하는 것은 내용을 정확하게 이해했다는 것을 의미하기도 한다. 내용을 정확하게 이해하고 있다는 것은 글에 담긴 지식과 정보가 무엇인지를 알고 있다는 것과 같다. 글에 담긴 지식과 정보는 학습자들이 내용영역의 글을 읽으면서 자신에게 필요한 지식과 정보가 무엇인지를 알게 하는 학습 능력이다. 어떤 문제가 주어졌을 때에 글에서 지식과 정보를 찾아내는 능력은 글의 내용을 이해하는 것과 동시에 어떤 문제를 해결하기 위한 방법을 찾을 수 있다는 것과 맥을 같이 한다. 탐색하기 과정에서 학습자들은 주어진 문제를 해결하기 위하여 다양한 텍스트를 탐색한다. 신문, 잡지, 인터넷, 방송 등의 다양한 텍스트를 탐색하면서 그 글의 내용을 이해하고 주제가 무엇인지 파악하여야 한다. 원하는 정보를 얻기 위하여 또 다른 텍스트를 탐색할 때에 학습자들은 내용영역의 읽기에 요구되는 학습 능력을 최대한 발현하여야 한다. 탐색 과정은 또 다른 읽기의 과정이며 탐색을 통하여 내용영역 읽기 능력이 향상되는 것이다.

주제를 파악하는 사후검사에서 비교집단의 점수가 통제집단의 점수에 비하여 월등하게 높게 나왔다는 것은 개념중심 읽기를 수행한 비교집단의 독해 능력이 높다는 것으로 생각할 수도 있다. 글 전체를 이해하고 중심 내용이 무엇인지 파악해야 하는 것은 물론 자신이 이해한 것을 바탕으로 핵심 지식과 정보를 분석해야 하기 때문이다. 주제를 파악하는 검사 문항은 주제를 한 두 줄의 문장으로 표현하도록 하고 있다. 글의 내용을 한 두 문장으로 표현할 수 있다는 것은 글 전체의 내용을 이해한 후에 글의 내용을 압축할 수 있다는 것과 같은 의미이다. 따라서 한 두 문장으로 주제가 무엇인지 표현하기 위해서는 한 두 줄로 주제를 표현하는 것에 선행하여 글의 내용을 정확하게 파악하고 이해할 수 있어야 한다. 따라서 주제 파악은 단순히 문장의 수준이 아니라 글 전체의 수준으로 이해되어야 한다.

[주제 파악하기 문항의 검사 결과표]

사전검사				사후검사			
비교집단		통제집단		비교집단		통제집단	
평균	표준편차	평균	표준편차	평균	표준편차	평균	표준편차
1.77	3.19	5.90	2.07	8.27	1.58	6.57	3.01

[주제 파악하기 문항의 검사 결과 그래프]

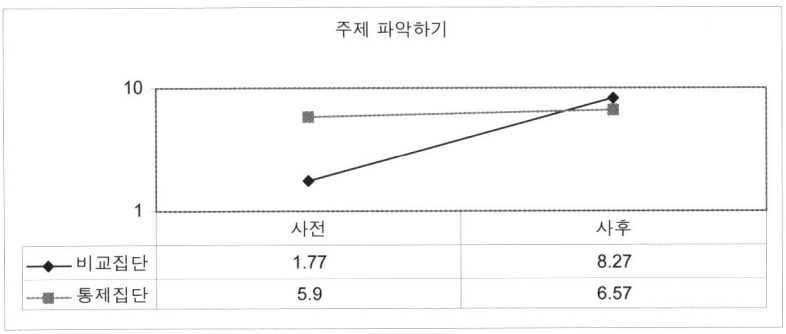

  주제 파악과 함께 내용을 파악하는 것은 글에서 지식과 정보를 습득할
수 있다는 것을 의미한다. 특히 탐색하기에서 문제를 해결하는 데에 필요한
지식과 정보를 얻으려면 글의 내용을 정확하게 파악하는 능력이 요구된다.
주어진 문제와 관련이 있는 텍스트를 선정하여 글의 내용이 문제를 해결하
는 데에 어떤 역할을 하는지 판단할 수 있어야 한다. 탐색하기 과정에서 학
습자가 접하는 텍스트의 범위는 매우 다양하다. 따라서 내용을 정확하게 파
악하고 그 내용이 주어진 문제를 해결하는 데에 어떤 지식과 정보를 제공
하는지 알고 있어야 한다. 내용을 파악한다는 것은 글에 담긴 지식과 정보
가 무엇인지 정확하게 아는 것이다. 글에는 필요한 정보와 그렇지 않은 정
보가 있다. 학습자들은 자신에게 주어진 문제와 관련이 있는 지식과 정보를
선별하여 그것을 활용할 수 있어야 한다.
  글을 읽고 내용을 이해한 후에 필요한 지식과 정보가 무엇인지 확인하는
평가 문항에서 비교집단은 통제집단에 비하여 사후평가 결과에서 월등한
향상을 보였다. 유의확률이 0.02인데 비하여 사후평가 결과는 0.08로 유의확
률이 통계적 유의미성에 미달되는 경향이 있지만 전체적으로 질문과 탐색
과정에 요구되는 학습 능력의 향상을 의미하는 데에는 충분한 의미가 있다
고 볼 수 있다.

[내용 파악 문항의 검사 결과표]

사전검사				사후검사			
비교집단		통제집단		비교집단		통제집단	
평균	표준편차	평균	표준편차	평균	표준편차	평균	표준편차
2.23	2.54	3.19	1.97	6.68	2.98	5.00	3.11

[내용 파악 문항의 검사 결과 그래프]

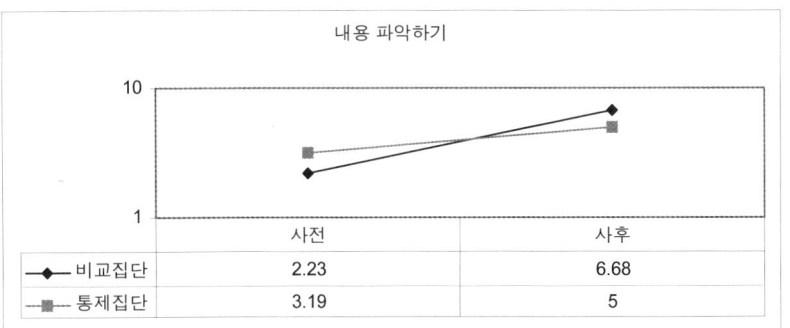

3) 요약하기

요약은 개념중심 읽기 과정 특히, 탐색의 결과나 적용하기에서의 **K-W-L-A** 활동을 할 때에 학습자들에게 가장 요구되는 능력이다. 소통하기에서도 지식과 정보를 전달하기 위하여 필요한 내용을 요약하는 것은 매우 중요하다. 따라서 요약하기는 단순히 문제를 해결하는 데에 필요한 지식과 정보를 함축적으로 담아내는 활동으로뿐만 아니라 보다 확장된 개념중심 읽기 활동으로써도 중요하다. 또한 명시적이고 구체적인 지식과 정보를 산출하기 위하여 텍스트를 분석하고 분석한 내용을 일목요연하게 정리할 수 있는 능력은 내용영역에서 매우 중요시 되는 학습자 요구 사항이다.

초등학교 저학년에서는 요약하기 능력을 갖추기가 그리 쉽지 않다. 따라서 사전검사에서 학습자들은 텍스트를 요약하는 데에 매우 어려움을 겪는다. 그러나 글을 요약하는 능력은 국어 교과 시간을 통하여 수행할 수 있다. 고학년으로 올라갈수록 요약하기 활동이 증가하기 때문에 학습자들은 별도의 처치를 하지 않고서도 요약 능력을 향상시킬 수 있다. 그럼에도 불구하고 검사 결과에서 알 수 있듯이 사전검사에서는 차이가 없었으나 사후검사

에서는 자연적인 요약 능력의 향상 이외에 비교집단의 요약 문항에 대한
평가 점수가 월등하게 높다는 것을 알 수 있다. 개념중심 읽기 지도를 통한
내용영역 읽기 학습 요소에 대한 학습자 능력의 향상 중에서 요약 능력은
비교적 상승효과가 높은 것으로 나타났다.

최근의 논술 교육과 관련하여 현장의 교사들은 학생들의 요약하기 능력
을 가장 중요하게 생각한다. 요약하기는 학습과 관련된 텍스트를 이해했다
는 증거로서 중요한 평가 지표이기도 하지만, 요약하기를 통하여 글에 담긴
지식과 정보를 효과적으로 습득하고 그것을 다른 사람에게 전달할 수 있는
능력을 갖출 수 있다고 생각하는 것이다. 내가 알고 있는 지식과 정보를 명
시적이고 구체적으로 표현하기 위한 능력이 바로 요약 능력인 것이다.

개념중심 읽기에서의 요약은 글 전체의 내용 이해를 바탕으로 자신에게
주어진 문제를 해결하기 위한 지식과 정보를 습득했다는 결과의 생산 활동
이다. 요약은 자신이 알고 있는 또는 알게 된 지식과 정보를 함축적으로 표
현하는 것이다. 요약하기는 표현 활동이면서 동시에 이해의 과정이다. 글의
내용을 정확하게 이해하였을 때 자신이 알게 된 지식과 정보를 다른 사람
에게 구체적으로 전달할 수 있다. 따라서 요약하기를 효과적으로 수행한 학
습자들은 자신에게 필요한 지식과 정보의 효과적인 습득뿐 아니라 그것을
다른 학습자들과 소통할 수 있다는 것을 의미한다.

[요약하기 문항의 검사 결과표]

사전검사				사후검사			
비교집단		통제집단		비교집단		통제집단	
평균	표준편차	평균	표준편차	평균	표준편차	평균	표준편차
1.09	1.77	1.14	1.90	7.09	3.07	4.19	3.14

[요약하기 문항의 검사 결과 그래프]

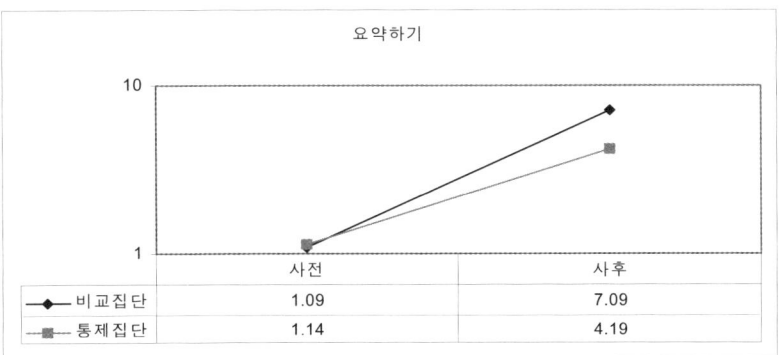

4) 공통점 및 차이점 분석

글을 효과적으로 요약하기 위해서는 텍스트를 분석할 수 있는 능력이 선행되어야 한다. 현장의 교사들은 내용영역의 텍스트를 이해하기 위한 학습자들의 중요한 학습 요소로써 분석 능력을 말한다. 그러나 텍스트 분석 능력은 매우 전문적인 것이며, 글을 분석한다는 것이 어떤 수준에서 하는 것인지에 대한 경계도 불확실하다. 그렇기 때문에 학습자들이 갖추어야 할 기본적인 분석 능력은 글과 글의 공통점과 차이점을 분석하는 데에 초점을 두고 있다.

자신이 해결하여야 하는 문제가 어떤 텍스트의 형태로 주어지던지 학습자들은 문제를 해결하기 위하여 다양한 텍스트를 대상으로 탐색한다. 탐색을 하는 과정에서 학습자들은 여러 가지 텍스트들을 놓고 어떤 정보가 비교적 유익하며, 어떤 정보가 덜 유익한지 구분할 수 있어야 한다. 또한 하나의 문제를 해결하기 위하여 필요한 지식과 정보는 같은 입장에서 있을 수도 있으며 정 반대의 입장에 있을 수도 있다. 따라서 글을 읽고 어떤 점이 같은지, 어떤 점이 다른지를 구분하는 것은 분석의 가장 기초가 되는 활동이다. 탐색하기 과정의 분석 능력은 다양한 글을 대상으로 필요한 정보를 선별하고 정제하는 역할을 한다. 적용하기 과정에서는 K-W-L-A 활동을 하면서 정리한 내용들을 서로 비교한다. 자신이 무엇을 알려고 하였는지, 알게 된 것과 알고 싶은 것 그리고 새롭게 적용하려고 하는 것에 대한 자신의 생각을 분석할 수 있어야 한다. 이전에 알던 것과 새롭게 알게 된 것의 공통점과 차이점은 무엇이고, 새롭게 적용할 수 있는 사물과 현상이 이전의 문제해결 과정과 어떤 차이점이 있는지 등을 알고 있어야 한다.

공통점 분석에 초점을 둔 문항 검사는 통계표와 그래프를 통하여 확인할 수 있듯이 가장 효과가 크다는 것을 알 수 있다. 공통점 분석 효과는 유의확률이 0.001로 유의미한 효과가 가장 큰 것으로 입증되었다. 두 개 이상의 글에서 공통점을 찾아내기란 그리 쉽지 않다. 두 개의 서로 다른 글이 한 가지 사물이나 현상에 대하여 설명하고 있을 때에는 공통점을 찾아내는 것이 그리 어려운 일이 아니지만, 두 개 이상의 글이 서로 다른 내용으로 구성되어 있으며 그 속에서 주어진 조건의 공통점을 찾으라는 문제를 받았을 경우에는 결코 해결이 쉽지 않다. 어떤 면에서는 두 개의 글을 주고 어떤 점이 다른지를 찾아보라고 평가하는 것이 학습자들에게 훨씬 쉬운 문제일 수 있다.

개념중심 읽기를 수행한 학습자들의 공통점 찾기 검사에서의 효과 검증은 두 개 이상의 글을 읽을 때에 두 가지 글의 내용을 연계하여 읽기를 수행할 수 있다는 것을 증명한다. 초보적인 학습자들 특히, 초등학교 저학년의 학생들은 제목이 다른 두 개 이상의 글을 읽을 때에 두 개의 글이 어떤 공통점이 있는지를 생각하면서 읽지 않는다. 학생들은 두 개의 글이 서로 다른 제목을 갖고 있기 때문에 내용도 서로 다를 것이라고 생각한다. 이러한 자의적인 판단과 제목이 다른 두 개 이상의 글에 대한 경험적 지식으로 인하여, 두 개 이상의 글을 읽을 때에 글과 글의 유기적인 관계에 대하여 미리 준비하거나 내용을 예측하지 못한다. 따라서 개념중심 읽기를 수행한 학습자들의 공통점 분석 능력의 효과적 발달은 내용영역의 지식과 정보를 효과적으로 습득할 수 있게 하는 것과 동시에 내용영역의 통합적 이해 즉, 수학과 과학, 과학과 역사, 역사와 문화 등의 영역 통합적 이해 및 교육의 가능성을 암시한다.

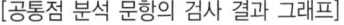

[공통점 분석 문항의 검사 결과표]

사전검사				사후검사			
비교집단		통제집단		비교집단		통제집단	
평균	표준편차	평균	표준편차	평균	표준편차	평균	표준편차
.45	.91	1.52	1.36	6.90	2.37	4.38	2.48

[공통점 분석 문항의 검사 결과 그래프]

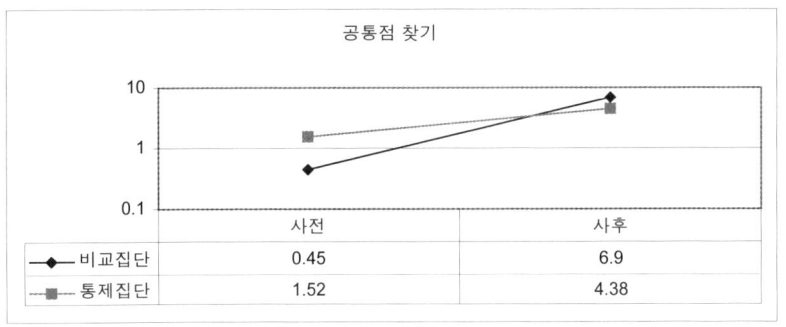

차이점 분석 평가 문항은 공통점 분석 평가 문항에 비하여 유의 확률이 0.02로 약간 적게 나왔지만, 개념중심 읽기가 차이점 분석 능력을 향상하는 데에도 매우 효과적이라는 것이 검증되었다. 문제를 해결하는 데에 필요한 정보를 탐색하기 위해서는 한 가지 문제에 대하여 탐색 자료들이 어떤 공통점과 차이점을 갖고 있는지 분석할 수 있어야 한다. 공통점과 차이점에 대한 분석을 통하여 보다 좋은 지식과 정보를 얻을 수 있다. 여기서는 표와 그래프에서 알 수 있듯이 차이점을 분석하는 능력이 공통점을 분석하는 능력보다 유의확률이 적게 나왔다. 즉, 효과성 측면에서 차이점을 분석하는 것보다 공통점을 분석하는 능력에 효과가 더 좋다는 것이다. 이러한 결과는 학습자들이 두 개 이상의 글을 비교·분석할 때에 글의 차이점은 쉽게 파악하지만 글의 공통점을 파악하는 데에는 어려움을 겪는다는 것을 말해준다. 즉, 하나의 사실이나 현상에 대한 차이점을 파악하는 것보다는 두 개의 서로 다른 글에서 공통의 사실이나 현상을 추출해내는 것을 어려워한다. 따라서 개념중심 읽기는 학습자들이 어려움을 겪는 공통점 분석 능력의 향상에 효과적이라는 것을 알 수 있다.

[차이점 분석 문항의 검사 결과표]

사전검사				사후검사			
비교집단		통제집단		비교집단		통제집단	
평균	표준편차	평균	표준편차	평균	표준편차	평균	표준편차
.50	1.19	1.24	1.14	6.27	3.25	3.95	2.73

[차이점 분석 문항의 검사 결과 그래프]

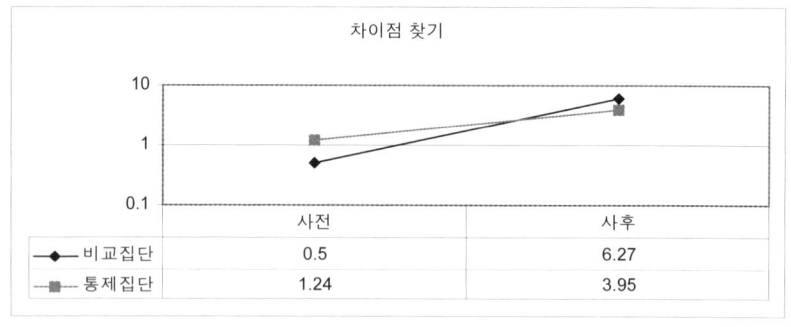

공통점과 차이점 분석의 사전검사에서는 통제집단의 점수가 보다 높게

나왔지만 사후검사에서는 비교집단의 점수가 월등하게 높게 나왔다. 공통점 분석에서 비교집단의 향상이 눈에 띠는 것은 개념중심 읽기가 내용영역의 학업 성취에 효과적인 영향을 미친다는 것을 알게 한다. 특히 전문적인 영역의 텍스트를 읽을 때에는 분석 능력이 가장 중요한 역할을 발휘한다. 따라서 고학년으로 갈수록, 전문영역 그리고 직업 문식성으로 이행할수록 개념중심 읽기의 필요성과 가치가 상승하는 것이다. 전문 영역의 지식과 정보는 독자의 분석 능력 없이 습득될 수 없다. 또한 한 가지 문제를 해결하기 위하여 동원되는 수많은 자료들을 읽으면서 자신에게 필요한 지식과 정보가 무엇인지 정확하게 파악하기 위해서는 공통점과 차이점이 무엇인지 파악할 수 있는 독해능력이 요구된다. 개념중심 읽기의 수행은 곧 분석능력의 함양으로 이어진다.

5) 배경지식의 활용

탐색과 적용하기에서 배경지식을 동원하여 탐색 결과를 비교하고 자신이 알게 된 지식과 정보를 활용하여 다른 문제를 해결하는 데에 어떤 도움을 줄 수 있는지를 알아야 한다. 배경지식은 자신이 이미 알고 있는 것들을 주어진 문제를 해결하는 데에 어떻게 활용할 수 있는지에 대한 학습 요소이다. 학생들은 자신이 실제로 알고 있는 것보다 훨씬 적은 양의 지식과 정보를 활용한다. 현장 교사들은 학생들이 문제를 해결하기 전에 주어진 문제와 관련하여 자신이 이미 알고 있는 것이 무엇인지 확인하는 것이 매우 중요하다고 말한다. 즉, 학생들은 어떤 문제를 해결하기 전에 그 문제와 관련된 자신의 지식을 활성화하여 유용하게 활용할 수 있어야 한다고 생각한다. 상당수의 학생들은 자신이 이미 알고 있는 지식이나 정보를 충분히 활용하지 못한다. 수업 중에 질문을 하면 학생들이 답을 하지 않고 가만히 답이 나오기를 기대하는 것은 바로 배경지식을 활용하고 있지 않다는 것을 보여주는 단적인 예이다.

배경지식을 활성화하기 위해서는 질문, 탐색, 적용, 소통의 지속적인 순환 활동을 하여야 한다. 이미 알고 있는 것이 머릿속에 잘 저장되어 언제든지 재인할 수 있다고 하여도, 자신에게 주어진 문제가 무엇인지 정확하게 알고 있지 못하면 배경지식은 무용지물이 된다. 질문하기에서의 배경지식의 활용이 중요한 이유이다. 주어진 문제와 관련하여 자신이 알고 있는 것이 무엇인지를 상기하였지만 문제해결과 어떤 관련이 있으며, 자신이 이미 알고 있는 것과 새롭게 알아야 할 것들과의 관계를 정립하지 못할 때에 배경지식은 의미를 다시 상실하게 된다. 바로 탐색하기 과정에서의 배경지식 활용의 중요성이다. 자신이 이미 알고 있는 것을 유용하게 활용한다는 것은 저장된 정보를 재사용함으로써 가치 있는 기억으로 남을 가능성을 높이는 것이다. 자신이 새롭게 알게 된 것과 새로운 문제를 해결하는 데에 적용할 수 있는 것이 무엇인지를 통합적으로 생각할 수 있다면 배경지식은 새롭게 알게 된 것과 함께 새로운 문제를 해결할 수 있는 생산적 지식과 정보로서의 가치를 부여받게 된다. 알게 된 지식과 정보를 새로운 문제해결에 적용하는 것도 중요하지만 내가 이미 알고 있는 저장된 배경지식을 유효적절하게 활용할 수 있는 능력도 매우 가치 있는 것이다. 이러한 배경지식의 동원 및 활용은 소통하기 과정에서 효과적으로 체득된다. 배경지식은 알고 있는 것과 알게 된 것을 모두 저장한 기억이다. 따라서 다양한 언어활동을 통한 소통과정에서 배경지식 활용 능력이 자연스럽게 체득될 수 있다.

개념중심 읽기를 통하여 비교집단의 학습자들은 통제집단의 학습자들에 비하여 두 배 이상의 향상 효과를 보였음을 알 수 있다. 사전검사에서는 통제집단의 학생들이 비교집단보다 훨씬 배경지식 활용 능력이 우수하다는 것을 알 수 있다. 그렇지만 개념중심 읽기 과정을 수행한 일 년 후의 사후검사에서는 통제집단을 능가한다. 비교집단이 사후검사에서 통제집단의 배경지식 활용 능력을 월등하게 뛰어넘은 이유는 두 가지로 해석할 수 있다.

첫째, 개념중심 읽기를 수행한 학습자들은 내용영역과 관련된 다양한 독서를 수행하였으며 둘째, 개념중심 읽기의 순환 과정을 통한 전략과 방법의 활용으로 인한 배경지식의 자발적 활성 능력이 향상되었기 때문이다.

개념중심 읽기를 수행한 학습자들은 자신에게 주어진 문제를 해결하기 위하여 다양한 자료에 접근한다. 도서관이나 인터넷은 물론 능숙한 학습자들의 안내와 조언 그리고 현장 방문이나 경험을 통하여 필요한 지식과 정보를 수집한다. 이러한 과정은 학습자들의 문제를 해결하는 데에 직접적으로 요구되는 지식과 정보에 대한 습득뿐 아니라 그 과정을 통하여 간접적으로 작용하거나 전혀 작용하지 않는 지식과 정보에 대한 배경지식을 형성하게 하는 것이다. 오개념의 습득이나 정제되지 않은 오염된 지식과 정보에 대하여 알게 될 수도 있지만 지속적인 지도와 숙달을 통하여 학습자들은 자신에게 필요한 정보들에 보다 쉽게 접근할 수 있는 방법을 찾게 된다. 이 과정에서 보다 세련되고 정제된 배경지식을 형성하는 것이다.

또한 다양한 자료의 접근을 통하여 형성된 배경지식들을 정제하기 위하여 학습자들은 끊임없이 자신의 배경지식을 활성화한다. 즉, 자신의 질문에 적합한 지식과 정보가 무엇인지 확인하기 위하여 기억과 재인을 반복한다. 이 과정을 통하여 학습자들의 배경지식 활성화 능력이 발달하게 되는 것이다. 실제로 보다 광범위한 자료에 접근한 학생의 배경지식 활용 능력이 우수하다는 것을 바로 이 실험과 검사 문항을 통하여 알 수 있다.

[배경지식 활용 문항의 검사 결과표]

사전검사				사후검사			
비교집단		통제집단		비교집단		통제집단	
평균	표준편차	평균	표준편차	평균	표준편차	평균	표준편차
.55	1.10	1.10	1.67	4.55	3.79	2.38	2.09

[배경지식 활용 문항의 검사 결과 그래프]

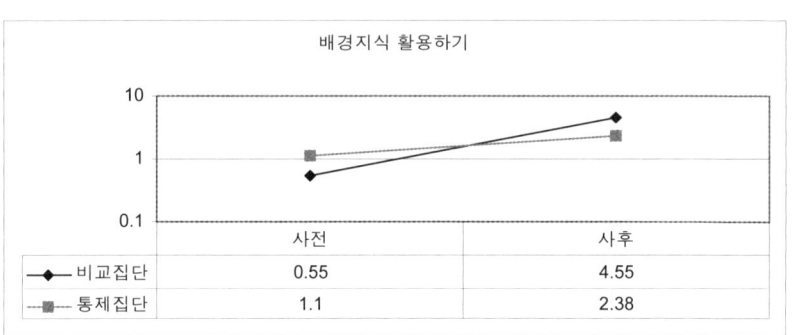

	사전	사후
비교집단	0.55	4.55
통제집단	1.1	2.38

자신에게 주어진 문제를 해결하기 위하여 다양한 자료를 동원해야 하는 것은 개념중심 읽기 과정에서 학습자들이 가장 많이 수행하는 활동이다. 학습자들은 문제를 해결하기 위한 자료의 검색과 산출을 위하여 다양한 맥락 속에서 독서를 수행한다. 한 가지 문제를 해결하는 데에 필요한 지식과 정보를 얻기 위하여 다양한 독서를 수행하면서 학습자들은 자신의 문제와 자료 사이에서 자기를 점검한다. 자료의 지식과 정보가 자신의 문제를 해결하는 데에 적합한지를 판단하고 검증하는 과정을 통하여 학습자의 메타 인지가 발달한다. 많은 연구자들은 아직도 학습자의 배경지식 활성화가 지식을 효과적으로 적용할 수 있는 능력과 관계가 있다고 생각한다. 지식을 이해하고 습득하는 것은 기억과 재인을 통하여 가능하지만, 이해하고 습득한 정보를 인간 세계의 유용한 지식과 정보로 활용할 수 있게 하는 것은 학습자들의 자기 점검과 인지를 통하여 가능하다.

6) 적용과 재구성

적용과 재구성은 개념중심 읽기 과정을 통하여 학습자들이 형성할 수 있는 가장 상위의 능력이라고 볼 수 있다. 하나의 문항을 통하여 학습자의 적용 능력과 재구성 능력을 모두 확인할 수는 없지만, 하나의 문제를 해결하기 위하여 학습자들이 자신의 지식과 정보를 어떻게 활용하는가에 대한 능력 지표로서의 의미는 부여할 수 있다.

이 검사지에 주어진 문항은 수학 및 과학과 관련된 내용영역의 텍스트이다. 이 텍스트의 수준은 초등학교 저학년 수준을 상회하는 것이기 때문에 학습자들이 텍스트의 지식과 정보를 습득하는 것이 쉽지 않다. 또한 자신이 알게 된 것을 어떻게 적용할 것인지는 더욱 어려운 일이다. 그러나 내용영역의 텍스트들이 일반적인 이야기 글에 비하여 난이도가 높다는 것은 현장의 교사들이 모두 공감하는 부분이다. 내용영역 읽기 지도가 필요한 것은 그런 문제를 포함하고 있기 때문이다. 실제로 국어 교과 시간에 사용되는 언어의 수준과 내용영역 교과에서 사용되는 언어의 수준차로 인하여 내용영역 학습의 어려움을 호소하는 교사들의 요구가 많은 것도 이 때문이다. 이 검사 문항의 수준이 실제 초등학교 저학년 학생들의 수준을 훨씬 뛰어넘도록 구성한 것도 그런 이유와 맥을 같이 한다.

주어진 텍스트에서 얻은 지식과 정보를 새로운 국면에 대입하는 적용 능력은 지금 주어진 문제와 관련하여 어떤 문제를 해결할 수 있는지를 표현하는 것이다. 사전검사에서 통제집단은 비교집단에 비하여 약간의 우위를 보였으나 사후검사에서는 비교집단의 점수가 월등하게 상승하였음을 보여 준다. 개념중심 읽기의 적용하기 과정은 학습자들의 지식 및 정보 활용 능력의 발달에 많은 영향을 미친다는 것을 의미한다. 질문하기와 탐색하기 과정을 통하여 학습자들은 자신이 해결하고자 하는 문제에 대하여 고민하고, 해결책을 찾기 위하여 다양한 자료에 접근하여 수집하고 분석한다.

자료들은 시간이 갈수록 유용한 것으로 정제된다. 이러한 잘 정제된 지식과 정보들은 주어진 문제, 즉 질문하기 과정을 통하여 산출된 의문들을 해결하기 위한 데에 쓰였지만 그 자체에 머무른다면 더 이상 지속적이지 못하게 된다. 산출된 지식이나 정보들은 주어진 문제를 해결하는 것은 물론 그 지식과 정보가 다른 문제들과 어떤 관련을 맺고 있으며, 관련성을 통하여 다른 문제를 해결하는 데에 적용할 수 있는지를 탐구하여야 한다.

적용하기를 통하여 학습자들은 창의적인 적용능력과 탐구의 수준을 높이고 창조적인 소통을 할 수 있게 된다. 결국 자신이 알게 된 것들을 그들이 속한 일상생활의 장면이나 경험에서 기를 수 있다.

[적용하기 문항의 검사 결과표]

사전검사				사후검사			
비교집단		통제집단		비교집단		통제집단	
평균	표준편차	평균	표준편차	평균	표준편차	평균	표준편차
.50	1.10	.62	1.12	5.18	3.76	2.80	2.32

[적용하기 문항의 검사 결과 그래프]

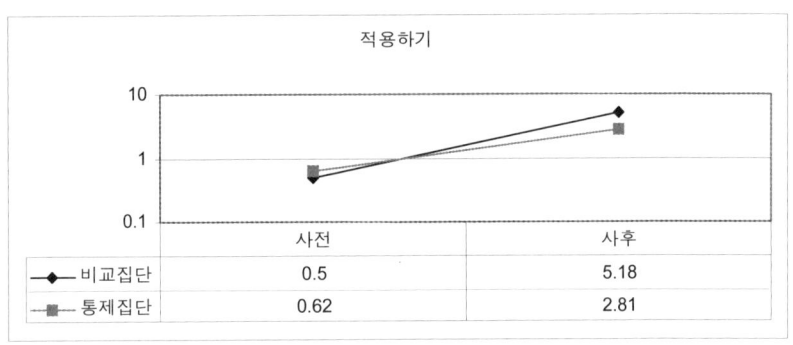

재구성은 미래지향적인 상위의 학습 요소이다. 학습자들의 메타 인지가 가장 확실하게 작용하는 것을 보여주는 것이 바로 재구성 능력이다. 재구성은 산출된 지식과 정보를 유용하게 재생산하는 활동이다. 알게 된 지식과 정보를 새로운 문제해결에 활용하는 적용하기와 달리 재구성은 지식과 정보를 새롭게 변용하는 것이다. 재구성은 학습자의 창조적인 활동이며, 자신의 학습 과정을 총체적으로 점검하고 되돌아보게 한다. 재구성을 통하여 학습자들은 자신이 지식과 정보를 창출할 수 있음을 깨닫게 된다. 지식과 정보를 창출하는 활동이 학습으로 이어질 때, 학습자들의 메타 인지 확장이 가능해진다. 개념중심 읽기 과정에서의 재구성은 적용하기와 소통하기를 통하여 향상된다. 특히 소통하기 과정에서 수행하는 미래지향적 기사의 재구성이나 이야기 재구성은 알게 된 지식을 이야기나 기사로 재구성하는 활동이다. 이러한 활동이 기존의 지식과 정보에 견줄 수 있는 새로운 지식을 지금 당장 창조해내는 것은 아니지만 지속적인 재구성 활동을 통하여 학습자들은 스스로 생산적이고 창조적인 작업에 몰입할 수 있게 된다.

재구성 능력이 쉽게 갖추어지는 것은 아니다. 개념중심 읽기 과정을 일년간 수행한 비교집단의 학습자들이 사후검사에서 통제집단의 학생들에 비하여 두 배 이상의 발달 효과가 있다는 것을 알 수 있다. 단기간의 활동으로 재구성 능력을 갖출 수는 없다. 그러나 계획적이고 지속적인 지도와 안내 그리고 학습자의 주도적인 개념중심 읽기 과제학습을 통하여 재구성 능력을 향상시킬 수 있다. 이 연구의 재구성 능력 검사는 학습자가 갖고 있는 다양한 재구성 능력의 한 편린에 불과하다. 재구성 능력이 어떤 수치로 검증될 수 있는 것이 아니며, 진정한 재구성 능력이 무엇인지를 아는 것도 쉽지 않기 때문이다. 그렇기 때문에 학습자들이 수행한 재구성하기 문항이 재구성 능력과는 별개의 것으로 생각된다.

사실 이 연구의 재구성 검사 문항은 학습자들의 상상력을 검사하는 것으로 생각할 수 있거나 단순히 변용 능력으로 볼 수도 있다. 그러나 여전히 재구성 능력에 대한 현장의 평가 기준은 자신이 배경지식과 새롭게 알게 된 지식을 자신이 속한 세상의 어떤 문제를 해결하는 데에 어떻게 적용할 수 있을 것인지에 대한 표현 능력으로 삼는다. 어떤 문제를 해결하는 데에 또한 어떻게 적용할 수 있을지 생각하는 것은 그리 쉬운 일이 아니다. 이 연구의 사전, 사후검사에서 알 수 있듯이 재구성하기 문항의 점수는 그리 좋은 편이 아니다. 사전검사의 결과는 거의 제로 수준에 가까우며 사후검사 결과도 그리 만족할 만한 것은 아니다. 그만큼 재구성 능력을 갖춘다는 것이 학습자들에게 얼마나 어려운 일인지를 보여준다. 또한 교사들이 학생들에게 재구성 능력을 어떻게 가르쳐야 하는지에 대한 어려움을 나타내는 결과이기도 하다. 이 실험 연구에서 비교집단의 재구성 능력이 통제집단에 비하여 상승되었다고는 하지만 실제 비교집단 개개인의 능력으로 판단하여 보면 재구성 능력의 발달을 기대한다는 것이 그리 쉬운 일이 아니다. 그럼에도 불구하고 여전히 개념중심 읽기가 재구성 능력에 효과적인 영향을 미칠 수 있을 것이라는 가능성에 대한 기대는 개념중심 읽기 과정이 학습자들의 창조적인 재구성 능력의 함양을 지향하고 있기 때문이다. 질문하기 과정에서 소통하기 과정에 이르기까지 개념중심 읽기의 과정은 유기적인 관계를 맺고 순환한다. 이러한 순환 과정 속에서 학습자들은 창조적 지식 기반 사회의 메타 지식을 생산하는 재구성 활동을 수행한다.

[재구성하기 문항의 검사 결과표]

사전검사				사후검사			
비교집단		통제집단		비교집단		통제집단	
평균	표준편차	평균	표준편차	평균	표준편차	평균	표준편차
.18	.66	.48	1.44	4.68	4.20	2.43	2.23

[재구성하기 문항의 검사 결과 그래프]

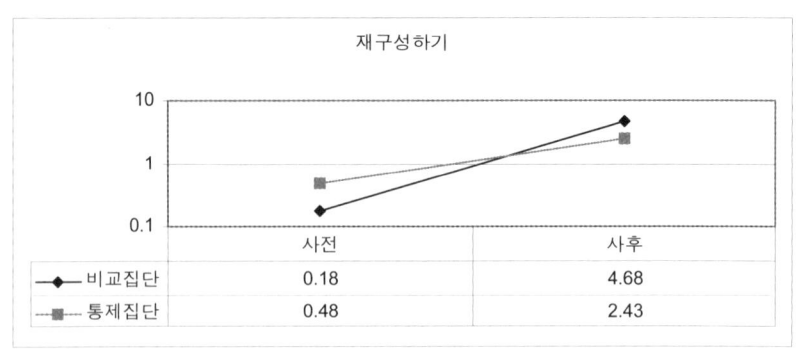

제 6 장
CORI

CORI(Concept-Oriented Reading Instruction)는 내용영역의 읽기 기능을 향상시키는 데에 주목적이 있다. 학습자의 읽기 기능 향상은 학습자가 자발적으로 읽기에 몰입할 수 있는 동기를 형성하는 데에 지도의 핵심이 있다. 학습자의 자발적 동기와 몰입을 통하여 학습자들은 자신의 문제를 해결할 수 있는 지식과 정보를 텍스트로부터 효과적으로 구성해낼 수 있다(Guthrie, Meter, Hancock, Alao, Anderson & McCann, 1998 : 262). 내용영역의 개념을 이해하고 학습하는 것은 다양한 텍스트와 여러 장르에 포함된 개념적 지식을 습득하는 과정이다. 내용영역의 영역 특수적 개념을 습득하기 위해서는 개념중심의 읽기 지도기 요구된다(Guthrie, Anderson, Alao & Rinehart, 1999 : 345). CORI의 핵심 목적인 읽기 동기와 몰입을 통하여 학습자들은 다양한 영역의 읽기 학습을 효과적으로 수행할 수 있다.

1. CORI의 목적과 방법

CORI(Concept-Oriented Reading Instruction) 프로그램은 읽기, 과학, 동기, 통합 교

육과 관련된 목적을 갖고 있다. 무엇보다 학생의 자발적 읽기 동기를 향상 시키는 데에 목적이 있으며, 과학영역과의 통합 교육을 전제로 한다. 학생 들은 실생활에서의 과학적 호기심과 흥미를 바탕으로 읽기에 대한 자발적 동기를 유발하고, 이를 통하여 내적 읽기 동기를 향상시킨다. 과학적 지식 과 정보의 습득은 실제 경험과 관찰을 통하여 습득되기도 하지만 다양한 읽기 자료를 통하여 보다 효과적으로 습득될 수 있다고 생각한다. 과학적 탐구 과정이 읽기의 과정과 맥을 같이 한다고 전제하는 CORI 프로그램은 학생들의 과학적 호기심을 해결하기 위한 다양한 과학 텍스트의 접근을 통 하여 과학적인 문제를 해결함과 동시에 읽기에 대한 호기심을 유발하고 자 발적인 읽기 동기를 형성한다고 생각한다.

자발적인 읽기 동기는 직접 교수법, 현시적 교수법 등의 다양한 교수 전 략과 폭넓은 과학 텍스트의 제공을 통하여 형성되며, 읽기 능력을 향상시키 는 인지적 전략을 실행해야 한다. 이러한 교수 전략을 통하여 학생들은 과 학적 지식을 습득하고, 과학적 텍스트의 읽기를 통하여 읽기 기능을 향상시 키며 읽기 기능의 향상을 통하여 보다 깊이 있는 과학적 지식을 습득할 수 있게 된다.

CORI 프로그램은 학생들이 주어진 텍스트로부터 인지적 전략을 효과적 으로 활용하여 텍스트 내의 지식과 정보를 효율적으로 습득할 수 있도록 지원한다. 인지적 전략은 난해한 텍스트들을 효과적으로 이해할 수 있게 하 며, 그러기 위하여 인지적 전략을 수시로 활용할 것을 권고한다. 독해력 향 상을 위한 인지적 전략으로는 '배경지식 활성화하기', '질문하기', '정보 탐 색하기', '요약하기', '도식화하기', '이야기 구성하기', '질문 정교화하기', '묻고 답하기' 등의 활동이 있다. '배경지식의 활성화'는 글의 주제와 관련 하여 학생들이 이미 알고 있는 것이 무엇인지 점검하는 것은 물론, 학생들 에게 글의 주제와 관련하여 이해에 도움이 되는 지식을 미리 제공하거나 다양한 검색 자료를 통하여 학습자 스스로 배경지식을 형성하는 것을 포함한다.

'질문하기'는 학습자들이 글을 읽기 전에 글의 주제를 파악하고 글의 이해를 돕기 위하여 자기 스스로 글의 주제와 관련된 내용에 대하여 자문하는 것이다. 주로 글의 주제와 관련된 개념과 개념적 지식 또는 개념을 설명하는 내용들에 대하여 생각해 본다.

'정보 탐색'은 글을 읽는 목적과 의도에 따라 자신이 필요한 지식과 정보가 무엇인지 파악하고, 관련된 지식과 정보를 수집하고 검색하는 활동이다. 이러한 활동은 이미 알고 있는 지식과 새롭게 알게 된 지식을 비교하거나 통합하는 활동이며, 이러한 활동을 통하여 학습자들은 자신이 읽은 글로부터 얻은 지식과 정보를 새로운 모습으로 구성할 수 있게 된다.

'요약하기'는 글을 읽은 후에 자신이 알게 된 지식이나 정보들을 부분적으로 표현하거나 또는 전체적인 내용들을 간략하게 표현하는 활동이다. 요약하기를 통하여 자신에게 유용한 정보와 그렇지 않은 것들을 구분할 수 있으며, 보다 구체적이고 정교화된 것들로 정제할 수 있게 된다.

'도식화하기'는 자신이 알게 된 것들을 다양한 형태로 도식화하는 것을 말한다. 그림으로 나타내거나 그래프 또는 표로 나타낼 수 있을 것이다. 내용영역의 지식이나 정보들은 글로 나타낼 수 있는 것들 이외에 그림이나 표, 그래프 등으로 표현해야 하는 것들이 많다.

'이야기 구성하기'는 자신이 알게 된 것들을 인물, 사건, 배경 등의 이야기 구성 요인을 동원하여 문학적 글로 재구성하는 활동이다. 학생들은 이야기 재구성 활동을 통하여 자신이 읽은 글의 내용과 글의 주제 그리고 글에서 얻은 지식이나 정보들을 인물이나 사건, 배경 등의 이야기 구성 요인을 동원하여 개념적 지식으로 표현한다.

'질문의 정교화하기'는 자신이 읽은 글과 관련하여 글의 내용에 대해 비판적 질문을 하는 것이다. 자신이 읽은 글에서 습득한 지식과 정보에 대하여 그것이 어떻게 정당화될 수 있는가 또는 다른 시각으로 성립될 수 있는 것들은 무엇인가 다시 생각해 보는 것이다.

'묻고 답하기'는 자신이 읽은 글을 바탕으로 글 안에서 질문을 하고, 글 안에서 답을 찾으며, 질문과 답이 어떤 관계를 형성하고 있는지 알아보는 것이다. 이러한 활동은 글에 직접적으로 드러나 있는 지식과 정보 또는 내용을 파악하는 것뿐만 아니라 글에 함축적으로 또는 잠재적으로 담겨 있는 내용들을 파악하는 데에 도움이 되며, 현시적이고 잠재적인 내용들의 관계를 파악함으로써 보다 세련된 지식과 정보를 구성할 수 있게 된다.

읽기 기능을 향상하기 위한 독해 전략들은 학습자들의 읽기 동기 능력과 읽기에 몰입할 수 있는 자발성을 향상시켜 주기도 하지만 읽기 기능이 미숙한 학생들의 읽기 기능을 향상시키는 데에도 효과적이다. 이러한 전략들은 일정한 기간을 정하여 두고 학습자들이 꾸준히 적용할 수 있도록 안내해야 한다. 지속적인 적용은 학습자들의 읽기 능력을 향상시킨다.

과학적인 목적은 과학 탐구 기술과 과학적 지식 그리고 과학적 개념의 습득을 효과적으로 수행하도록 지원하는 데에 있다. 그러기 위하여 학생들에게 다양한 과학적 텍스트를 제공해 주어야 한다. 이를 통하여 학생들은 관찰, 추론, 이론화 능력을 형성할 수 있게 된다. 동기 형성을 위한 CORI의 목적은 학생들이 접하게 되는 다양한 내용영역의 텍스트에 대한 읽기 몰입과 문식 능력의 향상에 있다. 학생들의 자발적인 동기 형성은 내용영역의 학습을 보다 수월하고 효과적으로 수행할 수 있게 하고, 자신에게 주어진 문제에 대하여 스스로 질문하고 탐색하며, 평가하게 한다. 자발적 동기는 자신이 읽는 글에 대하여 깊은 관심과 흥미를 유발하게 하며, 그로 인하여 호기심과 놀라움, 생생한 경험을 가능하게 한다.

읽기와 과학의 통합 교육 관련 목적은 읽기와 과학의 통합 가능한 인지적 전략의 적용을 통하여 과학적 경험과 지식을 효과적으로 습득하게 하는 것은 물론, 두 교과의 교수·학습 활동을 동시에 수행할 수 있게 하는 데에 있다. 이러한 읽기와 과학 교육의 통합 목적은 경험이나 지식 또는 의미 구성

과정이 맥을 같이 한다는 전제에서 출발한다. 배경지식을 활성화하고 질문을 하며 탐색하고 요약하고 조직화하는 과정 등은 읽기와 과학에서 동시에 적용된다는 것이다. 이러한 읽기와 과학의 탐구 과정은 개념적 지식의 습득을 효과적으로 수행할 수 있게 하며 결국 학습 능력의 향상을 가져온다.

2. CORI의 과정

CORI는 네 개의 순환 과정으로 이루어져 있으며 각각의 과정은 다양한 전략과 방법들을 수행하도록 안내한다. 네 개의 순환 과정은 '관찰과 개별화', '탐색과 재인', '이해와 통합', '상호 소통'으로 구성되어 있다(Guthrie, Meter, McCann & Wigfield, 1996 : 312~314).

1) 관찰과 개별화

개념중심 읽기의 첫 번째 과정인 '관찰과 개별화'는 학생들이 자신이 처한 일상생활이나 자연환경 안에서 사물이나 현상에 대한 호기심을 바탕으로 관찰의 기회를 제공하고 수행하는 활동이다. 나무, 새, 귀뚜라미, 따따구리, 새의 둥지나 깃털 등 자연환경에서 어린이들의 호기심을 자아내는 사물들을 관찰하고 경험하면서 유연하고 구체적인 생각들을 한다. 사물이나 현상에 대한 자발적인 호기심은 학생들의 개념적 흥미와 동기를 유발하며, 스스로 질문하고 탐구하게 한다. 학생들은 자신이 알고 싶은 것에 대하여 브레인스토밍하면서 질문을 구체화한다. 탐구하고 싶은 내용이 무엇인지 알게 되면 읽기, 쓰기, 말하기 등의 활동을 하면서 정보를 수집한다. 일상생활에 대한 관찰은 학생들의 문식력을 확장시키는데 중요한 역할을 하며, 읽고 쓰는 활동을 통하여 자신이 원하는 정보를 얻을 수 있게 하고 얻은 정보를 점검할 수 있게 한다.

초등학교 3학년 학생들의 경우 12주 간의 개념중심 읽기 학습 기간을 통하여 자기 주변의 사물이나 현상에 대한 관찰을 시작으로 학습 활동을 전개한다. 어린이들은 자신이 관심을 갖는 사물이나 현상을 한 가지 정하고 이 사물들이 갖고 있는 다양한 특징에 대하여 그림을 그리거나 글을 쓰는 등의 기록을 통하여 관찰 내용을 저장한다. 학생들은 자신이 관찰한 내용을 바탕으로 간단한 실험이나 연구를 진행할 수도 있으며, 자신이 관찰하고 연구한 내용들을 학급 신문이나 문집 등을 통하여 공유할 수 있다. 이러한 학생들의 호기심은 지속적으로 전개되며, 이러한 활동을 통하여 자신이 관찰한 사물이나 현상과 관련된 단어, 문장, 문법 등을 자연스럽게 습득한다.

학생들은 개인이나 집단 간의 질문지 만들기 활동을 통하여 그들이 관심을 갖고 관찰한 내용을 보다 구체화할 수 있으며, 개인의 정보를 공유함으로써 보다 유용한 정보를 얻을 수 있게 된다. 각자 관찰한 내용과 수집한 정보를 바탕으로 보다 세련되고 정교한 정보를 얻기 위하여 더 알고 싶은 내용들을 글로 써서 공개한다. 학생들은 자신이 더 알고 싶은 내용이 무엇인지 써서 학급의 게시판이나 코너에 붙여놓고 그 질문에 대한 답을 기다린다. 학생들의 질문은 다른 학생들의 정보 공유를 통하여 답을 찾을 수 있게 하며, 질문에 대한 정보를 갖고 있는 학생들은 해당 학생에게 자신의 정보를 제공함으로써 보다 적극적이고 긍정적인 학습 효과를 유발한다. 이러한 학생들의 활동은 내용영역의 지식과 정보를 습득하는 데에 목적이 있으며, 궁극적으로는 내용영역의 지식과 정보를 보다 효과적으로 습득하게 하기 위하여 내용영역의 학습과 언어영역의 통합교육을 실현하는 것이기도 하다.

내용영역 학습의 목적은 관찰과 실험, 자료의 수집과 비교 분석, 탐구와 조직화를 통한 지식과 정보의 습득에 있다. 내용영역의 지식과 정보들은 학생들이 알고 싶어 하는 것이 무엇인지를 구체적으로 인지하고, 자신이 이미

알고 있는 것들을 공유함으로써 효과적으로 습득된다. 결국 학생들이 알고
싶어 하는 내용과 다른 학생이 알고 있는 유용한 정보들을 주고받음으로써
학생들은 자신이 학습한 내용이 정당한 방법을 통하여 공개적으로 소통된
다는 데에 만족감을 갖게 되며 학습에 대한 동기와 열정을 체득하게 된다.

2) 탐색과 재인

학생들의 탐구 활동은 관찰을 통하여 형성된 질문과 호기심에 대한 답을
찾는 과정이다. 자신이 관찰한 사물이나 현상에 대하여 한 가지 주제를 정
한 후에 해당 주제와 관련된 탐구 활동을 수행한다. 학생들의 탐구 활동은
교과서 외에 다양한 자료를 동원한다. 인터넷이나 도서관의 책, 백과사전이
나 국어사전, 신문이나 잡지 등 가능한 모든 자료의 검색을 통하여 주제와
관련된 지식과 정보를 탐색한다. 특히 학교 도서관이나 학급 문고의 도서를
활용하여 자신이 원하는 정보를 어떻게 찾을 수 있는지 가르쳐 주어야 한
다. 뿐만 아니라 참고문헌이나 도서 목록, 각종 그림이나 그래프 등을 어떻
게 활용할지에 대해서도 알고 있어야 한다.

탐색 전략은 현시적 교수법, 비계학습, 협동학습 등의 교수법을 적용한
다. 교사는 한번 쯤 학생들에게 탐색 방법을 직접 보여주는 것이 좋다. 모
든 학생들에게 한 권의 책을 정하고 그 책에서 어떻게 정보를 탐색하는지
실행하면서 설명을 부가한다. 책에 나와 있는 정보들이 학생들에게 어떤 도
움이 되는지, 자신이 알고 싶어 하는 정보가 자신에게 유익한 것인지 아닌
것인지를 구분하고, 필요한 정보를 어떻게 조직 및 정제하여 활용할 수 있
는지 등의 방법 등을 직접 시범을 보이면서 설명해 주어야 한다. 교사의 시
범을 바탕으로 학생들은 소집단 활동을 하면서 정보를 탐색하는 전략과 방
법을 실행하고, 이를 통하여 더 좋은 아이디어를 생성한다.

탐색 과정에서 학생들은 전문 연구자들이 수행하는 활동을 한다. 즉, ①

자신이 탐색하려는 정보가 무엇이고, 탐색을 하려는 목적이 무엇인지를 정확하게 인지하는 것을 시작으로 ② 탐색한 정보에 대한 이해와 조직, ③ 수집된 정보에 대한 비판적 시각을 작동하여 정보를 보다 세련되게 정제하여 공책이나 컴퓨터 등에 저장하여 놓고 ④ 그것이 필요한 상황에서 언제든 꺼내어 쓸 수 있도록 하는 것이다.

개념중심 읽기 지도 과정의 3~4주 정도는 바로 학생들의 탐색 능력을 길러주는 데에 지도의 중점을 두어야 한다. 학생들은 그 기간 동안 하루 15~30분 정도의 활동이 필요하다. 교사는 각각의 단계에서 훌륭한 모델이며 조언자가 되어야 하고 학생들은 개별적 또는 집단적 학습 활동을 통하여 탐색 능력을 길러야 한다. 탐색한 자료들은 자신이 문제를 해결할 때에 언제든지 활용할 수 있어야 한다. 즉, 필요한 정보를 유효적절하게 활용할 수 있는 재인 능력을 발달시켜야 한다.

3) 이해와 통합

학생들은 관찰을 통하여 흥미를 유발하고 다양한 자료를 통한 탐색을 통하여 자신이 알고자 하는 것들을 구체화한다. 탐색 활동을 통하여 도출된 풍부한 자료와 정보들은 학생들의 폭넓은 이해와 지식의 통합을 요구한다. 탐색을 통하여 수집된 정보와 자료들을 효과적으로 통합하고 조직하여 자신의 배경지식으로 형성하기 위해서는 ① 텍스트의 주제를 파악하고, ② 상세한 부분을 비판적으로 검토하며, ③ 수집한 자료와 텍스트의 요약 및 정리, ④ 자료와 텍스트의 도식화, ⑤ 분류와 평가의 기준 확립 그리고 ⑥ 비판적 시각을 바탕으로 작가의 입장에서 정보를 조직화하는 활동을 수행해야 한다.

학생들은 하나의 주제에 대하여 소설이나 토막글 또는 정보 전달의 글 등을 통하여 정보를 수집한다. 다양한 텍스트를 동원하여 주제에 대한 정보를 수집하는 것은 하나의 주제에 대한 각기 다른 시각을 형성할 수 있게 한다. 초등학교 저학년 아동들은 전문적 지식이 담겨 있는 도서를 유목적으로 활용하는 능력이 거의 없다고 보아야 한다. 일정 기간의 훈련을 통하여 자신이 원하는 정보를 얻는 전략과 방법을 습득한 후에야 보다 세분화된 지식과 정보가 담긴 자료를 검색하고 수집하는 능력을 갖추게 된다. 따라서 이러한 전문적인 정보 수집 능력을 갖추기 전의 아동들은 이야기로 구성된 책을 통하여 내용영역의 지식과 정보를 검색하고 수집할 수 있게 된다. 저학년 교사들은 아동들이 보다 쉽게 이해할 수 있는 책들을 골라주어야 한다. 수학이나 과학 등의 내용영역의 지식이나 정보가 담겨 있는 이야기책을 읽음으로써 아이들은 자신이 알고 싶어 하는 정보들을 보다 흥미 있게 이해하고 수용할 수 있게 된다.

'관찰과 개별화', '탐색과 재인' 과정을 통하여 흥미와 동기를 유발하고 다양한 자료를 검색한 후에는 학생들의 탐구적 질문에 관심을 가져야 한다. 학생들은 탐구적 질문을 통하여 자신이 무엇을 이해하고 통합하려는지를 인지할 수 있게 된다. 학생들이 텍스트를 이해할 수 있도록 하기 위하여 주제 파악과 정보의 상세화 그리고 요약하기 지도를 해야 한다. 교사의 시범과 유능한 학습자의 시범 그리고 소그룹 활동을 통하여 이해와 통합의 전략을 익히도록 하여야 한다. 즉 ① 그림, 표, 그래프 등으로 ② 자신이 알고자 하는 것들을 정리하고 ③ 백과사전이나 국어사전 또는 색인표 등을 이용하여 중요한 어휘와 낱말을 이해한다. ④ 필요한 정보를 얻기 위하여 텍스트들을 분리하거나 재구성하여 보고 ⑤ 더 많은 정보를 갖고 있는 친구들의 협조를 얻기도 한다. ⑥ 자신이 알고자 하는 것이 무엇인지 확실하게 정해지면 ⑦ 새로운 관점으로 텍스트를 반복하여 읽어본 후에 ⑧ 자신이 이미 알고 있었던 것들과 비교하여 본다. 이러한 텍스트의 이해 전략 이외에도 자신이 원하는 정보를 얻을 수 있는 내용영역의 도서에 대한 정보를 일목요연하게 정리하는 방법을 알아두는 것이 좋다.

4) 상호 소통

개념중심 읽기를 통하여 학생들은 자신에게 주어진 문제를 해결하기 위한 방법과 전략을 알고 실행할 수 있는 전문가로 거듭나게 된다. 또한 내용 영역의 학습 능력을 향상시키고 자신이 학습한 내용을 다른 학습자들이 이해할 수 있도록 재생산한다. 자신이 알게 된 많은 지식과 정보들을 생산적으로 구성하기 위하여 학생들은 다양한 방법으로 소통하는 기회를 얻어야 한다.

교사는 학생들 스스로 다양한 활동을 수행하도록 지원하여야 한다. 보고서 작성, 학급 문집, 학급 신문, 노래 만들기, 역할극, 이야기 짓기 등은 학생들이 자신의 지식과 정보를 적극적으로 소통하고 공유할 수 있는 방법이다. 교사는 학생들이 독자를 고려한 의미 있는 소통을 할 수 있도록 안내하여야 한다. 학생들의 상호 소통은 자신들의 지식과 정보를 보다 상세화할 뿐 아니라 세련되게 정제할 수 있는 능력을 기르게 하는 것이며, 학생들은 이러한 활동을 통하여 자신이 알게 된 지식들을 다른 사람에게 전달하여 지식 생성의 기쁨을 경험하게 된다. 또한 교사는 학급의 게시판을 이용하여 학생들의 결과물을 지속적으로 교체 게시하여야 하며, 다양한 소통의 장을 마련해 주어야 한다. 학생들은 자신의 결과물이 공개되는 것에 대한 자긍심을 갖는다. 결과물의 질이나 수준을 떠나서 자신이 구성한 산출물이 다른 사람들에게 보인다는 것 자체에 의미를 부여한다.

3. CORI의 문제점과 의의

CORI 모형의 핵심은 학습자로 하여금 효과적으로 개념적 지식을 이해하고 습득하도록 하는 데에 있다(Guthrie, 1998 : 261). 읽기를 통하여 특정 영역의 개념적 지식을 효과적으로 이해하고 습득하도록 하기 위하여 교수 모형을 구안하고, 모형의 과정별로 학습자들이 수행할 수 있는 전략을 구안하였다. CORI의 특정 영역은 과학영역이며, 과학영역의 학습 활동을 수행하는 과정에서 읽기의 중요성을 강조한 것이다. 과학적 탐구 학습과 읽기의 전략을 연계하여 과학적 개념을 효과적으로 이해하고 습득할 수 있도록 한 것이다. 교사의 지도에 의하여 과정 활동이 이루어지지만 궁극적으로는 학습자 스스로 과학적 개념을 이해하고 습득할 수 있도록 지도한다. 따라서 내용영역의 교수·학습 동기를 유발하고 읽기 몰입성을 강조하고 있다. 또한 언어영역과 과학영역의 교육과정 내용 및 교수·학습 교재와 시간을 통합적으로 운영하고, 단위 학습 시간을 50분에서 120분까지 확대하여 탄력적으로 운영하고 있다.

CORI의 축적된 연구는 과학 탐구 학습 활동에서의 언어 연계 학습을 역설하고 있으며, 특히 개념 이해와 습득을 위한 읽기 기능의 중요성을 강조하고 있다. 그러나 CORI 모형을 온전히 우리나라의 교육현실에 그대로 적용하는 것은 무리가 있다. 우리나라와 교육 여건이 다른 미국의 교육과정 맥락에서 수행된 연구와 실험 결과들이 우리나라의 교육 맥락에 그대로 맞아떨어지기를 기대하는 것은 무리가 있다. 따라서 여기서는 CORI 모형을 변용 적용한 개념중심 읽기 모형의 구인을 위하여 CORI 모형을 우리나라에 적용하는 데에서 발생하는 문제점과 의미를 '내용영역의 제한적 실행', '통합교육과정 운영', '과정의 실행과 평가'의 문제로 구분하여 논의하기로 한다.

1) 내용영역의 제한적 실행

CORI 모형은 내용영역의 효과적인 개념 이해와 습득을 목적으로, 내용영역의 교수·학습 활동에서의 읽기의 중요성을 강조하였다. 또한 학습자의 자발적인 학습 동기를 유발하고 내용영역 읽기의 몰입성을 향상시키는 전략과 방법을 제시하였다. 특히, 학습자들이 과학영역의 개념을 효과적으로 이해하고 습득할 수 있는 전략을 스스로 사용할 수 있도록 지도하는 교사의 역할을 강조(Guthrie, 1998, 1999, 2004)하였다. 이것은 기존의 모형들에 비하여 학습자 중심의 활동에 비중을 둔 것으로 매우 가치가 있다.

읽기를 통하여 특정 영역의 개념 이해와 습득을 강조하기 위하여 구안된 CORI 모형은 그 구안과 실행, 실험 연구에 이르기까지 과학과에 제한적으로 적용되었다. 2학년과 5학년을 대상으로 과학영역의 탐구학습과 언어영역을 통하여 실행한 연구(Guthrie, 1996)는 과학영역과 언어영역의 통합교육과정 운영을 통하여 학습자의 교수·학습 동기 유발과 읽기 몰입성의 상승효과에 대하여 검증하였다. CORI를 통한 텍스트 개념학습의 효과에 대한 연구(Guthrie, 1998)에서도 과학영역을 대상으로 하였다.

CORI의 의미와 함께 문제점으로 부각되는 것은 CORI 모형의 적용이 과학영역의 탐구학습에서만 가능한지에 대한 의문이다. 과학영역을 중심으로 학습자들의 자발적인 동기 유발과 읽기의 몰입성 그리고 개념학습 능력을 향상시키는 것이 가능하다면, 다른 영역의 교수·학습으로 확대할 수 있는 가능성이 얼마든지 있다. 그럼에도 불구하고 과학영역의 탐구학습과 관련된 활동을 중심으로 실행한 것은 모형의 과정에 문제가 있다고 생각된다. 즉, CORI 모형의 첫 과정인 '관찰과 개별화'의 문제는 모든 내용영역을 포괄적으로 수용하기에는 무리가 있다. 실제로 2학년과 5학년을 대상으로 한 실험 연구에서 학습자들의 초기 활동은 자기 주변의 사물을 관찰하는 것으로부터 시작된다. 이러한 CORI 모형의 첫 과정은 내용영역의 제한적 실행으로 인하여 수학이나 사회 또는 역사영역 등으로 확대 적용하는 데에 한계가 있음을 보여준다.

김선민(2007)은 국어과의 언어사용과 수학영역의 교수·학습 관계를 분석 연구하여 과학영역뿐 아니라 내용영역 전반에 걸쳐서 읽기 기능이 중요하게 작용하고 있음을 밝혔다. 따라서 과학을 포함하는 수학, 사회, 역사, 언어 등 내용영역 전반에서의 읽기의 중요성을 인식하고, 읽기를 통하여 내용영역의 개념을 효과적으로 이해하고 습득할 수 있게 도와주어야 한다.

2) 통합교육과정 운영

통합교육과정의 운영은 CORI 모형이 우리나라 교육현실에 어울리지는 않지만, 그 자체로서 또는 우리나라 교육현실의 개선에 의미 있는 방안을 제공한다는 측면에서는 오히려 가치가 있는 문제로 인식된다. 내용영역의 교수·학습에서 언어사용 기능은 매우 중요하다. 언어의 도구적 기능은 개념을 형성하는 장치적 도구로써의 기능을 말한다. 언어는 개념을 형성하는 장치적 도구이며, 동시에 형성된 개념을 이해하고 해석하는 사고 작용의 도구이기도 하다. 따라서 내용영역의 개념을 형성하는 것이 언어일 뿐만 아니라, 내용영역의 개념을 이해하고 습득하게 하는 것 또한 언어이다. 박인기 (2006 : 257~265)의 논의와 같이 이러한 언어적 기능은 국어과 교육의 정체성을 확립하는 데에 매우 중요한 전제가 된다.

통합교육과정의 운영은 국어과 교육의 정체성을 실천적으로 보여주는 것이다. 과학영역의 탐구학습, 수학과의 문제해결 학습 그리고 다른 영역의 학습에서 개념중심 읽기는 해당 영역의 지식을 습득하는 데에 효과적으로 작용한다. 내용영역의 학습에 효과적으로 작용하도록 하기 위하여 개념중심 읽기의 모형을 구안하고 모형의 과정에서 동원 및 적용 가능한 전략 및 방법을 구안해야 한다. 역설적으로 이러한 국어과 교육의 정체성을 확립하기 위한 통합교육과정의 운영은 현실적으로 우리나라 교육현장 적용에 무리가 있다. 초등학교의 경우에는 얼마든지 통합교육과정 운영이 가능하지만 여전히 현실적으로 언어영역과 내용영역의 통합교육을 실행하는 경우는 흔치 않다. 초등학교 저학년의 경우 과학과 사회, 체육과 음악 등이 통합적으로 운영되기는 하지만 국어과는 독립과목으로 운영되며, 각각의 교과목 시간을 통합적으로 운영하는 것은 학교 교육과정 운영상 무리가 있다. 특히, 중등교육에서의 영역(교과) 통합수업은 거의 불가능하다고 보아야 할 것이다. 극히 드문 경우 일부 영역 통합교육을 하는 경우가 알려지긴 했지만 보편적으로 언어와 내용영역을 통합하여 단위 수업 시간을 운영하기는 어렵다.

교육과정의 탄력적 운영이라는 전제가 있기는 하지만 학교 교육과정 실행 여건상 어려울 뿐만 아니라 통합교육을 운영할 수 있는 이론적, 실행적 교육과정이 마련되어 있지 않기 때문이기도 하다. CORI는 통합교육과정 운영을 전제로 단위 수업 시간을 50분에서 120분까지 확대하여 유연하게 운영한다. 40분, 50분 단위로 통제적으로 운영되는 우리나라의 수업 여건은 이러한 CORI의 유연한 교육과정 운영의 수용을 쉽게 허락하지 않는다.

3) 과정의 실행과 평가

CORI 모형의 네 과정은 '관찰과 개별화', '탐색과 재인', '이해와 통합', '상호 소통'으로 구성되어 있다. 각각의 과정에는 학습자들이 실제로 수행할 수 있는 전략과 방법들을 제시하고 있다. 과학영역의 탐구학습 활동과 읽기를 연계하여 학습자들의 흥미를 유발하고 읽기 몰입성을 향상하며 주도적으로 전략을 사용하여 개념학습을 효과적으로 수행하도록 하기 위함이다.

내용영역 텍스트를 대상으로 한 개념학습과 전략의 사용(Guthrie, 1998)과 효과(Guthrie, 1999)에 관한 연구, 내용영역의 지식 습득에 영향을 미치는 읽기 동기를 유발하기 위한 CORI의 역할에 관한 연구(Guthrie, 2007) 그리고 CORI 모형의 실행을 통하여 변화되는 학습자들의 전략 사용, 동기, 몰입성에 관한 연구(Guthrie, 1996)에서 알 수 있듯이 각각의 과정은 학습자들이 수행하는 구체적인 전략과 방법의 제시를 포함하고 있음에도 불구하고, 명시적 실행과 평가는 어려운 용어로 구성되어 있다.

CORI의 네 과정을 살펴보면 각각의 과정에서 수행하는 학습자들의 활동이 명시적으로 설명되어 있다. '관찰과 개별화' 과정에서는 학습자들이 자신이 속한 실제 세계의 사물이나 현상을 관찰한 후에 자신이 관찰한 사물이나 주제에 대하여 질문을 구체화한다. 학생들은 자신의 수준에 맞는 사물이나 현상에 대한 탐구 과제가 무엇인지를 도출하기 위하여 관찰과 개별화를 수행하는 것이다. 이것은 자신이 관찰한 사물과 현상에 대한 탐구 과제가 무엇인지를 결정짓는 질문의 구체화('explicitly stated the question they wanted to explore with additional observation'. Guthrie, 1996 : 312) 과정이다. 사물이나 현상에 대한 흥미와 동기는 관찰이 어떤 목적에 의하여 수행되는지 자문하게 한다. 주어진 질문이 아니라 자신의 흥미와 동기를 유발하고 관찰한 사물이나 현상에 대한 탐구 의욕을 불러일으키게 하는 자발적 질문이 형성되어야 한다.

학습자들의 자발적 질문과 주어진 질문은 학습자들의 메타 인지 작동의 현상으로 이어진다. 주어진 질문과 자발적 질문은 똑같이 해결해야 하는 질문이기는 하지만 그 문제를 해결하기 위한 탐색의 과정에서 학습자들이 얼마나 적극적으로 자료를 검색하고 분류, 분석하는가에 차이가 있다. 질문이 명시적으로 구체화되기까지 학생들은 자신의 질문이 자신이 관찰한 사물이나 현상에 대한 호기심과 흥미에 얼마나 부합하는지 점검하고, 그것의 해답을 얻기 위한 탐색의 필요성을 인식한다. 따라서 '관찰과 개별화' 과정은 '질문하기' 과정으로 바꾸는 것이 과정 및 전략과 방법을 포괄적으로 인식하는 데에 효과적이다. 질문은 사물이나 현상에 대한 호기심 모두를 포함하는 학습자 중심의 사고 작용이다. 직접 경험하는 것과 직접 경험할 수 없는 모든 것을 포함한다. 밤하늘의 달을 보고 달 표면 위를 걷는 상상을 할 수 있을 것이다. 이러한 상상은 학습자들이 직접 경험할 수 있는 것이 아니다. 그렇다고 학습자들의 흥미와 동기를 무시하고 그러한 호기심을 묵살할 수는 없을 것이다. 초기 학습자들일수록 모든 개념들은 순수하고 주관적이어서 객관적이고 과학적인 사실 개념과는 다른 개별화된 선개념(personalized preconception)을 갖고 있다. 이러한 선개념들은 학습자들이 초기 학습을 수행할 때에 새로운 지식의 통합과 개념 형성에 중요한 영향을 미친다(Bransford, 2000 : 14~15). 질문하기는 자신의 선개념에 대한 반성적 사고이며, 자신의 선개념과 과학적 사실 또는 주변 세계의 객관적 현상을 이해하도록 하는 흥미와 동기를 유발하게 한다.

'탐색과 재인' 과정에서 학습자들은 자신들이 관찰하고 경험한 것들을 대상으로 무엇을 탐구할 것인지 질문을 구체화하였다. 예를 들어 '왜 제비는 처마 밑에 집을 짓는가?', '해바라기 꽃은 왜 하늘을 향하는가?', '분수 1/8이 1/4보다 작은 이유는 무엇인가?', '고려 말 이성계는 왜 위화도에서 회군하였는가?' 등의 구체화된 질문을 바탕으로 자신의 질문에 대한 답을 찾는다. 다양한 자료를 동원하여 자신의 질문에 적합한 답을 찾는 탐색 과정에서 학생들은 질문과 탐색 사이를 연계하여 사고한다. 탐색을 통하여 학생들은 자신에게 주어진 과제(질문)가 무엇인지 파악하며, 자신의 질문에 적합한 자료들이 무엇인지 비교하고 분석한다. 이때의 재인(retrieve)은 단순히 자신이 탐색한 것들을 기억하고 회상하는 것이 아니라 자신의 질문과 부합되는 자료들은 무엇이고, 자료들을 탐색하는 동안 자신이 갖고 있는 질문이 무엇인지 확인하고, 그 질문을 해결할 수 있는 방법이 무엇인지에 대하여 자문하는 것을 포함한다.

CORI의 '탐색과 재인'은 세 번째 과정인 '이해와 통합'의 과정과 활동 내용이 유사하거나 중복되어 있다. 자신이 흥미를 갖고 관찰한 사물이나 현상에 대한 질문의 답을 얻기 위하여 책, 인터넷, 그림, 백과사전 등의 자료들을 검색하고 필요한 자료들을 조직하고 분류하는 등의 작업은 탐색 과정에 집중되어 있으나, 그 자료들을 읽고 자신의 문제를 해결하는 데에 도움이 되는 자료들을 정제하는 활동은 '이해와 통합'의 과정에 집중되어 있다. 그러나 탐색 과정에서 검색한 자료들을 분류하는 과정은 자료를 정제하는 과정과 분리될 수 없다. 자신이 검색한 자료들을 이해하지 못한 채 분류 해석할 수는 없다. 따라서 CORI의 둘째 과정과 셋째 과정은 하나의 과정으로 통합되어야 한다. 검색 자료의 이해를 통하여 분류 조직된 자료들을 새로운 사물이나 현상으로부터 촉발된 문제들을 해결하는 데에 어떻게 적용할 수 있는지를 고민하는 것이 더 교육적이다. 따라서 '탐색과 재인', '이해와 통합'의 과정을 '탐색하기'로 통합하고 '이해와 통합'의 과정을 '적용하기'로 변용하는 것이 현장 교육의 측면에서 활용 가능성이 높을 것이다.

CORI 과정의 문제점은 CORI 자체의 문제점이라기보다는 우리나라의 현행 교육과정 운영에 적합하지 않은 교육환경 맥락의 차이에서 유발되는 것이라고 보아야 할 것이다. 우리나라 교육과정 운영을 보다 탄력적으로 운영하도록 요구하는 이론적, 실천적 근거를 제시하고 있다. 이러한 문제점을 바탕으로 우리나라 교육현장의 개선을 시도할 필요가 있다. 즉, 언어영역과 내용영역의 통합교육과정 운영을 통하여 학생들의 자유로운 관찰과 개별화를 유도하고, 충분한 시간과 조건 속에서 적극적이고 창의적인 탐구 활동을 전개할 수 있는 교육 여건을 마련해야 한다.

4. 거쓰리의 CORI가 내용영역의 학업성취에 미치는 효과

거쓰리의 CORI 모형을 그대로 적용 및 수행한다는 것은 우리나라의 교육과정 운영상 매우 어려운 일이다. 아직 교과통합 운영이 일반적이지 않을 뿐더러 학교 및 교사의 수업 운영의 자율성이 명백하게 확보되지 않았기 때문이다. 실험을 위하여 작위적으로 CORI의 원형 모형을 그대로 적용 및 수행할 수는 있으나, 그것보다는 우리의 교육과정 여건과 현장의 운영 현실에 적합한 운영을 하는 것이 보다 의미가 있다. 따라서 이 연구에서는 CORI 모형의 원형을 그대로 적용하는 것이 아니라 CORI의 과정에서 우리의 교육과정 운영에 적합한 내용을 선택적으로 수용하여 수행하도록 하였다.

1) 지도의 실제

CORI 모형을 적용한 초등학교 5학년 과학 교과의 단원은 2학기 '2. 용액의 성질'이다. 이 단원은 교육과정 중 5학년 '(13) 용액의 성질 알아보기'에 해당하는 단원이다. 이 단원은 여러 가지 용액을 색깔이나 냄새 등과 같은 분류 기준을 설정하여 분류하여 보는 활동과 다양한 지시약을 사용하여 분류하는 활동으로 구성되어 있다. 그리고 주위에서 쉽게 구할 수 있는 여러 가지 식물을 이용하여 지시약을 만들어 용액의 색 변화를 관찰하고, 이에 따라 용액을 분류하는 활동을 실시한다. 또 우리 생활 속에서 쉽게 접할 수 있는 음료수, 세제, 약품, 화장품 등 여러 가지 용액의 성질을 다양한 지시약을 이용하여 알아봄으로써 주변 물질에 대한 호기심을 기른다. 용액의 성질에 따른 지시약의 색 변화를 이용하여 그림을 그리는 활동 등을 통하여 과학에 대한 흥미를 느끼게 한다. 단원의 학습 계열을 살펴보면 다음과 같다.

[5학년 2학기 '2. 용액의 성질' 관련 단원 학습 계열]

선수 학습	이 단원의 학습	후속 학습
우리 생활과 액체 (4-1) • 액체의 색깔과 냄새 알아보기 • 구슬 가라앉히기 • 액체의 증발 알아보기 • 서로 섞이는 액체 알아보기 • 같은 부피의 액체 무게 알아보기	용액의 성질 • 여러 가지 방법으로 용액 분류하기 • 리트머스 종이와 페놀프탈레인 용액으로 용액 분류하기 • 지시약을 만들어 용액분류하기 • 생물 주변 용액의 성질 조사하기 • 용액의 성질을 이용하여 놀이하기	용액의 반응 (5-2) • 산성 용액과 염기성 용액을 섞어 변화 알아보기 • 생활 속에서 중화 반응을 이용하는 경우 알아보기 • 산성 용액, 염기성 용액과 대리석 조각의 반응 알아보기 • 산성비

교육과정의 단원 학습목표는 '(1) 색이나 냄새 등 여러 가지 용액을 분류할 수 있는 기준을 정할 수 있다. (2) 여러 가지 용액을 지시약의 색 변화를

이용하여 분류할 수 있다. (3) 여러 가지 자연물을 이용하여 지시약을 만들어 용액의 성질을 알 수 있다. (4) 시약이나 실험 기구를 안전하게 취급하며, 실험 후 뒤처리를 잘하는 태도를 가진다. (5) 생활에 이용되는 여러 가지 용액의 성질이 어떠한지 관심을 갖고 이에 대해 탐구하는 자세를 기른다.' 등으로 명시되어 있다.

여기서는 교육과정의 단원 학습 계열 및 단원 학습목표와 관련하여 세 가지의 단원 지도 계획을 구성하였다. 개념중심 읽기 지도가 과학영역의 성취도에 어떤 효과를 미치는지 검증하기 위하여 일반적인 과학 수업 계획, 일반적인 과학 수업 계획에 전통적인 읽기 수업을 추가한 계획 그리고 일반적인 과학 수업 계획에 개념중심 읽기 지도 방법을 추가한 수업 계획을 구성하였다. 또한 초등학교 교육과정 수업 운영 시간 40분을 기준으로 하여 실험에 참가한 교사와 아동이 수행하는 교수·학습안을 마련하였다.

(1) 효과 검증을 위한 단원의 지도 계획

여기 제시된 단원의 지도 계획은 '2. 용액의 성질' 단원에 대한 세 가지 실험 수업 계획이다. 총 6차시로 구성된 단원의 계획은 별도의 차시 교수·학습 지도안에 의하여 수업이 진행된다.

❶ 일반적 과학 수업

차시	주제	학습 활동	탐구 과정	지식	탐구 전략	학습 형태
1	여러 가지 방법으로 용액 분류하기	• 분류 기준을 정하여 여러 가지 용액 분류하기	• 관찰 • 분류	• 용액의 성질		• 토의
2	리트머스 종이와 페놀프탈레인 용액으로 용액 분류하기	• 리트머스 종이의 색 변화로 용액 분류하기 • 페놀프탈레인 용액의 색 변화로 용액 분류하기	• 관찰 • 분류	• 산성 용액 • 염기성 용액 • 지시약	• 순환 학습	• 실험 • 토의

3~4	지시약을 만들어 용액 분류하기	• 자주색 양배추로 지시약 만들기 • 여러 가지 용액에서 양배추 지시약의 색 변화 관찰하기	• 관찰			• 실험 • 토의
5	생활주변 용액의 성질 조사하기	• 지시약을 사용하여 생활 주변 용액의 성질 조사하기	• 관찰			• 실험 • 조사 • 토의
6	용액의 성질을 이용하여 놀이하기	• 산성과 염기성 물질을 접하는 경우를 글로 나타내기 • 지시약의 색 변화를 이용하여 그림 그리기				• 조사 • 놀이

❷ 전통적 읽기 지도를 병행한 과학 수업

차시	주제	학습 활동	탐구 과정	지식	읽기 전략	학습 형태
1	여러 가지 방법으로 용액 분류하기	• 학습 할 내용 읽어보기 • 분류 기준을 정하여 여러 가지 용액 분류하기	• 관찰 • 분류	• 용액의 성질	• 읽기 전 활동	• 토의
2	리트머스 종이와 페놀프탈레인 용액으로 용액 분류하기	• 리트머스 종이의 색 변화로 용액 분류하기 • 페놀프탈레인 용액의 색 변화로 용액 분류하기	• 관찰 • 분류	• 산성 용액 • 염기성 용액 • 지시약	• 읽는 중 활동	• 실험 • 조사 • 토의
3~4	지시약을 만들어 용액 분류하기	• 자주색 양배추로 지시약 만들기 • 여러 가지 용액에서 양배추 지시약의 색 변화 관찰하기	• 관찰		• 읽는 중 활동	• 실험 • 조사 • 토의
5	생활주변 용액의 성질 조사하기	• 지시약을 사용하여 생활 주변 용액의 성질 조사하기	• 관찰			
6	용액의 성질을 이용하여 놀이하기	• 산성과 염기성 물질을 접하는 경우를 글로 나타내기 • 지시약의 색 변화를 이용하여 그림 그리기			• 읽은 후 활동	• 조사 • 놀이

❸ 개념중심 읽기 지도를 병행한 과학 수업

차시	주제	학습 활동	탐구 과정	개념	개념중심 읽기전략	학습 형태
1	여러 가지 방법으로 용액 분류하기	• 학습 할 내용 읽어보기 • 분류 기준을 정하여 여러 가지 용액 분류하기	• 관찰 • 분류	• 용액의 성질	• SQ3R	• 토의
2	리트머스 종이와 페놀프탈레인 용액으로 용액 분류하기	• 리트머스 종이의 색 변화로 용액 분류하기 • 페놀프탈레인 용액의 색 변화로 용액 분류하기	• 관찰 • 분류	• 산성 용액 • 염기성 용액 • 지시약	• ME	• 실험 • 조사 • 탐색 • 토의
3~4	지시약을 만들어 용액 분류하기	• 자주색 양배추로 지시약 만들기 • 여러 가지 용액에서 양배추 지시약의 색 변화 관찰하기	• 관찰		• K-W-L-A	• 실험 • 토의
5	생활주변 용액의 성질 조사하기	• 지시약을 사용하여 생활 주변 용액의 성질 조사하기	• 관찰			
6	용액의 성질을 이용하여 놀이하기	• 산성과 염기성 물질을 접하는 경우를 글로 나타내기 • 지시약의 색 변화를 이용하여 그림 그리기			• R-S-W	• 놀이

(2) 교수·학습의 실제

앞서 제시된 단원 학습 계획은 매 차시 아래에 제시된 차시 교수·학습의 실제 계획안에 의거하여 수업이 진행된다. 여기 제시된 차시 교수·학습의 실제 계획안은 거의 모든 과학 수업에 적용이 가능한 형태로 구안되었다. 그렇지만 교과 내용영역 및 수업의 형태에 따라 수정, 보완이 가능하며 이러한 수업의 흐름에 준하여 CORI 모형의 수업이 전개된다.

시간	과정	교수·학습 활동		
		일반적 과학 수업	일반적 읽기 수업	개념중심 읽기 수업
5분	도입	• 단원학습 안내 －단원학습목표 및 학습 내용, 학습 활동 안내	• 단원학습 안내 －단원학습목표 및 학습 내용, 학습 활동 안내	• 단원학습 안내 －단원학습목표 및 학습 내용, 학습 활동 안내
25분	전개	• 실험 및 관찰 －해당 단원 학습과 관련된 실험이나 관찰 활동과 관련된 간접 경험 －비디오, 인터넷, CD 자료 등을 동원하여 학습자들이 해당 단원에서 실험 및 관찰하여야 할 것이 무엇인지 확인한다. －실험 및 관찰의 순서와 해당 실험과 관찰을 통하여 얻을 수 있는 지식과 기능이 무엇인지 파악할 수 있도록 관심 있게 지켜보도록 한다. • 용어 이해 －과학 및 실험 관찰 교과서에 소개된 핵심 용어에 대하여 인지한다. －용어는 교과서에 제시된 것들만을 지도하도록 한다.	• 내용 확인 －해당 단원과 관련된 교과서나 관련 텍스트들을 읽어보고 학습 내용과 활동 내용을 확인한다. －텍스트를 통하여 학습목표와 내용을 재확인한다. • 실험 및 관찰 －해당 단원 학습과 관련된 실험이나 관찰 활동과 관련된 간접 경험 －비디오, 인터넷, CD 자료 등을 동원하여 학습자들이 해당 단원에서 실험 및 관찰하여야 할 것이 무엇인지 확인한다. • 용어 이해 －과학 및 실험 관찰 교과서에 소개된 핵심 용어뿐 아니라 학습자가 알고 싶어 하는 용어에 대한 사전적 의미를 파악한다.	• 내용 확인 －해당 단원과 관련된 교과서나 관련 텍스트들을 읽어보고 학습 내용과 활동 내용을 확인한다. －텍스를 읽으면서 중요한 개념과 개념을 지지하는 다른 개념들이 어떤 것이 있는지 확인한다. －각각의 개념들은 어떤 학습 내용 또는 활동과 관련이 있는지 파악한다. • 실험 및 관찰 －해당 단원 학습과 관련된 실험이나 관찰 활동과 관련된 간접 경험 －비디오, 인터넷, CD 자료 등을 동원하여 학습자들이 해당 단원에서 실험 및 관찰하여야 할 것이 무엇인지 확인한다. • 용어 이해 －개념들에 대한 사전(국어, 백과, 전자 사전을 비롯한 정보 수집이 가능한 모든 자료)적 의미를 파악한다.
10분	정리	• 해당 단원과 관련된 실험 및 관찰 내용을 재확인한다. －해당 시청각 자료를 반복 시청하게 하여 간접 경험 내용을 재인할 수 있도록 한다. －실험과 관찰에 동원된 실험 도구와 자료 등을 상기하면서 실험 및 관찰 과정을 확인한다.	• 해당 단원의 활동 내용 확인하기 －교사 아동 또는 아동 간의 질문과 대답을 통하여 단원 학습 내용이 무엇인지 확인하고, 학습한 내용을 상기하여 본다. －실험 관찰 내용을 교과서 지문을 상기하여 확인한다.	• 개념 형성 －실험과 개념적 읽기를 통하여 알게 된 개념들이 서로 어떤 관계가 있는 개념도를 그려보고 그것들에 대한 언어적 소통을 통하여 학습 내용 및 활동에 대하여 점검하는 활동을 한다.

2) 효과 검증

거쓰리의 CORI 모형은 초등학교 2학년과 5학년 학생들을 대상으로 일년 간 수행한 결과에 따른 과학영역에 대한 학습 동기와 과학영역의 읽기 몰입성에 대한 검증에 기초한다. 거쓰리의 실험은 언어영역과 내용영역의 통합을 원칙으로 모든 수업 시간을 통합하여 운영하도록 하였으며, 교사와 학생은 우리나라의 교과시간 운영과는 달리 단위 시간 운영을 40분에서 최대 120분까지 연장하여 통합교육을 실시하였다. 이러한 교과통합 운영과 수업 운영 시간의 유연성은 우리나라 교육현실과는 거리가 멀다. 따라서 이번 연구에서는 차시 학습에 주안점을 두고 단위 시간 즉, 40분 ― 최대 60분까지 ― 을 기준으로 우리나라의 교육 현실에서 어떤 효과를 보이는지 검증하기로 하였다.

(1) 실험 절차와 방법

실험을 위하여 통제집단, 비교집단 A, 비교집단 B를 구성하였다. 실험에 참여한 집단은 서울시내 초등학교 5학년 학생이며, 같은 학교에 재학 중인 한 학급 평균 25명인 한 학년 총 8학급을 대상으로 하였다. 학생 중 특수학급이나 학업 성취도 부진아 및 전입생을 제외하였다. 실험 집단 구성을 위하여 해당 단원의 과학 성취도평가 총 20개의 객관식 문항을 작성하여 사전검사를 실시하였다. 각 문항에 대하여 1점을 배점하였다. 사전검사 문항의 타당성은 해당 학교에 근무하는 교사 중에서 석사과정 이상의 평가 선문가와 과학영역 전문 교사 5인을 통하여 검증하였다. 검사 문항은 1회의 타당성 검사로 검증할 수 있었으나, 평가 전문가의 조언에 따라 총 3회의 검사 문항 수정을 거친 후에 사전 및 사후검사를 실시하였다. 사전검사 문항은 사후검사 문항과 동일하게 적용하였으며, 사전검사와 사후검사 기간은 1개월을 두었다.

실험은 검사 문항 개발에서 효과 검증에 이르기까지 2008년 3월 5일에서 4월 20까지 수행되었다. 실험 단원은 2학기 학습 내용이었기 때문에 학교 교육과정의 운영을 변경하여 수행하였다. 즉, 1학기 3, 4월에 수행할 과학 단원을 2학기의 '용액의 성질' 단원과 바꾸어 운영하여 교육과정 운영의 결손을 방지하였다. 수업에 참여한 교사는 과학영역의 전문 교사로 실험 기간 현재 5학년 과학 교과 지도 전담을 맡고 있는 교사가 수행하였다. 즉, 과학 교과 전담 교사가 세 개의 실험 학급을 각기 다른 세 가지 교수·학습 방법으로 수업을 진행하였다. 연구자는 실험에 참여한 교사에게 미리 수업에 관한 안내를 하였으며, CORI 모형에 대한 학문적·실제적 연구에 대한 기본 이론에 대하여 설명하였다.

이 실험을 위한 파일럿 테스트는 동일 교과, 동일 학년의 다른 두 학급을 대상으로 실시하였으며 한 차시 수업을 진행하는 것으로 실시하였다. 40분간의 수업을 통한 파일럿 테스트에서 통계학적인 효과가 검증되지는 않았으나, 성취도 점수가 약간 증가하였기 때문에 단원 학습의 경우—2주간의 6차시 수업 기간—에 일정한 효과를 볼 수 있을 것이라는 추론에 의거하여 본 실험을 실시하게 되었다.

(2) 실험 결과의 분석

처치를 하지 않은 일반적 과학 수업을 진행한 통제집단, 일반적 과학 수업에 기존의 읽기 수업을 추가로 처치한 비교집단 A, 일반적 과학 수업에 거쓰리의 CORI 모형을 적용한 수업을 전개한 비교집단 B의 사전검사 평균 점수는 각각 4.32, 4.24, 4.24이다. 실험 후의 사후검사에서는 통제집단이 13.92, 비교집단 A가 14.64, 비교집단 B가 16.13이었다.

일원배치분산분석(ANOVA) 결과 통제집단과 비교집단 A 간에서는 F값이 1.320, 유의확률이 .256으로 통계학적인 효과를 발견할 수 없었다. 또한 비교집단 A와 비교집단 B 간에서도 F값이 .819, 유의확률이 .370으로 유의미한 차이를 보인다고 설명할 수 없는 결과가 나왔다. 그러나 통제집단과 비교집단B 간에는 F값이 5.460, 유의확률이 .024로 의미 있는 차이를 나타낸다는 결과가 나왔다. 즉, 기존의 과학 수업에 거쓰리의 CORI 모형을 적용한 수업이 단원학습 성취도 향상에 효과적이라는 결과를 얻을 수 있었다. 다음은 실험 결과를 그래프로 나타낸 것이다.

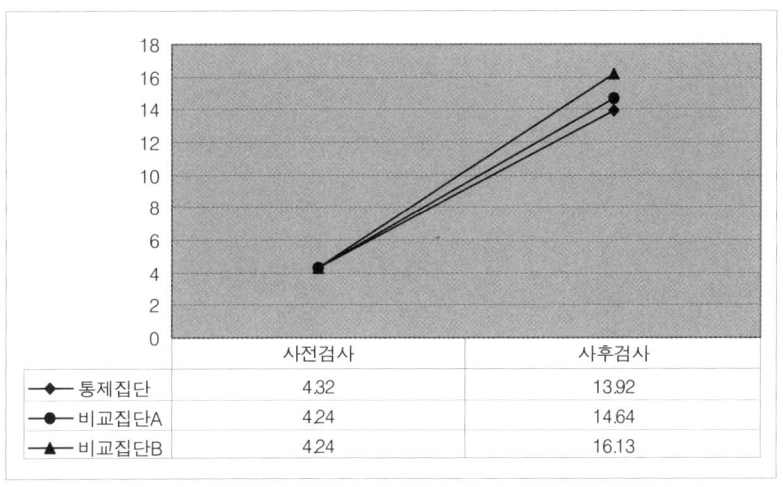

	사전검사	사후검사
◆ 통제집단	4.32	13.92
● 비교집단A	4.24	14.64
▲ 비교집단B	4.24	16.13

실험 결과, 통제집단에 비하여 두 비교집단의 평균 점수가 상승된 것으로 나타났으나, 일반적인 읽기 수업을 추가로 처치하였을 경우에는 통계학적으로 유의미한 효과를 보이지 못했다. 그러나 CORI 모형을 추가로 처치한 비교집단 B의 평균 점수의 상승은 통계학적으로 유의미한 효과를 보인다는 것을 검증하였다. 이 실험 결과로 보아 일반적인 과학 수업을 할 때에 읽기 수업을 추가로 처치하는 경우 일정 부분의 성취도 상승효과를 가져오며 CORI 모형을 적용한 수업을 전개할 경우에는 유의미한 학업 성취도의 상승효과를 가져올 수 있다는 것을 알 수 있었다.

CORI 모형은 메릴랜드 주립대학의 거쓰리가 구안하여 실행 연구하였다. 초등학교 2학년과 5학년을 대상으로 과학 과목과 언어 과목의 통합 수업을 통하여 내용영역의 학습에 효과적인 영향을 주는 읽기 모형을 구안한 것이다. 거쓰리의 CORI 모형은 주로 내용영역 학습 태도와 동기 그리고 몰입에 관한 연구이다. 태도와 동기 그리고 몰입은 주관적이며 변인이 다양하기 때문에 객관적 측정에 어려움이 많다. 특히 우리나라의 교육여건에 비추어 거쓰리의 CORI 모형을 그대로 적용하는 것은 어려움이 있다.

따라서 여기서는 거쓰리의 CORI 모형이 갖고 있는 장점 중에서 우리나라의 교육여건에 적용이 가능한 부분을 선택적으로 수업에 투입하여 그 효과를 검증하였다. 일반적인 과학 수업에 기존의 읽기 수업을 추가한 집단과 거쓰리의 CORI 모형을 추가로 처치한 집단을 비교하여 세 집단 간의 성취도 검사 결과를 분석하였다. 그 결과 거쓰리의 CORI 모형을 추가로 처치한 집단의 성취도 평균 점수가 유의미한 상승을 보였다는 결론을 얻을 수 있었다. 초등학교 5학년의 과학영역을 대상으로 한 실험이지만 수학이나 사회 등의 다른 영역을 대상으로 실험하였을 경우에도 유의미한 효과가 나올 수 있을 것이라는 추론이 가능하다.

내용영역의 학업 성취도 향상을 위한 변인은 여러 가지가 있다. 내용영역의 각 영역의 지식의 구조와 영역의 특성 및 교수·학습의 영역적 개념이 독립적으로 존재한다. 따라서 거쓰리의 CORI 모형이 내용영역의 학업 성취에 전적으로 영향을 미친다고 주장할 수는 없을 것이다. 그러나 최소한 내용영역의 학습을 할 때에 읽기 수업을 병행하는 것이 효과적이며, 거쓰리의 CORI 모형을 통한 읽기 수업을 병행하였을 경우 보다 효과적인 학업 성취를 보일 수 있다는 것을 알 수 있었다. 많은 수의 교사들이 내용영역의 학습을 수행할 때에 읽기의 중요성에 대하여 언급한다. 대부분의 학습자들이 자기주도적 학습을 수행할 때에는 그보다 훨씬 더 읽기의 중요성을 느낀다. 디지털 미디어 시대의 교재와 소통 양식의 다양화에도 불구하고 여전히 읽기는 학습에 매우 중요한 영향을 미치는 것이 사실이다. 여전히 대다수의 학습 교재들이 읽기 능력을 요구하는 소통양식으로 구성되어 있으며, 지식과 정보의 양적 팽창과 질적 향상으로 인하여 보다 고급화된 읽기 능력이 필요하게 되었다. 거쓰리의 CORI 모형은 그 대안이며 언어영역과 내용영역의 통합 수업을 위한 이론적 토대이기도 하다.

참고문헌

기초 자료

김선민(2006), 「수리·과학적 문제해결과 언어」, 『국어교육』 120, 한국어교육학회.

김선민(2007), 「국어과의 언어사용 기능이 내용교과의 학습에 미치는 영향」, 『語文研究』 제35권 제2호, 한국어문연구회.

김선민(2008), 「내용영역의 쓰기에 관한 개념적 접근」, 『한국초등국어교육』 제36집, 한국초등국어교육학회.

김선민(2008), 「내용교과 읽기의 문제 해결을 위한 개념 중심 읽기 모형에 관한 연구」, 『새국어교육』 제78호, 한국국어교육학회.

김선민(2008), 「내용영역의 개념중심 읽기 지도에 관한 연구」, 『국어교육』 126, 한국어교육학회.

김선민(2008), 「CORI가 내용영역의 교수·학습 성취에 미치는 효과」, 『한국초등국어교육』 제37집, 한국초등국어교육학회.

김선민(2009), 「내용영역 읽기능력 향상을 위한 질문생성 전략 연구」, 『교과교육연구』 제1권 2호, 고려대학교 교과교육연구소.

참고 자료

김선민(2000), 「CMC를 활용한 자문교육 연구」, 서울교육대학교 석사학위 논문.

김선민(2002), 「시창작 교육의 텍스트 변용 교수·학습에 관한 연구—초등교육을 중심으로」, 명지대학교 박사학위논문.

김선민(2003a), 「'소리' 표상을 통한 시어 생산 교수·학습 전략(초등교육을 중심으로)」, 『국어교육』 111, 한국국어교육연구학회.

김선민(2003b), 「작문교육의 창의성에 관한 연구」, 『어문연구』 119호, 한국어문교육연구회.

김선민(2003c), 「창작 교육의 상상력·창의력 발현에 관한 연구」, 『한국초등국어 교육』 제23집, 한국초등국어교육학회.

김선민(2004), 「문학교육의 창의성에 관한 연구」, 『문학교육학』 제13호, 한국문학교육학회.

김선민(2005a), 『쓰기 교수·학습론』, 한국학술정보.

김선민(2005b), 「교육연극을 활용한 초등학교 고전소설 읽기 교수·학습」, 『한국어교육』 제22호, 한국어문교육학회.

김선민(2005c), 「초등학교 국어과 교수·학습목표의 진술 방법에 관한 연구」, 『어문연구』 제125호, 한국어문교육연구회.

김선민(2005d), 「초등학교 고전소설 교육의 현황과 과제」, 『고전소설 교육의 과제와 방향』, 한국고소설학회.

김선민(2006), 「수리·과학적 문제해결과 언어」, 『국어 교육』 제120호, 한국어교육학회.

김선민(2007a), 「국어과의 언어사용 기능이 내용교과의 학습에 미치는 영향」, 『어문연구』 제134호, 한국어문교육연구회.

김선민(2007b), 「교육과정 재구성을 통한 논술 교수·학습에 관한 연구」, 『한국어등국어교육』, 한국 초등국어교육학회.

김선민(2007c), 「문법 영역의 국어과 통합 교육 방법에 관한 연구」, 『한국어교육』 제26호, 한국어문교육학회.

김선민(2008a), 「내용영역의 쓰기에 관한 개념적 접근」, 『한국초등국어교육』 제36집, 한국초등국어교육학회.

김선민(2008b), 「내용영역의 개념중심 읽기 지도에 관한 연구」, 『국어교육』 126, 한국어교육학회.

김선민(2008c), 「CORI가 내용영역의 교수·학습 성취에 미치는 효과」, 『한국초등국어교육』 제37집, 한국초등국어교육학회.

김선민(2008d), 「내용영역의 쓰기」, 『문식성 교육 연구』, 한국문화사.

김선민 외(2007), 『초등학교 독서교육』, 역락.

김선민·엄해영(2008), 「내용교과 읽기의 문제해결을 위한 개념중심 읽기 모형에 관한 연구」, 『새국어교육』 제78호, 한국국어교육학회.

김언주(1987), 『인지심리학』, 정민사.

김재봉(1999), 『텍스트요약전략에 대한 국어교육학적 연구』, 집문당.

김재봉(2003), 『초등 말하기듣기 교육론』, 교육과학사.

김재봉(2007), 「2007년 개정 국어과 교육과정과 맥락의 수용문제」, 『새국어교육』 제77호, 한국국어교육학회.

김재봉 외(2001), 『7차 수준별 교육과정을 위한 초등 국어과 교수학습 방법』, 교육과학사.

김재봉 외(2006), 『초등교사를 위한 글쓰기와 화법』, 형설출판사.

김주환(2007a), 『현장 국어교육의 길잡이』, 나라말.

김주환(2007b), 『교실 토론의 방법』, 나라말.

김진우(1994), 『언어와 심리』, 한신문화사.

김진우(1996), 『인간과 언어』, 집문당.

김창원(2006), 「예술교과에서의 언어의 문제」, 『국어교육과 교과교육』, 제261회 전국학술대회 발표집, 한국어교육학회.

노명완(1988), 『국어교육론』, 한샘.

노명완 · 박영목 · 권경안(1989), 『국어과교육』, 갑을출판사.

노명완 · 이차숙(2002), 『文識性 硏究』, 박이정.

박인기(2006), 「국어교육과 (타)교과교육의 상호성」, 『국어교육과 교과교육』, 제26회 전국 학술대회 발표집, 한국어교육학회.

방인태(2002), 『국어교육과 국문학』, 역락.

방인태(2006a), 『自主的 한국어 교육론』, 역락.

방인태(2006b), 「도덕적 인간육성과 국어교육」, 『국어교육과 교과교육』, 제261회 전국학술대회 발표집, 한국어교육학회.

방인태 외(2002), 『초등국어과 교육』, 박이정.

원진숙(1995), 『논술 교육론』, 박이정.

Doug, B.(2004), *Classroom Strategies for Interactive Learning* (노명완 · 정혜승 역, 『교실 수업 전략』, 박이정, 2006).

Heinemann, W. & Viehweger, D.(1991), *Textlinguistik : eine Einführung* (백설자 역, 『텍스트언어학 입문』, 역락, 2001).

Flower, L.(1981), *Problem-Solving Strategies for Writing* (원진숙 · 황정현 역, 『글 쓰기의 문제해결전략』, 동문선, 1998).

Osborn, A, F.(1963), '*Applied Imagination' Principle and Procedures of Creative Problem-Solving*, Charls Scribner's Sons (신세호 외 공역, 『창의력 개발을 위한 교육』, 교육과학사, 1999).

Polya, G.(1971), *How to Solve It*, Princeton University Press (우정호 역, 『어떻게 문제를 풀 것인가』, 교우사, 2005).

Read, S. K.(2000), *Cognition : Theory and Applications* (박권생 역, 『인지심리학 : 이론과 적용』, 시그마프레스, 2000).

Savid, L.(2001), *Cognitive Linguistics : An Introduction*, OXFORD University Press (임지룡 · 김동환 역, 『인지언어학 입문』, 한국문화사, 2004).

Steinberg, D. D.(1993), *An Introduction to Psycholinguistics*, Longmann Group UK Limeted (박경자 · 이재근 역, 『심리언어학 입문』, 한신문화사, 1996).

Sternberg, R. J. & Smith, E. E.(1988), *THE PSYCHOLOGY OF HUMAN THOUGH*, Cambridge University Press (이영애 역, 『인간사고의 심리학』, 교문사, 1996).

Sternberg, R. J. & Williams, W. M.(2002), *Educational Psychology*, Person Educational Inc (전윤식외 역, 『교육심리학』, 시그마프레스, 2003).

Sweet, A. P. & Snow, C. E.(2003), *Rethinking Reading Comprehention*, The Guilford Press A Dvision of Guilford Publications, Inc. (엄해영 외 역, 『독서교육에 관한 새로운 이해』, 한국문화사, 2007).

Teun, A. van Dijk.(1978), *Textwissenschaft Eine inter Diszipilinare*, Het Spectrum BV (정시호 역, 『텍스트학』, 아르케, 2000).

Alvermann, D. E. & Phelps, S. F.(1994), *Content reading and literacy : Succeeding in today's diverse classrooms*. Boston : Allyn and Bacon.

Alvermann, D. E., Phelps, S. F., Ridgeway, V. G.(2007), *Content Reading and Literacy*, Pearson Education, Inc.

Anders, P. L. & Guzzetti, B. J.(1996), *Literacy instruction in the content areas*, Fort Worth : Harcourt Brace College Series.

Anderson, L. W., Krathwohl, D. R., Airasian, P. W., Cruikshank, K. A., Mayer, R. E., Pintrich, P. R., Raths, J., Wittrock, M. C.(2001), *A Taxonomy for Learning, Teaching and Assessing*, Addison Wesley Longman, Inc.

Andrews, L.(2006), *Language Exploration and Awareness*, Lawrence erlabaum associates, publishers.

Bean, T. W.(2000), *Reading in the Content Areas : Social Constructivist Dimensions, Handbook of Reading Research Volume III. Vol. 35, No. 2*, International Reading Association, Inc.

Benjamin, A.(2007), *But I'm Not A Reading Teacher : Strategies for Literacy Instruction in the Content Areas*, Eye On Education, Inc.

Bertagnolli, O., Rackham, J.(1982), *Creativity and the Writing Process*, John Wiley & Sons, Inc.

Blake, R. W.(1989), *READING, WRITING AND INTERPRETING LITERATURE —Pedagogy, Position and Research*, The New York State English Council.

Bransford, J. D.(1979), *Human Cognition-Learning, Understanding and remembering*, Wadsworth, Inc.

Bransford, J. D., Brown, A. L. & Cocking, R. R.(2000), *How People Learn —Brain, Mind, Experince and School*, The National Academy of Sciences.

Brennemann, B.(2003), *Content Area Reading Strategies Grades 5-6 : Reading Language Arts*. Walch Publishing.

Brooks, S. E., Goodman, K. S., Meredith, R.(1987), *Language and Thinking in school*, Richard C. Owen Publishers, Inc,

Brown, J. E., Phillips, L. B. & Stephens, E. C.(1993). *Toward literacy : Theory and applications for teaching writing in the content areas*, Belmont, CA : Wadsworth Publishing Company.

Brozo, W. G. & Flynt, E. S.(2007), *Content Literacy : Fundermantal Toolkit Elements*, The Reading Teacher.

Brozo, W. G. & Simpson, M. L.(1995), *Readers, teachers, learners : Expanding literacy in secondary schools*(2nd ed.). Englewood Cliffs, NJ : Merrill.

Brozo, W. G. & Simpson, M. L.(1999), *Readers, teachers, learners : Expanding literacy across the content areas*(3rd ed.). Upper Saddle River, NJ : Merrill.

Brozo,, W. G., Simpson, M. L.(2007), *Content Literacy for Today's Adollescents — Honoring Diversity and Building Competence*, Pearson Education, Inc.

Camille, L. Z. Blachowicz, Obrochta, C.(2005), *Vocabulary Visits : Virtual field trips for content vocabulary development*, International Reading Association.

Cheek, E. H. & Cheek, M. C.(1983), *Reading instruction through content teaching*, Columbus, OH : Charles E. Merrill Publishing Company.

Cochran, J. A.(1993), *Reading in the content areas for junior high and high school.* Boston : Allyn and Bacon.

Cohen, J. H., Wiener, R. B.(2003), *LITERACY PORTFOLIOS, Improving Assessment, Teaching, and Learning*, Pearson Education, Inc.

Conley, M. W.(1992), *Content reading instruction : A communication approach.* New York : McGraw-Hill, Inc.

Conley, M. W.(1995), *Content reading instruction : A communication approach* (2nd ed.). New York : Mc Graw-Hill, Inc.

Cook, V., Bassetti, B.(2005), *Second Language Writing Systems*, Multilingual Matters Ltd.

Cooter, R. B. & Flynt, E. S.(1996), *Teaching reading in the content areas : Developing content literacy for all students.* Englewood Cliffs, NJ : Merrill.

Cudd, E. T., Leslie Roberts(1989), *Using writing to enhance content area learning in the primary grades*, The Reading Teacher.

Dana. C. & Rodriguez. M.(1992), TOAST : A system to study vocaburary. *Reading Reasearch and Instruction*, 31(4).

Daniels, H., Zemelman, S., Steineke, N.(2007), *Content-Area Writing — Every Teacher's Guide*, Heinemann.

Dha, K. L., Fatman, N.(1998), *Children's Writing — Perspectives from Research*, International Reading Association, Inc.

Dishner, E. K., Bean, T. W., Readence, J. E. & Moore, D. W. (Eds.).(1992), *Reading in the content areas : Improving classroom instruction*(3^{rd}ed.). Dubuque, IA : Kendall / Hunt Publishing Company.

Duke, N. K., Sheehan-Holt, J. K., Smith, M. C., Yierney, R. J., Johnson, P., Moore, D. W., Valencia, S. W., Sipe, L. R., Neuman, S. B., Smagorinsky, P., Enciso, P. E., Baldwin, R. S., Hartman, D. K.(2000), *RRQ, Reading Research Quarterly, Vol. 35, No. 2,* International

Reading Association, Inc.

Dupuis, M. M., Lee, J. W., Badali, B. J. & Askov, E. N.(1989), *Teaching reading and writing in the content areas*. Glenview, IL : Scott, Foresman and Company.

Eanes, R.(1997), *Content area literacy : Teaching for today and tomorrow*. Albany, NY : Delmar Publishers.

Early, M.(1984), *Reading to learn in grades 5 to 12*. San Diego : Harcourt Brace Jovanovich Publishers.

Elbow, P.(1998), *WRITING WITH POWER —Techniques for Mastering the Writing Process*, Oxford University Press, Inc.

Elbow, P.(2000), *Everyone Can Write —Essays Toward a Hopeful Theory of Writing and Teaching Writing*, Oxford University Press, Inc.

Flanigan, K., Greenwood, S. C.(2007), *Effective content vocabulary instruction in the middle : Matching students, purposes, words, and strategies*, INTERNATIONAL READING ASSOCIATION.

French, R.(2002), *Content-Area Reading Strategies —GRADES 7-8 —Social Studies*, Walch Publishing.

French, R.(2003), *Content-Area Reading Strategies —GRADES 5-6 —Social Studies*, Walch Publishing.

Giles, R. M., Wellhousen, K.(2005), *Reading, Writing, and running : Literacy learning on the playground*, TEACHING TIPS, Vol. 59, No. 3.

Glendinning, E. H. & Holmström, B.(2004), *Study Reading : A course in reading skills for academic purpose, Second Edition,* Cambridge University Press.

Graves, D. H.(2003), *WRITING : Teachers and Children at Work*, Heinemann.

Graves, M. F., Juel, C., Graves, B. B.(2007), *Teaching Reading in the 21st Century*, Pearson Education, Inc.

Gunning, T. G.(2000), *Creating Literacy Instruction for All Children*, Pearson Education, Inc.

Guthrie J. T, Meter, P. V., Hancock G. R, Alao S., Anderson E. & McCann A.(1998), *Does Concept-Oriented Reading Instruction Increase Strategy Use and Conceptual Learning text?,* Journal of Educational Psychology, Vol. 90. No. 2.

Guthrie J. T, Meter, P. V., McCann A. D, Wigfield A.(1996), *Growth of literacy engagement : Changes in motivations and strategies during concept-oriented reading instruction*, Reading Research Quarterly, Vol. 31, No. 3.

Guthrie, J. T. & Ozgungor, S.(2004), *Instruction Among Elaborative Interrogation, Knowledge, and Interest in the Process of Constructing Knowledge From Text*, Journal of Educational Psychology, Vol. 96. No. 3.

Guthrie, J. T., Anderson E., Alao S., Rinehart J.(1999), *Influences of Concept-Oriented Reading Instruction on Strategy Use a Conceptual Learning from Text*, The Elementary School Journal,

Vol. 99. No. 4.

Guthrie, J. T., Wigfield A., Barbosa P., Perencevich K. C., Taboada A., Davis M. H., Scafiddi N. T, and Tonks S.(2004), *Increasing Reading Comprehension and Engagement Through Concept-Oriented Reading Instruction*, Journal of Educational Psychology, Vol. 96. No. 3.

Guthrie, J. T., McRae, A. & Klauda, S. L.(2007), *Contributions of Concept-Oriented Reading Instruction to Knowledge About Interventions for Motivations in Reading*, Educational Psychology, 42(4), Lawrence Erlbaum Associates, Inc.

Hamilton, G.(2003), *Content-Area Writing Strategies —GRADES 5-6 —Science*, Walch Publishing.

Herber, H. L.(1970), *Teaching reading in the content areas.* Englewood Cliffs, NJ : Prentice-Hall, Inc.

Herber, H. L. & Herber, J. N.(1993), *Teaching in content areas with reading, writing, and reasoning.* Boston : Allyn and Bacon.

Huckins, T. N. & Olson, L. A.(1991), *Technical Writing and Professional Communication For Nonnative Speakers of English : International Edition, Second Edition,* McGraw-Hill Inc.

Jacobson, J. M.(1998), *Content area reading : Integration with the language arts.* Albany, NY : Delmar Publications.

Jane, P.(2004), *Understanding* Creativity, Great Potential Press, Inc.

Jo A, L., Vacca R. T., Gove, M. K., Burkey, L. C., Lenhart, L. A., McKeon, C. A.(2006), *Reading and Learning to Read*, Pearson Education, Inc.

Kamil, M. L., Mosenthal, P. B., Pearson, P. D. & Barr, R.(2000), *Handbook of Reading Research Volume III*, Lawrence Erlbaum.

Knapp, N. F.(1997), *Breakthroughs in Science : Developing Reading in the Content Area*, Jamestown Publishers.

Knipper, K. J. & Duggan, T. J.(2006), *Writing to learn across the curriculum : Tools for comprehension in content area classes,* International Reading Association.

Kragler, S., Walker, C, A. & Martin, L. E.(2005), Strategy instruction in primary content textbook, *International Reading Association.*

Lapp, D., Flood, J. & Farnan, N.(Eds.).(1989), *Content area reading and learning : Instructional strategies.* Englewood Cliffs, NJ : Prentice Hall.

Lapp, D., Flood, J. & Farnan, N.(Eds.).(1996), *Content area reading and learning : Instructional strategies*(2nd ed.). Boston : Allyn and Bacon.

Lapp, D., Flood, J. & Farman, N.(2004), *Content Area Reading and Learning Instruction Strategies second edition,* Lawrence Erlbaum Associates Publishers.

Lesley, M.(2004), Looking for critical literacy with postbaccalaureate content area literacy students,

Journal of Adolescent and Adult Literacy, 48 : 4.

Leu, D. J., Kinzer, Jr, C. K.(2000), *The convergence of literacy instruction with networked technologies for information and communication,* Reading Research Quarterly, Vol. 35, No. 1, International Reading Association.

MacNeil, J. D.(1984), *Reading comprehension Scott,* Foresman and company.

Manzo, A. V. & Manzo, U. C.(1990), *Content area reading : A heuristic approach.* Columbus, OH : Merrill Publishing Company.

Manzo, A. V. & Manzo, U. C.(1997), *Content area literacy : Interactive teaching for active learning*(2nd ed.). Upper Saddle River, NJ : Merrill.

Massey, D. D., Heafiner, T.L.(2004), *Promotiong reading comprehension in social studies,* INTERNATIONAL READING ASSOCIATION.

McKenna, M. C. & Robinson, R. D.(1993), *Teaching through text : A content literacy approach to content area reading.* New York : Longman.

McKenna, M. C. & Robinson, R. D.(1997), *Teaching through text : A content literacy approach to content area reading*(2nd ed.). New York : Longman.

McNeil, J. D.(1992), *Reading Comprehension —New Directions for Classroom Practice,* Harper Collins Publishers.

Miller, B. E.(1980), *Teaching the Art of Literature,* the National Council of Teachers of English.

Mitchell, C.(2003), *Content Area Writing Strategies : grades5-6 : Writing Mathmatics,* Walch Publishing.

Moje, E. B., Ciechanowski, K. M., Kramer, K., Ellis, L., Carrillo, R., Collazo, T.(2004), *Working toward third space in content area literacy : An examination of everyday funds of knowledge and Discourse,* Reading Research Quarterly, Vol. 39, No. 1, International Reading Association.

Montelongo, J. A. & Hernandez, A. C.(2007), Reinforcing expositary reading and writing skills : Amore versatile sentence composition task, *International Reading Association.*

Moor, D. W., Moor, S. A., Cunningham, P. M. & Cunningham, J. W.(1998), *Developing readers and writers in the content areas K-12*(3rd ed.). New York : Longman.

Moor, D. W., Moor, S. A., Cunningham, P. M. & Cunningham, J. W.(2006), *Developing Readers and Writers in The Content Areas K-12, Fifth Edition,* Pearson Education Inc.

Morrow, L. M., Smith, J. K. & Wilkinson, L. C.(Eds.)(1994), *Integrated language arts : Controversy to consensus.* Boston : Allyn and Bacon.

Moss, B.(2005), Making a case and place for effective content area literacy instruction in the elementary grades. *International Reading Association.*

Murray, D. M.(2004), *A Writer Teaches Writing,* Thomson Heinle, Inc.

Murray, D. M.(2005), *Write to Learn*, Thomson Wadsworth, Inc.

Nagin, G.(2003), *Because Writing Matters*, John Wiley & Sons, Inc.

Neufeld, P.(2005), *Comprehension instruction in content area classes*, International Reading Association.

P ii rto, J.(2004), *Understanding Creativity*, Great Potential Press, Inc.

Pauk, W.(2005), *Reading in the Content areas : Mathematics,* The Mcgraw-Hill Companies Inc.

Pauk, W.(2005), *Reading in the Content areas : Science,* The Mcgraw-Hill Companies Inc.

Pauk, W.(2005), *Reading in the Content areas : Social Studies,* The Mcgraw-Hill Companies Inc.

Radcliffe, R., Caverly, D., Hand, J., Franke, D.(2008), *Improving reading in a middle school science classroom*, International Reading Association.

Read, S.(2005), *First and second graders writing information text*, International Reading Association.

Readence, J. E., Bean, T. W. & Baldwin, R. S.(1981), *Content area literacy : An integrated approach.* Dubuque, IA : Kendall / Hunt Publishing Company.

Readence, J. E., Bean, T. W. & Baldwin, R. S.(1985), *Content area literacy : An integrated approach*(2nd ed.). Dubuque, IA : Kendall / Hunt Publishing Company.

Readence, J. E., Bean, T. W. & Baldwin, R. S.(1992), *Content area literacy : An integrated approach*(4th ed.). Dubuque, IA : Kendall / Hunt Publishing Company.

Readence, J. E., Bean, T. W. & Baldwin, R. S.(1995), *Content area literacy : An integrated approach*(5th ed.). Dubuque, IA : Kendall / Hunt Publishing Company.

Richardson, J. S. & Morgan, R. F.(1990), *Reading to learn in the content areas*(2nd ed.). Belmont, CA : Wadsworth Publishing Company.

Richardson, J. S. & Morgan, R. F.(1994), *Reading to learn in the content areas*(3rd ed.). Belmont, CA : Wadsworth Publishing Company.

Richardson, J. S. & Morgan, R. F.(1997), *Reading to learn in the content areas*(4th ed.). Belmont, CA : Wadsworth Publishing Company.

Richardson, J. S. Morgan, R. F. & Fleener, C.(2006), *Reading To Learn In The Content Areas : International Student Edition, Sixth Edition,* Thomas Wardworth.

Robb, L.(2003), *Teaching Reading in Social Studies, Science, and Math,* Scholastic Inc.

Roe, B. D., Smith, S. H., Burns, P. C.(2005), *Teaching Reading in Today's Elementary Schools*, Houghton Mifflin Company.

Roe, B. D., Stoodt, B. D. & Burns, P. C.(1987), *Secondary school reading instruction : The content areas*(3rd ed.). Boston : Houghton Mifflin Company.

Roe, B. D., Stoodt, B. D. & Burns, P. C.(1991), *Secondary school reading instruction : The content areas*(4th ed.). Boston : Houghton Mifflin Company.

Roe, B. D., Stoodt, B. D. & Burns, P. C.(1995), *Secondary school reading instruction : The content areas*(5th ed.). Boston : Houghton Mifflin Company.

Rozmiarek, R.(2006), *Improving Reading Skills Across The Content Areas : Ready-to-Use Activities and Assessments for Grades 6-12,* Corwin Press.

Rubin, D.(1992), *Teaching reading and study skills in content areas*(2nd ed.). Boston : Allyn and Bacon.

Ruddell, M. R.(1993), *Teaching content reading and writing.* Boston : Allyn and Bacon.

Ruddell, M. R.(1997), *Teaching content reading and writing.*(2nd ed.). Boston : Allyn and Bacon.

Ryder, R. J. & Graves, M. F.(1998), *Reading and learning in content areas*(2nd ed.). Upper Saddle River, NJ : Merrill.

Sadoski, M.(1999), *Comprehending comprehension,* International Reading Association.

Sejnost, R. & Thiese, S.(2003), *Strategies for Reading in the Content Areas,* Sage Publication Ltd.

Singer, H. & Donlan, D.(1989), *Reading and learning from text*(2nd ed.). Hillsdale, NJ : Lawrence Erlbaum Associates.

Singer, J., Shagoury, R.(2005), *Stirring Up Justice : Adolescents reading, writing, and changing the world,* International Reading Association.

Smagorinky, P.(2006), *Research on Composition,* Teachers College Press.

Spencer, B. H., Guillaume, A. M.(2006), *Integrating curriculum through the learning cycle : Content-based reading and vocabulary instruction,* International Reading Association.

Standal, T. C. & Betza, R. E.(1990), *Content area reading : Teachers, texts, students.* Englewood Cliffs, NJ : Prentice Hall.

Strickland, D. S., Galda, L., Cullinan, B. E.(2004), *LANGUAGE ARTS —Learning and Teaching,* Thomson Wadsworth, Inc.

Swafford, J. & Kallus, M.(2002), *Content Literacy : A Journey into the Past, Present, and Future,* Journal of Content Area Reading ISSN pending Vol. 1, No. 1, International Reading Association.

Tonjes, M. & Zintz, M. V.(1987), *Teaching reading, thinking, and study skills in content classrooms*(2nd ed.). Dubuque, IA : William C. Brown Publishers.

Tonjes, M., Wolpow, R. & Zintz, M.(1999), *Integrated content literacy*(4th ed.). Boston : McGraw-Hill College.

Topping, D. & McManus, R.(2002), *Real Reading, Real Writing : Content Area Strategies,* Heinemann.

Unrau, N.(2004), *Content Area Reading and Writing : Fostering Literacies Middle High School Cultures,* Pearson Education Inc.

Unrau, N.(2008), *Content Area Reading and Writing,* Pearson Education, Inc.

Vacca, R. T.(1981), *Content area reading*. Boston : Little, Brown and Company.

Vacca, R. T. & Vacca, J. L.(1986), *Content area reading*(2nd ed.). Boston : Little, Brown and Company.

Vacca, R. T. & Vacca, J. L.(1989), *Content area reading*(3rd ed.). Glenview IL : Scott, Foresman and Company.

Vacca, R. T. & Vacca, J. L.(1993), *Content area reading*(4th ed.). NY : Harper Collins College Publishers.

Vacca, R. T. & Vacca, J. L.(1996), *Content area reading*(5th ed.). NY : Harper Collins College Publishers.

Vacca, R. T. & Vacca, J. L.(1999), *Content area reading : Literacy and learning across the curriculum*(6th ed.). New York : Longman.

Vacca, R. T. & Vacca, J. L.(2000), *Writing Across The Curriculum*, International Reading Association.

Wagner, S., M.Ed(1999), *Inclusive Programming for Elementary Students with Autism*, Future Horizons, Inc.

Yellin, D. & Blake, M. E.(1994), *Integrating the language arts : A holistic approach*. NY : Harper Collins College Publishers.

Yopp, R. H., Yopp, H. K.(2004), *Preview-Predict-Confirm : Thinking about the language and content of informational text*, The Reading Teacher, Vol.58, No.1

찾아보기

‖ ㄱ

개념 86
개념의 형성 88
개념적 이해 118
개념적 지식 118
개념중심 읽기 118
개념중심 읽기 모형 124
개념중심 읽기의 순환 모형 145
개념학습 일기(COLD) 200, 201, 204
거쓰리(Guthrie) 123, 124, 209
과학적 문제해결 36, 55
관찰과 개별화 257
교과 차원 26

‖ ㄴ

내용교과 문식성 104
내용영역 12, 19
내용영역 문식성 104
내용영역 문제해결 37

‖ ㄷ

대상 바꾸기 188
도구적 가설 82

‖ ㅁ

맥락 중심 어휘 지도 84
메타 의사소통 58
문제해결 30, 32, 33
문제해결 능력 65
미래 예보 188

‖ ㅂ

범주화 134
복합 개념 87
복합 사고의 형성 87
분류와 유목 91
비계(Scaffolding) 143
비계학습 180

‖ ㅅ

상향식 읽기 116
상호 소통 262
상호 질문 166
소크라테스 세미나 183
수준별 어휘 지도 153
수학적 문제해결 34, 38
스키마 93, 95

||| ㅇ

어휘 80

어휘력 81

언어적 사고 61, 64

영역 특수적 12

요약 239

원리와 일반화 91

의미 구조도 85

이해와 통합 260

인지적 효용 87

일분 스피치 195

||| ㅈ

제1수준의 어휘 154

제2수준의 어휘 154

제3수준의 어휘 156

제4수준의 어휘 157

진단평가 69, 73

질문의 구체화 267

||| ㅊ

창의성 65

||| ㅌ

탐색과 재인 259

텍스트 63

텍스트 차원 28, 30

||| ㅍ

편독 성향 116

||| ㅎ

하향식 읽기 116

환경 차원 23

||| A~Z

CORI(Concept-Oriented Reading Instruction) 253, 257

DR-TA 168

EI(Editor Interview) 194

IQs 163

K-W-L 139

K-W-L-A 139, 182

MIE 일기 203

MIE(Media In Education) 135, 214

NIE 일기 203

QtA(Questioning the Author) 191

R-S-W(Reading－Speaking－Writing) 144, 190

SQ3R 128, 150, 161

TASK(Thesis And Synthesis Key) 185

TOAST(test-organize-anchor-say-test) 169

TRW(Timed Reading & Writing) 160

저자 김 선 민

주요 경력

서울교육대학교
서울교육대학교 대학원 국어교육학과, 교육학 석사
명지대학교 대학원 국어국문학과, 문학 박사
고려대학교 대학원 국어교육학과, 교육학 박사

서울교육대학교 강사
서울교육대학교 대학원 강사
명지대학교 강사
명지대학교 대학원 강사
서울특별시교육청 현장 연구원
서울특별시교육청 독서·논술·토론 연수 강사
서울특별시교육청 국어과 교육과정 연수 강사
서울교육대학교 초등교원연수원 연수 강사
서울교육대학교 초등국어교육연구소 상임연구원

주요 논저

『쓰기 교수·학습론』(2005, 한국정보출판)
『국어교육 방법론』(2009, 도서출판 역락)
『읽기 교육론』(2009, 도서출판 역락)
『초등학교 독서교육』(2004, 도서출판 역락, 공저)
「CMC를 활용한 작문교육 연구」(1999, 서울교육대학교대학원 석사논문)
「시창작 교육의 텍스트 변용 교수·학습에 관한 연구」(2002, 명지대학교대학원 박사논문)
「개념중심 읽기가 내용영역의 학업 성취에 미치는 효과」(2008, 고려대학교대학원 박사논문)
「문학교육의 창의성에 관한 연구」(2004, 문학교육학 제13호)
「교육연극을 활용한 초등학교 고전소설 읽기 교수·학습」(2005, 한국어교육 제22호)
「국어과의 언어사용 기능이 내용교과의 학습에 미치는 영향」(2007, 語文研究 제35권)
「학문적 글쓰기의 유형, 구조, 지도 단계」(2008, 한국초등국어교육 제38집)
「내용영역의 개념중심 읽기 지도에 관한 연구」(2008, 국어교육 126)
「CORI가 내용영역의 교수·학습 성취에 미치는 효과」(2008, 한국초등국어교육 제37집)
「내용영역의 읽기능력 향상을 위한 질문 전략 연구」(2009, 교과교육연구 제1권 2집)
외 다수의 논문

서울교육대학교 초등국어교육연구소 연구총서 ④

읽기 교육론
―학습을 위한 읽기 교육의 이론과 실제―

초판 인쇄 2009년 4월 22일
초판 발행 2009년 4월 29일

저 자 김선민
펴낸이 이대현
편 집 권분옥

펴낸곳 도서출판 역락
주소 서울 서초구 반포4동 577-25 문창빌딩 2층
전화 02-3409-2058, 2060
팩스 02-3409-2059
등록 1999년 4월 19일 제303-2002-000014호
이메일 youkrack@hanmail.net

값 18,000원
ISBN 978-89-5556-669-7 93370